Arbitragem e Isonomia das Partes

Arbitragem e Isonomia das Partes

2022

Berardino Di Vecchia Neto

ALMEDINA

ARBITRAGEM E ISONOMIA DAS PARTES

AUTOR: Berardino Di Vecchia Neto

DIRETOR ALMEDINA BRASIL: Rodrigo Mentz
EDITORA JURÍDICA: Manuella Santos de Castro
EDITOR DE DESENVOLVIMENTO: Aurélio Cesar Nogueira
ASSISTENTES EDITORIAIS: Larissa Nogueira e Rafael Fulanetti
ESTAGIÁRIA DE PRODUÇÃO: Laura Roberti

DIAGRAMAÇÃO: Almedina
DESIGN DE CAPA: Roberta Bassanetto

ISBN: 9786556277226
Dezembro, 2022

Dados Internacionais de Catalogação na Publicação (CIP)
(Câmara Brasileira do Livro, SP, Brasil)

Di Vecchia Neto, Berardino
Arbitragem e isonomia das partes / Berardino Di Vecchia Neto. -- São Paulo : Almedina, 2022.

ISBN 978-65-5627-722-6

1. Arbitragem (Direito) 2. Direito processual civil - Brasil 3. Isonomia 4. Juízo arbitral – Brasil I. Título.
22-128971 CDU-347.918

Índices para catálogo sistemático:

1. Arbitragem : Direito processual civil 347.918

Eliete Marques da Silva - Bibliotecária - CRB-8/9380

Este livro segue as regras do novo Acordo Ortográfico da Língua Portuguesa (1990).

EDITORA: Almedina Brasil
Rua José Maria Lisboa, 860, Conj.131 e 132, Jardim Paulista | 01423-001 São Paulo | Brasil
www.almedina.com.br

AGRADECIMENTOS

Ao meu orientador, Carlos Alberto Carmona, que pelos últimos dez anos mostrou-me os caminhos da arbitragem.

A Denise Martins, Talitha Lopes Caldeira e Carolina Cavalcante Assumpção, por fazerem com que o trabalho fosse uma extensão do lar.

A Telma Rocha Lisowski e Lígia Miranda, pela cumplicidade que conforta.

A Gabriela Kazue, Carolina Pugliesi, Carolina Bellinger e Carolina Gattolin, pelo que de melhor que a Universidade trouxe à minha vida.

Aos amigos Bruno Martinez e Felipe Palha, por todo dia.

A Renata Rocha Villela, companheira desde o início de trilha.

A Isabela Lacreta, Marie-Isabelle Delleur e Ana Serra e Moura, pelo auxílio sem fronteiras.

A Ana Luísa de Almeida Lourenço Chamon, pelo auxílio com as pesquisas.

Ao querido José Emilio Nunes Pinto, pela gentileza de sempre.

À minha mãe Teresa e à minha irmã Marina, pela base de tudo.

À memória de meu pai, José, meu exemplo de generosidade.

PREFÁCIO

Quando Berardino Di Vecchia Neto me convidou para escrever o prefácio de seu livro, eu prometi que iniciaria meu texto com um "até que enfim o trabalho é publicado!". Cumpro a promessa e explico ao leitor minha exultação: este trabalho decorre da defesa de tese de doutoramento ao término da qual a banca, por unanimidade, recomendou a publicação da tese. Eu, como orientador, não só recomendei, mas também insisti para que o texto fosse logo publicado. BERARDINO – teimoso e perfeccionista – demorou quase um ano para enviar o texto revisto à editora. De qualquer modo, antes tarde do que nunca e finalmente a comunidade jurídica terá o prazer de ler este instigante texto produzido no âmbito dos cursos de pós-graduação da Faculdade de Direito da Universidade de São Paulo.

Trata-se, antes de mais nada, de uma grande provocação: BERARDINO apanha um dos cânones do direito processual – o princípio da igualdade – para dissecar sua aplicação (*rectius*, adequação) ao sistema da arbitragem.

Tenho insistido nestes últimos 25 anos de vigência da Lei 9.307/96 que não se aplica, em sede de arbitragem, o regramento do Código de Processo Civil. BERARDINO prova que estou certo, explorando um princípio do processo (elemento integrativo do conceito largo de devido processo legal) para testar seus limites quando incide sobre um sistema diferente daquele regulado pelo processo ordinário (ou seja, o processo judicial).

Esta análise obrigou o autor a enfrentar questões importantes, que causam algum desequilíbrio (normal e esperado) entre os contendentes que optam pela via arbitral (em detrimento do processo ordinário, judicial). É natural, por exemplo, que o *repeat player* tenha vantagem sobre o *one shooter*: aqueles que usam a arbitragem com frequência (grandes companhias, por exemplo) estarão à vontade no ambiente arbitral, ao contrário daqueles que nunca atuaram neste meio. Da mesma forma, a parte mais abastada certamente terá maior facilidade em produzir provas e contratar melhores advogados. Digo o mesmo em relação à parte que tiver maior domínio da informação: certamente terá ela mais facilidade de demonstrar seus argumentos.

BERARDINO concentrou sua pesquisa em alguns funis importantíssimos para a caracterização do *due process of law*: acesso à jurisdição arbitral, escolha dos membros do painel, diferenças ontológicas dos litigantes, problemas trazidos pela administração pública quando é parte em processo arbitral e os reflexos da desigualdade no contraditório e na ampla defesa. Conclui, com razão, que o princípio da isonomia assume um papel primordial na estrutura do processo arbitral (critério-filtro, na linguagem do autor), o que justifica o esmiuçamento dos problemas que os árbitros devem enfrentar para garantir a higidez do método de solução de controvérsias.

Creio que BERARDINO encontrou a justa medida para o tratamento do tema, reconhecendo que nem sempre as soluções encontradas para o processo estatal devem ser transpostas para o âmbito do processo arbitral.

Tenho certeza de que o leitor, como eu, vai devorar o texto (muito bem escrito!) com enorme deleite.

Boa leitura!

Carlos Alberto Carmona
Professor Doutor do Departamento de Direito Processual da Faculdade de Direito da Universidade de São Paulo

SUMÁRIO

INTRODUÇÃO

A heterocomposição de conflitos é estruturada, essencialmente, por meio do processo, em que são organizadas as posições jurídicas das partes, assim como delineados os poderes e os deveres do órgão decisório. Tem-se no processo, com isso, um instrumento indispensável à pacificação das disputas, na medida em que atribui racionalidade e previsibilidade tanto à dialética do embate das partes quanto ao percurso decisório. Com isso, um ideal de processo adequado e justo passa a ser erigido à condição de elemento indispensável à adequada e justa pacificação dos conflitos sociais. Sob a perspectiva do Estado, que avoca para si com primazia a resolução definitiva das disputas por meio do exercício de atividade jurisdicional, essa ordem de premissas organiza-se por meio da estruturação de garantias processuais e da pré-definição de ritos procedimentais a partir dos quais o órgão decisório é provocado e a resolução dos conflitos é submetida. Dogmaticamente, esse conjunto normativo é abarcado sob a tutela do metaprincípio do devido processo legal.

O desenvolvimento da arbitragem, por outro lado, demonstra que a atividade jurisdicional não é prerrogativa exclusiva do Estado. Esse método paraestatal de heterocomposição, em jurisdições como a brasileira, assume status inequívoco de jurisdicionalidade, de modo que as decisões ali proferidas produzem os mesmos efeitos, em todos os escopos da pacificação dos conflitos, que decisões proferidas por juízes togados. Há, de certo, diferenças estruturais, de que a doutrina há muito se ocupa. Mas o fato de ambas as atividades jurisdicionais – a estatal e a privada – organizarem-se a partir do processo faz com que ambas comunguem da mesma relação com o ideal do devido processo legal. Quando não respeitados seus ditames, a efetividade a tutela jurisdicional pode ser comprometida.

Isso mostra-se especialmente relevante em sede arbitral. Diante da inexistência, como padrão, de mecanismos de revisão do mérito da decisão, a regularidade do procedimento passa a ser elemento de controle da higidez de todo o processo. Com isso, o referencial de devido processo legal assume extrema relevância e, consideradas as características próprias da arbitragem, assume ao mesmo tempo fluidez.

Dentre os valores normativos que compõem esse metaprincípio, o princípio da isonomia processual exerce papel central. Expressamente previsto na Lei de Arbitragem como elemento de observância obrigatória em todo processo arbitral, reveste igualmente um dos critérios-filtro escolhidos pelo legislador como medida de controle de sua regularidade. Inobstante sua importância, o fato de a arbitragem estar calcada essencialmente no consenso e de ser marcada pela flexibilidade procedimental cria o desafio de se compreender adequadamente o âmbito de incidência normativa da igualdade processual. O presente trabalho gravita em torno deste problema.

O primeiro dos capítulos propostos busca estabelecer a relação entre a noção de devido processo legal e o processo justo, para a partir daí transpor esse racional, com as devidas adaptações, para a atividade jurisdicional arbitral. Assumem aqui especial importância as nuances e as especificidades da jurisdição arbitral, que são elementos centrais na compreensão da força normativa diferenciada dos princípios afeitos ao devido processo diante da inexistência de ritos procedimentais pré-definidos. A preocupação com a decisão justa, também presente na arbitragem, ganha contornos próprios e influencia na conformação da atividade dos árbitros e na forma com que devem manejar as garantias essenciais do processo.

No segundo capítulo deste trabalho, a pesquisa volta seu foco ao princípio da isonomia processual, sua relação com o ideal de justiça e a forma como, no âmbito processual, isso vem traduzido sob a fórmula do devido processo legal. O intuito será o de buscar estruturar, de forma dogmática, a eficácia normativa desse princípio no âmbito da arbitragem, considerando a necessidade de sua conformação com outros valores igualmente relevantes no processo arbitral. Para tanto, compreender os espaços de liberdade na fixação das regras procedimentais pelas partes é, sem dúvidas, o passo inicial. A análise do princípio em sua totalidade, entretanto, impõe também que se analise seu impacto na condução do processo levada a cabo pelos outros partícipes do processo arbitral, vale dizer, o tribunal arbitral e, excepcionalmente, o próprio Poder Judiciário por ocasião da demanda de que trata o artigo 7º da Lei de Arbitragem.

O terceiro capítulo da pesquisa volta mais fortemente sua atenção à isonomia processual como parâmetro de regularidade do processo arbitral. Para tanto, buscar-se-á explorar a estrutura construída no capítulo antecedente sob a ótica das instâncias de controle desse processo, com base na concepção tanto de um controle que ocorre antes da prolação da sentença arbitral, que se denomina preventivo, quanto de um controle que ocorre exclusivamente em sede judicial e em face da sentença, que se denomina repressivo. A intenção será a de analisar como o princípio da isonomia deve ser manejado em cada uma dessas instâncias, bem como o de compreender quais os efeitos práticos, em termos de invalidação de sentença arbitral, que decorrem do reconhecimento da quebra da isonomia processual no curso do procedimento. De modo a buscar maior completude a essa análise, a pesquisa passará também pelo procedimento de homologação de sentenças arbitrais estrangeiras, com a finalidade de verificar se o princípio da isonomia processual exerce ali também o papel de critério-filtro autônomo para o controle da arbitragem.

No capítulo final, a intenção será a de elaborar hipótese sobre situações específicas e sensíveis em que a quebra de isonomia processual assume maior relevância, de modo a apresentar sugestões prospectivas de tratamento das questões sob a ótica do quanto se estruturou previamente no trabalho. Com isso, discussões afeitas à igualdade no acesso à jurisdição arbitral, na formação do juízo arbitral, bem como relativas a aspectos subjetivos das partes e ao exercício do contraditório e da ampla defesa ganham destaque.

1. PROCESSO ARBITRAL E JUSTIÇA

O termo processo pode ter um sem-número de acepções, leigas a técnicas. Mas processo é, sempre, movimento.[1] Retrata uma sucessão de atos e circunstâncias voltadas a um fim, sem confundir-se com este. É instrumento e veículo, não resultado, embora sempre tendente a ele.

Não por acaso, compreender processo torna imprescindível igualmente apreender uma série de outros conceitos, a depender do contexto em que o processo em questão se insira. Impõe-se conhecer os elementos para os quais o próprio processo se volta e as finalidades a que se presta.

Em sua acepção jurídica o processo não escapa a essa lógica. Retrata o método heterocompositivo por excelência no modelo atual de Estado, e, nesse aspecto, o processo apresenta-se como uma das bases sobre as quais repousa a própria manutenção e a perenidade da função regulatória do Direito.[2] Analisá-lo como fenômeno jurídico em sua inteireza requer, portanto, que se tenha em mente outros pressupostos conceituais, não apenas jusfilosóficos, mas também essencialmente ligados à dogmática processual: *v.g.*, partes, lide, interesse processual, procedimento, coisa julgada, e, em especial, jurisdição. Para o Direito, processo é, sobretudo, exercício de jurisdição com pretensão

[1] ALVIM, José Eduardo Carreira. *Elementos de Teoria Geral do Processo*. Rio de Janeiro: Forense, 1989, p.24.

[2] Trata-se de temática que extrapola, enquanto objeto de perquirição, o corte metodológico do presente trabalho, mas que possui inegável relevância. Nesse sentido, CINTRA, Antonio Carlos de Araújo; DINAMARCO, Cândido Rangel; GRINOVER, Ada Pellegrini. *Teoria Geral do Processo*. 27. ed. São Paulo: Malheiros, 2011, p.25 e ss.

à estabilização das decisões, e, por extensão, modo regulado de exercício do poder impositivo e coercitivo do Estado.[3] É atividade substitutiva por definição, que visa a impor que o direito litigioso mantenha o curso que teria tido caso contasse com observância voluntária, ou em outros termos, voltada à atuação da vontade da lei.[4] Não por acaso, a clássica lição de Cândido Rangel Dinamarco ensina que a teoria do processo deve gravitar, em termos de metodologia de estudo, em torno da jurisdição:

> A preponderância metodológica da jurisdição, ao contrário do que se passa com a preferência pela ação ou pelo processo, corresponde à preconizada visão publicista do sistema, como instrumento do Estado, que ele usa para o cumprimento de objetivos seus. [...] Ver e tratar o processo, discipliná-lo e aplicar concretamente seus preceitos a partir dessas premissas, permite endereçá-lo aos objetivos em razão dos quais tem vida o próprio ordenamento processual e os seus institutos. A ordem processual, como sistema aberto, ou "dependente", integra-se em outro sistema de maior espectro e significado, representado pela ordem jurídica do país, através do fio da instrumentalidade: o que justifica a própria ordem processual como um todo é a sua função de proporcionar ao Estado meios para o cumprimento de seus próprios fins, sendo que é mediante o exercício do poder que estes são perseguidos (e a ação, a defesa e o processo constituem o contorno da disciplina da jurisdição).[5]

Há, inegavelmente, processo (no universo jurídico) que não caracteriza jurisdição (a exemplo do processo administrativo, ou mesmo, no limite, do processo legislativo), mas não há (e tampouco deve haver, em um regime

[3] DINAMARCO, Cândido Rangel. *Instituições de Direito Processual Civil*. 6. ed. São Paulo: Malheiros, 2009, v. 1, p.67; BERALDO, Maria Carolina Silveira. *Processo e Procedimento à luz da Constituição Federal de 1988:* Normas Processuais e Procedimentais Civis. São Paulo, 2015. 165 p. Tese de Doutorado – Faculdade de Direito – Universidade de São Paulo, p.29; 32-33; 37-38.

[4] CHIOVENDA, Giuseppe. *Instituições de Direito Processual Civil*. 2. ed. São Paulo: Saraiva, 1965, v. 1, p.37. No mesmo sentido, COUTURE, Eduardo. *Fundamentos del Derecho Procesal Civil*. 3. ed. Buenos Aires: Depalma, 1977, p.147.

[5] DINAMARCO, Cândido Rangel. *A Instrumentalidade do Processo*. São Paulo: Revista dos Tribunais, 1987, p.111.

democrático) exercício de jurisdição sem processo. Em especial porque o processo é o meio pelo que se regula e se conforma o exercício da jurisdição, e, ao mesmo tempo, a forma pela qual esta se manifesta para fins de pacificação dos conflitos sociais.[6]

A vinculação teleológica entre processo e justiça é, com isso, quase intuitiva, embora nem por isso seja menos complexa. A ligação, na realidade, é indissociável, ao menos enquanto se mantenha a concepção de que o Direito possui por escopo precípuo regular a vida social, sendo pautado em metaprincípios – ainda que simbólicos – da promoção de justiça nas relações individuais e da ordem jurídica justa sob o ponto de vista sistêmico.[7] O processo, por ser instrumento de realização impositiva do Direito, e, com isso, de manutenção da normatividade e da tessitura social, é o mecanismo ordenado que permite indicar que o sistema jurídico é constituído de expectativas normativas (com observância mandatória), e não meramente cognitivas.[8-9]

[6] Nesse sentido: "Processo, em seu significado originário, de proceder, quer dizer ir adiante, indicando movimento e pode, no sentido convencional que lhe reserva a ciência processual, definir se como sendo 'aquela seqüência de atos que se realizam para a composição da lide', ou a grosso modo, 'a operação mediante a qual se obtém a composição depois de lide'." ALVIM, José Eduardo Carreira. *Elementos de Teoria Geral do Processo*. Rio de Janeiro: Forense, 1989, p.24. Na mesma linha: "E, assim como a jurisdição desempenha uma função instrumental perante a ordem jurídica substancial (para que esta se imponha em casos concretos) – assim também toda a atividade exercida pelo Estado (legislação e jurisdição, consideradas globalmente) visa a um objetivo maior, que é a pacificação social. É antes de tudo para evitar ou eliminar conflitos entre pessoas, fazendo justiça, que o Estado legisla, julga e executa (o escopo social magno do processo e do direito como um todo). O processo é, nesse quadro, um *instrumento a serviço da paz social*." CINTRA, Antonio Carlos de Araújo; DINAMARCO, Cândido Rangel; GRINOVER, Ada Pellegrini. *Teoria Geral do Processo*. 27. ed. São Paulo: Malheiros, 2011, p.47. Realce original.

[7] CINTRA, Antonio Carlos de Araújo; DINAMARCO, Cândido Rangel; GRINOVER, Ada Pellegrini. *Teoria Geral do Processo*. 27. ed. São Paulo: Malheiros, 2011, p.39.

[8] "Atitudes *cognitivas* são expectativas cuja durabilidade é garantida pela *generalização* de possibilidades, por meio de observação. Observamos, por exemplo, que alguém agredido com violência tende a reagir com violência. Se generalizamos essa observação, obtemos uma regra empírica, que nos permite assegurar certa estabilidade à previsão das expectativas sociais. Se, porém, essa generalização é desiludida por novas observações (nem sempre alguém reage com violência), a regra cognitiva *se adapta aos fatos* (sempre se reage à violência com violência, salvo...). Atitudes cognitivas são, pois, atitudes *adaptativas* manifestadas em regras igualmente adaptativas. [...] Atitudes normativas são, de outro lado, expectativas cuja durabilidade é garantida por uma generalização não adaptativa, isto é, admitem-se as desilusões como um fato, mas estas são consideradas como irrelevantes para a expectativa generalizada. Por exemplo, diante da possibilidade de reação violenta de um indivíduo contra a ação violenta de outro,

A arbitragem insere-se nesse contexto por ser, indubitavelmente, processo. Um processo qualificado também pela manifestação de atividade jurisdicional[10], com o que se presume (ou se espera) compartilhar dos mesmos objetivos últimos de pacificação social e, em algum grau, da promoção da ordem jurídica justa, como se diante de jurisdição estatal se estivesse.[11]

A primeira abordagem deste trabalho, portanto, reside em traçar as características do processo arbitral como manifestação do exercício da jurisdição, de modo a buscar elementos que permitam compreender o modo de ser desta forma de processo.

1.1 A garantia constitucional ao processo justo

A relevância do processo visto como instrumento para o exercício da jurisdição (e, por extensão, para a manutenção do ordenamento jurídico e para a

estabelece-se a proibição da violência privada. Mesmo que a violência ocorra, a expectativa de que esta não devia ocorrer fica genericamente garantida. As expectativas normativas se manifestam por meio de *normas*. Normas, nesse contexto, manifestam expectativas cuja duração é estabilizada de modo *contrafático*, isto é, a generalização da expectativa independe do cumprimento ou descumprimento da ação empiricamente esperada." FERRAZ JÚNIOR, Tercio Sampaio, *Introdução ao Estudo do Direito*: técnica, decisão, dominação. 4. ed. São Paulo: Atlas, 2003, p.103-104. Realce original.

9 Importante destacar que o presente trabalho – como um todo e o presente capítulo em especial – não se volta à perquirição qualitativa da justiça promovida pelo ordenamento jurídico (ou deste esperada) a partir de determinado recorte legal e de determinada perspectiva filosófica, mas sim do papel desempenhado pelo *processo* enquanto instrumento de pacificação social e de promoção de justiça em um sistema que se presuma almejar a construção de uma ordem jurídica justa.

10 CARMONA, Carlos Alberto. *Arbitragem e Processo:* Um comentário à Lei de Arbitragem. 3. ed. São Paulo: Atlas, 2009, p.26.

11 Mesmo Cândido Rangel Dinamarco, absoluta autoridade em Direito Processual e que em estudos anteriores manifestou resistência ou parcial resistência a esse entendimento – cf. DINAMARCO, Cândido Rangel. *Nova Era do Processo Civil.* 4. ed. São Paulo: Malheiros, 2013, p.29. –, abraçou posteriormente a tese da jurisdicionalidade da arbitragem: "Assumindo enfaticamente que a jurisdição tem por escopo magno a pacificação de sujeitos conflitantes, dissipando os conflitos que os envolvem, e sendo essa a razão pela qual o próprio Estado a exerce, não há dificuldade alguma para afirmar que também os árbitros exercem jurisdição, uma vez que sua atividade consiste precisamente em *pacificar com justiça, eliminando conflitos.*" DINAMARCO, Cândido Rangel. *A Arbitragem na Teoria Geral do Processo.* São Paulo: Malheiros, 2013, p.39. Realce original.

promoção da ordem jurídica justa) é tamanha que sua disciplina alça posição constitucional, podendo mesmo falar-se tanto na existência de um direito (ou uma garantia) constitucional *ao processo*, quanto na garantia constitucional ao processo *justo*.[12]

Extrai-se esse entendimento de disposições claras, apostas no rol de direitos e garantias fundamentais do artigo 5º da Constituição Federal, para assegurar a inafastabilidade da apreciação jurisdicional (inciso XXXV[13]) e o devido processo legal (inciso LVI[14]) como paradigma normativo para qualquer processo em que se discuta a liberdade ou o patrimônio de alguém, especificando que o processo deverá ser sempre marcado pela possibilidade de exercício de contraditório e ampla defesa (inciso LV[15]), bem como por sua duração razoável (inciso LXVIII[16]).

Sabe-se que, no âmbito da doutrina constitucional, há debate acerca da distinção ontológica existente entre direitos e garantias constitucionais.[17] A diferenciação parece transparecer mais uma preocupação científica do que prática, na medida em que a distinção não é retratada, nem ontológica nem teleologicamente, no seio da Constituição.[18] Não obstante, vale-se aqui das lições clássicas de José Afonso da Silva, que sintetiza a discussão no sentido

[12] MARQUES, José Frederico. *Instituições de Direito Processual Civil*. 3. ed. Rio de Janeiro: Forense, 1966, 1 v., p.85 e 88.

[13] BRASIL. Constituição (1988). Constituição da República Federativa do Brasil. Título II – Dos Direitos e Garantias Fundamentais. Capítulo I – Dos Direitos e Deveres Individuais e Coletivos, Art. 5º. "XXXV – a lei não excluirá da apreciação do Poder Judiciário lesão ou ameaça a direito;"

[14] Ibid. "LIV – ninguém será privado da liberdade ou de seus bens sem o devido processo legal;"

[15] Ibid. "LV – aos litigantes, em processo judicial ou administrativo, e aos acusados em geral são assegurados o contraditório e ampla defesa, com os meios e recursos a ela inerentes;"

[16] Ibid. "LXXVIII – a todos, no âmbito judicial e administrativo, são assegurados a razoável duração do processo e os meios que garantam a celeridade de sua tramitação;"

[17] "Publicistas de renome da América Latina, tendo em vista a proximidade dos direitos com as garantias e considerando o fim destas, que é fazer eficaz a liberdade tutelada pelos poderes públicos e estampada nas célebres e solenes declarações de direitos, tiveram todavia a justificada preocupação de fixar um conceito de garantia tanto quanto possível desembaraçado e independente do conceito de direito, embora com a ressalva de casos raros e excepcionais, em que a rigorosa observância ou preservação de tal critério distintivo se faz de todo inexequível." BONAVIDES, Paulo. *Curso de Direito Constitucional*. 10. ed. Malheiros: São Paulo, 2000, p.482.

[18] SILVA, José Afonso da. *Curso de Direito Constitucional Positivo*. 28. ed. São Paulo: Malheiros, 2007, p.186.

de que "os direitos são bens e vantagens conferidos pela norma, enquanto as garantias são meios destinados a fazer valer esses direitos, são instrumentos pelos quais se asseguram o exercício e gozo daqueles bens e vantagens"[19].

Bem analisada, a Constituição busca atribuir um direito fundamental de obtenção de tutela jurisdicional por meio de um processo que seja axiologicamente qualificado por uma concepção de justeza quanto às próprias regras do jogo. Trata-se de mandamento constitucional – com todo impacto normativo decorrente da eficácia constitucional aos órgãos do Estado e às normas infraconstitucionais – que impõe, por consequência, limites e balizas na definição do procedimento a ser seguido na resolução de litígios em sede jurisdicional. O procedimento desenhado sob tais premissas, nesse aspecto, acaba sendo tomado, por metonímia, como equivalente a processo justo. Processo e procedimento, entretanto, não se confundem. Este último "é a marcha dos atos do juízo, coordenados sob formas e ritos, para que se atinjam os fins compositivos do processo [, ao passo que o processo] consubstancia uma relação de direito 'que se estabelece entre seus sujeitos durante a substanciação do litígio'"[20]. A forma de instituição desse direito fundamental, entretanto, dá-se dogmaticamente por meio da construção de garantias, nesse caso qualificadas como especiais, ainda consoante José Afonso da Silva, na medida em que conferem a prerrogativa (aos titulares de direitos fundamentais) de impor sua exigibilidade.[21]

[19] SILVA, José Afonso da. *Curso de Direito Constitucional Positivo*. 28. ed. São Paulo: Malheiros, 2007, p.412.

[20] MARQUES, José Frederico. *Instituições de Direito Processual Civil*. 3. ed. Rio de Janeiro: Forense, 1966, v. 1, p.31. E, ainda: "[o] conjunto de atos que constitui o processo tende à composição de um litígio, ao solucionamento de uma situação contenciosa manifestada através de um conflito de interêsses. [...] Todos êsses atos aglutinados, sob o signo finalístico da aplicação do direito, a uma situação de fato marcada pela litigiosidade, são exteriorizados sob a forma de procedimento. '*Forma dat esse rei*': por isso é o procedimento que revela o *processo*, dá-lhe realidade exterior e torna possível, mediante o *modus faciendi* impresso a sucessão de atos que se entrelaçam na relação processual, a que se atinja, de maneira adequada, a finalidade compositiva da intervenção estatal." Realce original.

[21] SILVA, José Afonso da. *Curso de Direito Constitucional Positivo*. 28. ed. São Paulo: Malheiros, 2007, p.189.

Trata-se, em realidade, de mecanismos voltados ao direito fundamental de acesso à ordem jurídica justa.

1.1.1 Devido processo legal: a relação entre processo e justiça

O presente trabalho não se propõe a discorrer ou a adotar uma teoria substancial de justiça. Essa perquirição, para que fosse adequadamente endereçada, exigiria um trabalho exclusivamente dedicado à questão. Não se está diante, portanto, de uma investigação zetética sobre a justiça, mas sim se voltando o olhar para a dogmática processual sob o ponto de vista da premissa, aqui aceita, de ser a justiça um valor e um objetivo almejado pela ordem jurídica estatal em um contexto de Estado democrático. Sob essa ótica, a ideia de justiça e de ordem jurídica justa pode ser sintetizada e aceita (como ponto de partida) sob a premissa aristotélica de atribuição adequada de posições jurídicas (ou o "dar a cada um o que lhe é devido" qualificado pela atenção dada às desigualdades existentes entre os sujeitos):

> O princípio geral latente nessas diversas aplicações da ideia de justiça é que os indivíduos fazem jus, uns em relação aos outros, a uma certa posição relativa de igualdade ou desigualdade. Isso é algo a ser respeitado nas vicissitudes da vida social, quando encargos ou benefícios têm de ser distribuídos; é também algo a ser restaurado, se tiver sido perturbado. Assim, considera-se tradicionalmente que a justiça mantém ou restaura um *equilíbrio* ou *proporção*, e seu princípio condutor frequentemente se formula com a frase "Devem-se tratar os casos iguais de forma igual"; embora precisemos acrescentar: "e tratem-se os casos diferentes de forma diferente".[22]

Na perene busca pela consecução desse objetivo, o processo passa, a partir do liberalismo, a desempenhar um papel central, plasmando-se como um dos mecanismos centrais de legitimação da atividade jurisdicional – e, por que não, do Estado.

[22] HART, Herbert Lionel Adolphus. *O Conceito de Direito*. São Paulo: WMF Martins Fontes, 2009, p. 206.

Da premissa liberal centrada na indefectibilidade da razão humana decorreu o corolário de que a lei, por ser fruto da razão, continha em si mesma a justeza necessária e esperada para a regulação das relações sociais. Não por acaso, o papel do juiz passa a ser identificado como o de simples boca da lei.[23] Não se trata de um completo esvaziamento da função jurisdicional ou hermenêutica, mas sim da concepção de que a justiça decorria do próprio ato normativo produzido pelo legislador, pelo que caberia ao julgador apenas pronunciá-la na resolução dos conflitos. O desenvolvimento dos Estados no período liberal e o aumento da complexidade das relações sociais – sempre regulando novas e constantes relações – acarretaram alteração no ritmo de produção legislativa, que a seu turno passa igualmente a descolar-se da presunção de justiça material idiossincrática. Essa sucessão de desenvolvimentos dá azo para a concepção de que a legislação reflete, em dado momento, o resultado de forças políticas, que nunca refletirá uma noção universal e irrepreensível de justiça material. O próprio legislar, portanto, passa a ser regulado a partir de um processo (o processo legislativo) como forma de assegurar que, ainda que não se possa garantir que o ato normativo resultante será justo, a forma de sua produção resulta de um processo que estabeleça as regras do jogo. *Pari passu*, as correntes positivistas e a busca pela autonomia da ciência do Direito permitem um descolamento entre a validade da norma de seu conteúdo – e os regimes totalitários da primeira metade do século XX são exemplo disso.[24]

[23] Não obstante a doutrina montesquiana da divisão dos Poderes do Estado possuir, claramente, uma dimensão muito mais política de inibição de abusos do Estado e menos voltada à questão da Justiça na aplicação do Direito. Nesse sentido, FERRAZ JÚNIOR, Tércio Sampaio. O Judiciário frente à divisão de poderes: um princípio em decadência?, *Revista USP*, n. 21, 1994, p.14.

[24] FARALLI, Carla. *A Filosofia Contemporânea do Direito: temas e desafios*. São Paulo: WMF Martins Fontes, 2006, p.2-3: "Em princípio, o juspositivismo encontra suporte na teorização dos cientistas sociais do final do século XIX, que sustentam a impossibilidade programática de valoração da ciência social e a impossibilidade estrutural de encontrar critérios de juízo de ordem moral para decidir em direito e em política. Mais tarde, na primeira metade do século XX, ele passa a se apoiar na filosofia analítica que, ao tratar dos valores, desenvolve uma metaética não-cognitivista, afirmando a impossibilidade de conhecê-los objetivamente." No mesmo sentido, LAFER, Celso. *A Reconstrução dos Direitos Humanos:* um diálogo com o pensamento de Hannah Arendt. São Paulo: Companhia das Letras, 1988, p.61 e ss.

O processo desenvolve-se em meio a esse contexto, em que o Direito também acaba por se distanciar da dimensão social dos conflitos ao filtrá-los a partir de categorias jurídicas estanques, gerais e abstratas (*v.g.* contrato, vendedor, comprador, preço) e pelo fato de a aplicação da lei pelo julgador não conseguir, por si só, aplacar as frustrações do resultado inesperado do processo (desde um sentimento de injustiça subjetivo daquele que perde a disputa até casos em que há injustiça decorrente de patente aplicação indevida da lei).[25] O processo passa a ser, ao mesmo tempo, um instrumento de neutralização do Judiciário, e um mecanismo de estabilização das expectativas dos jurisdicionados.[26] Isso porque, em última análise, regula o exercício do poder decisório e cria parâmetros de justiça ali aplicáveis, que definem as regras do jogo litigioso. Ao fim e ao cabo, o acatamento – individual e coletivo – dos resultados de julgamentos, compreendido enquanto Direito em movimento, assenta-se, largamente, no fato de se saber que, ainda que a decisão não seja a esperada, o processo decisório foi justo – com todos os problemas daí decorrentes resultantes da identificação institucionalizada entre justiça e legalidade.[27]

[25] FARIA, José Eduardo Campos de Oliveira. Introdução: o Judiciário e o Desenvolvimento Socioeconômico. In: FARIA, José Eduardo Campos de Oliveira (org.). *Direitos Humanos, Direitos Sociais e Justiça*. São Paulo: Malheiros, 1994, p.19-25.

[26] FERRAZ JUNIOR, Tércio Sampaio. O Judiciário frente à Divisão de Poderes: um Princípio em Decadência?, *Revista USP*, n. 21, 1994, p.16 e ss. Nesse sentido, CALAMANDREI, Piero. *Instituciones de Derecho Procesal Civil*. Buenos Aires: Depalma, 1943, p.38: "En el sistema de la legalidad hay, pues, entre legislador y juez, una división de trabajo: todos los factores políticos deben ser llevados a la valoración de los órganos competentes para crear las leyes, no de los órganos, tales como en primer término los jueces, a los que corresponde solamente aplicarlas así como son. En este sentido, está en vigor en el sistema de la legalidad (y no solo está en el sistema de la equidad) la separación entre justicia y política: al juez (y con mayor generalidad al jurista), no corresponde discutir la bondad política de las leyes; corresponde solamente, en cuanto juez e en cuanto jurista, observarlas y hacerlas observar".

[27] LAFER, Celso. *A Reconstrução dos Direitos Humanos:* um diálogo com o pensamento de Hannah Arendt. São Paulo: Companhia das Letras, 1988., p. 68 e ss. Em especial: "Luhmann busca mostrar como a *legitimação pelo procedimento* – seja no processo judiciário, seja no eleitoral, seja no parlamentar e legislativo, seja nos procedimentos decisórios da administração pública – substituiu, no mundo contemporâneo, os fundamentos jusnaturalistas. [...] De fato, a estrutura do processo decisório oferecido pelo Direito Positivo e formal dá, em primeiro lugar, a certeza de que uma decisão será tomada, ainda que incerto e probabilístico o seu resultado antes do início dos procedimentos. Em segundo lugar, ao enredar as partes interessadas na

Há com isso a criação de um parâmetro processual de justiça, um *fair play* procedimental, que se descola do direito material, mas que lhe dá sustentação. Trata-se, na formulação conceitual da dogmática jurídica, do devido processo legal. Está-se, aqui, diante de um metavalor processual, no sentido de ser o princípio[28] máximo que informa o restante dos princípios e regras que dão corpo e forma ao processo. O devido processo legal exprime, no limite, um modo de ser do exercício da atividade jurisdicional, cuja violação permite inibir ou romper os efeitos da tutela jurisdicional resultante de dado processo. O processo e o respeito às regras do jogo, portanto, não levam apenas à legitimação sob o ponto de vista sociológico do poder jurisdicional, mas, do ponto de vista da lógica jurídica e do papel que desempenha, são requisitos de validade desse exercício.[29] Reside aí um controle do poder pela forma de seu exercício, que, a seu turno, possui um código próprio de justiça instrumental.[30]

É sabido que o desenho do Estado liberal e a permissividade positivista com o conteúdo do Direito material (*vis-à-vis* um conteúdo mínimo de justiça material), bem como a neutralidade institucionalizada do Judiciário frente à dimensão social dos conflitos, sucumbem a partir do modelo de *Welfare State* desenhado em especial a partir do segundo quartel do século XX.[31] O Estado

determinação da decisão, graças ao papel que desempenham no processo decisório, Luhmann mostra como o procedimento torna difusas as decepções quanto ao conteúdo específico das decisões, legitimando, desta maneira, a aceitação do resultado". Realce original.

[28] O termo aqui é empregado enquanto sinônimo de valor normativo de sentido amplo, despregado da dicotomia conceitual da Filosofia do Direito (e também do Direito Constitucional) entre princípios e regras. Nesse sentido, FARALLI, Carla. *A Filosofia Contemporânea do Direito:* temas e desafios. São Paulo: WMF Martins Fontes, 2006, p.11 e ss.

[29] "D'altronde, il concetto di fairness (cui, solo in parte, corresponde l'aequitas generale delle tradizioni romanistiche o l'equità del nostro linguaggio corrente) ed il dovere generale di fair play sono i fondamenti basilari delle più affascinanti teorie sulla giustizia, elaborate dagli studiosi di formazione angloamericana del secolo XX, le quali vedono la stessa nozione di justice, come tale, raccordarsi cosi strettamente con la fairness, da identificarvisi in modo pieno. Il due process of law è dunque – se mi è lecito utilizzare questa formula semplificante – l'espressione complessa (e potenzialmente espansiva) di un essenziale fair play processuale." COMOGLIO, Luigi Paolo. Il "Giusto Processo" Civile nella Dimensione Comparatistica. *Revista de Processo,* São Paulo: Revista dos Tribunais, v. 108, 2002, p.137.

[30] PAIM, Gustavo Bohrer. Direito ao Justo Processo. *Direito e Democracia,* v. 13, n. 12, 2012, p.94-106, em especial p.100-103.

[31] CAPPELLETTI, Mauro. *The Judicial Process in Comparative Perspective.* Oxford: Clarendon Press, 1989, p.9 e ss.

deixa de ser abstencionista, sendo lhe exigido um *fazer*.[32] Não obstante, mesmo com a alteração das expectativas (individuais, coletivas e institucionais) relativas às funções do Estado, ao papel do Direito enquanto mecanismo de efetivação de parâmetros (agora reputados inafastáveis) de justiça e àquilo que se espera do Poder Judiciário, o processo permanece como instrumento de legitimação do exercício do poder jurisdicional e de sustentação do Direito. Esse papel ganha, naturalmente, novos contornos, na medida em que o processo passa a ser o mecanismo que permite o exercício das novas categorias de direitos asseguradas nos ordenamentos jurídicos. Surgem, inclusive, novas manifestações jurídicas do processo – novas formas de procedimento que se prestam a tutelar essas pretensões – e uma renovação da posição científica do próprio Direito Processual.[33]

O processo, não obstante, permanece com seu papel central de concretização do ordenamento jurídico, e fortalece o desenvolvimento de um código próprio de justiça, que é igualmente instrumental, e que se volta a garantir a prestação adequada da tutela jurisdicional. O papel neutralizador de expectativas do processo (frente ao resultado útil do processo) claramente não desaparece, mas a ele são agregadas outras preocupações deônticas que se amalgamam aos próprios objetivos do direito material.

Essa evolução de movimentos jurídicos e de momentos dos Estados não apenas se sucedem sob o ponto de vista do papel do processo, mas sobrepõem-se, acrescem-se uns aos outros. O processo desempenha, em realidade, uma série de papeis, a depender da dimensão do conflito e do tipo de tutela jurisdicional que se pretende obter. Todas essas atribuições denotam que há uma relação de inafastabilidade do processo, dentro do contexto orgânico e ordenado de Estado, ante a conjuntura da referida legitimação da atividade jurisdicional juntamente com seu papel de realização da justiça. A partir daí, o devido processo legal é alçado a categoria jurídica estruturante da própria dimensão da justiça do ordenamento.

32 CAPPELLETTI, Mauro. *Juízes legisladores?*. Porto Alegre: Sergio Antonio Fabris Editor, 1999, p.31 e ss.

33 CAPPELLETTI, Mauro; GARTH, Bryant. *Acesso à Justiça*. Porto Alegre: Sergio Antonio Fabris Editor, 1988. Reimpressão, 2002, p.4-6.

1.1.2 Garantias processuais e atividade jurisdicional

O devido processo legal é o conceito último sob o qual deve repousar o exercício de atividade jurisdicional.[34] Tamanha sua importância que a Constituição Federal assegura esse direito subjetivo a todo aquele que necessita lançar mão do processo para a concreção do Direito em suas esferas jurídicas individuais e coletivas.

A mera previsão do devido processual enquanto um *dever-ser* do ordenamento, entretanto, inobstante sua função simbólica[35] de legitimação do uso do poder, pouco diz sobre o próprio modo da realização do processo no sistema jurídico. Trata-se de princípio com alta carga normativa, por ser estruturante da lógica processual, mas com polissemia axiológica de textura aberta[36] que permite ali abarcar um sem-número de conformações. Impossível compreender o processo legal sem um maior pormenorizar, também no plano normativo (seja constitucional ou infraconstitucional), o sentido que informa esse princípio guarda-chuva.

As garantias processuais representam a forma de tradução das balizas do conteúdo essencial dessa máxima valorativa do sistema jurídico. E considerando que o processo se desenvolve em uma relação entre jurisdicionados e um terceiro que assume o múnus do exercício da atividade jurisdicional, essas garantias endereçam-se a todos os sujeitos envolvidos.

Há um duplo aspecto a ser observado nessas categorias normativas, reforçado pelo fato de contarem com proteção constitucional no âmbito do rol de direitos e garantias fundamentais do artigo 5º da Constituição Federal.

O primeiro é o de conferir um direito subjetivo, ao jurisdicionado, que passa a poder exigir que o processo a que se submeta respeite aquelas mesmas premissas, sem o que o resultado do processo se torna inócuo e desprovido de efeito. Passa a existir, com isso, uma pretensão – conforme já se apontou – ao

[34] ÁVILA, Humberto. O que é "devido processo legal"? *Revista de Processo*, v. 163, 2008, p.57-58.

[35] NEVES, Marcelo. Constitucionalização Simbólica. In: CANOTILHO, José Joaquim Gomes; MENDES, Gilmar Ferreira; SARLET, Ingo Wolfgang; STRECK, Lênio Luiz (coord.).*Comentários à Constituição do Brasil*. São Paulo: Saraiva/Almedina, 2013, p.71-72.

[36] A respeito da densidade normativa das normas e seus efeitos sistêmicos, v. DIMOULIS, Dimitri. *Positivismo Jurídico*: introdução a uma teoria do direito e defesa do pragmatismo jurídico-político. São Paulo: Método, 2006, p.245 e ss.

processo justo, que conceitualmente se equipara ao processo que atende os ditames do devido processo legal. As previsões relativas ao direito de ação e de defesa, ao contraditório e à ampla defesa, à inafastabilidade da jurisdição e ao juiz natural, por exemplo, todas elas asseguram ao jurisdicionado um conteúdo mínimo inafastável ao processo, além de lhe conferir uma posição jurídica.[37]

O segundo aspecto representa uma forma de limitação do exercício do poder, de controle desse múnus público da atividade heterocompositiva substitutiva – ou mesmo do exercício da modalidade não contenciosa de jurisdição.

Volta-se, em um primeiro momento, essencialmente contra o Legislador. Exerce uma função limitadora da potencialidade de conteúdo da atividade legiferante, que não pode ignorar as balizas desenhadas pelas garantias constitucionais e, portanto, impede que se crie Direito que represente violação ou negação das prerrogativas ali asseguradas.[38] Do mesmo modo, as garantias impõem um dever implícito de promoção dos valores ali assegurados, de modo que a própria atividade de produção de leis deve compor e conformá-los, o que se mostra especialmente relevante na promulgação de leis processuais – trata-se, nesse aspecto, de um efeito prospectivo e motor das normas processuais constitucionais de garantia.[39]

De forma igualmente relevante, e sob uma perspectiva mais próxima do exercício prático da atividade jurisdicional, as garantias constitucionais do processo têm por destinatários aqueles responsáveis por gerir e dar movimento

[37] "Garantias das partes e do próprio processo: eis o enfoque completo e harmonioso do conteúdo da cláusula do *devido processo legal* [...]. Garantias, não apenas das partes, mas sobretudo da jurisdição: porque se, de um lado, é interesse dos litigantes a efetiva e plena possibilidade de sustentarem suas razões, de produzirem suas provas, de influírem concretamente sobre a formação do convencimento do juiz; do outro, essa efetiva e plena possibilidade constitui a própria garantia de regularidade do processo, da imparcialidade do juiz, da justiça das decisões." GRINOVER, Ada Pelegrini. *Novas Tendências do Direito Processual*. Rio de Janeiro: Forense Universitária, 1990, p.2. Realce original.

[38] E, nesse sentido, a estruturação de mecanismos de controle de constitucionalidade das normas, de modo a garantir a rigidez das normas constitucionais. RAMOS. Elival da Silva. *Controle de constitucionalidade no Brasil:* perspectivas de evolução. São Paulo, Saraiva: 2010, p.41 e ss., em especial p.46.

[39] A respeito da eficácia das normas constitucionais, mesmo que de cunho programático, ver: MIRANDA, Jorge. *Manual de Direito Constitucional*. 3. ed. Coimbra: Coimbra, 1996, v. 2, p.243 e ss.

ao processo, bem como garantir-lhe impulso uma vez vencida a barreira da inércia: os órgãos jurisdicionais, a quem compete dar efetividade ao processo imbuído desses valores estruturantes do sistema processual. Trata-se, à evidência, de impor o dever de garantir a regularidade do processo ao longo da sucessão de atos que constituem o procedimento de que resultará o provimento jurisdicional. Assim como ocorre perante o legislador, também o julgador deve aplicar as normas processuais sob o ideal de concreção de um processo decisório justo e que esteja adstrito aos valores preconizados pelas garantias processuais.[40]

As garantias, entretanto, não traduzem simples anseios normativos, como se funcionassem apenas como diretrizes para o comportamento dos órgãos a que se destinam e que dependeriam da boa vontade dos destinatários para sua concreção. O sistema jurídico prevê mecanismos que, por permitir o controle dos contornos e do exercício da atividade jurisdicional, reforçam a imperatividade de sua observância.

Na perspectiva da atividade legiferante, a previsão constitucional de garantias processuais cria parâmetros de constitucionalidade que permitem o controle das leis – e a própria discussão sobre a constitucionalidade da Lei nº 9.307/96 ("Lei de Arbitragem") é fruto disso – e dos limites da estruturação legislativa da atividade jurisdicional (seus pressupostos, suas condições, seus efeitos e seus limites).[41] Isso é especialmente facilitado pelo fato de as garantais constitucionais, consoante já apontado, revestirem valores jurídicos polissêmicos que permitem diversas conformações legislativas no plano infraconstitucional – em especial, no desenho das regras procedimentais. Consequentemente, são igualmente plurais e diversas as discussões relativamente

[40] A esse respeito, a existência e, por consequência, a aplicação das garantias processuais visam a "[...] garantir um processo democrático, livre do arbítrio e capaz de alcançar os fins colimados pelo Estado de direito e pela sociedade, via jurisdição [...] tais princípios visam realizar a justiça, permitindo que o processo cumpra as aspirações do direito material." PORTO, Sérgio Gilberto; USTÁRROZ, Daniel. *Lições de direitos fundamentais no processo civil:* o conteúdo processual da Constituição Federal. Porto Alegre: Livraria do Advogado, 2009, p.38-39. E, também, BERALDO, Maria Carolina Silveira. *Processo e Procedimento à luz da Constituição Federal de 1988:* Normas Processuais e Procedimentais Civis. São Paulo, 2015. 165 p. Tese de Doutorado – Faculdade de Direito – Universidade de São Paulo, p.33.

[41] CAPPELLETTI, Mauro. *The Judicial Process in Comparative Perspective.* Oxford: Clarendon Press, 1989, p.15-16.

ao que exigem as garantias em termos de mandamento normativo em face do legislador. Está-se, entretanto, diante de uma característica inerente ao sistema.

Do ponto de vista do direito subjetivo igualmente consubstanciado nas garantias processuais – no limite, o direito ao processo justo –, o sistema cria e desenvolve mecanismos de controle da regularidade procedimental e processual sob a roupagem da figura das nulidades processuais.[42] Não se está, aqui, no plano da validade normativa, mas sim de possível violação a uma posição jurídica processual tutelada por uma garantia processual. Trata-se de instrumento que acaba por atribuir um poder de controle concreto e efetivo que representa, no limite, a exigibilidade dessas garantias pelos próprios jurisdicionados. Advém daí a segurança de que a tutela jurisdicional, independentemente de seu conteúdo, apenas possui a eficácia pretendida pelo ordenamento caso o processo de que resulte tenha respeitado o devido processo legal. Caracteriza, com isso, meio que atribui aos jurisdicionados algum controle sobre a forma pela qual a jurisdição é, na prática, exercida no processo a que estão vinculados, e que de forma reflexa reforça o *dever-ser* tutelado pelo ordenamento relativamente ao devido processo legal. Isso não afasta o comprometimento que teleológica e deontologicamente deve haver entre jurisdição e justiça material, tampouco o conteúdo axiológico das normas e das decisões prolatadas. Essa concepção não representa, claramente, uma retomada de equiparação entre justiça e legalidade, mas reforça o papel da forma processual na realização dos valores éticos e morais inseridos no sistema jurídico.

1.2 Arbitragem e jurisdição

A jurisdição é, inequivocamente, elemento central do estudo do processo, ao menos se concebido como instrumento para pacificação dos conflitos sociais e de promoção da justiça no ordenamento jurídico.

[42] CABRAL, Antônio do Passo. Teoria das Nulidades Processuais no Direito Contemporâneo. *Revista de Processo*, v. 256, 2016; COMOGLIO, Luigi Paolo. "Garanzie Constituzionali" e "Giusto Processo". *Revista de Processo*, v. 90, 1998, p. 105; FARIA, Marcela Kohlbach de. Ação *Anulatória da Sentença Arbitral:* aspectos e limites. Brasília: Gazeta Jurídica, 2014, p.43 e ss.

A doutrina processual classicamente compreende jurisdição como uma manifestação do Poder do Estado, e isso não apenas do ponto de vista da substitutividade que lhe é característica, mas também do múnus que reveste, qual seja, de dizer o Direito de forma qualificada pela coercitividade (*imperium*) que lhe é inerente – e que permite e autoriza, no limite, a imposição forçada do resultado do processo.[43] A concepção resulta, claramente, do próprio processo evolutivo dos métodos compositivos de conflitos ao longo da história, chegando-se na adoção do modelo difundido em que, diante de persistência da lide, abre-se espaço para a intervenção de um terceiro para resolver a disputa com mecanismos de emprego da força (ou de ameaça latente de sua utilização) para impor determinado estado de coisas. A seu turno, a necessidade de regular, controlar e legitimar o emprego dessa força leva naturalmente à avocação, pelo Estado, do monopólio em sua utilização. Retira-se, como regra geral, portanto, a licitude da autotutela dos particulares como mecanismo de solução de contendas. Resta, com isso, a possibilidade de emprego de coerção pelo Estado para fazer valer o "direito dito" resultante do ato jurisdicional.[44] Isso permite compreender o porquê da difusão da concepção teórica de que a jurisdição reveste e apenas pode ser compreendida como uma função exclusiva do Estado e de seus órgãos, na medida em que a coercibilidade da decisão – que no limite envolve o emprego de força, cujo uso legitimado compete apenas ao Estado – é entendida como elemento indissociável do exercício de atividade jurisdicional. A jurisdição, enquanto manifestação do Poder do Estado, é vista como expressão da própria soberania.[45] Sintetizando essa visão:

> seria possível definir a jurisdição nos seguintes termos: *função pública, realizada por órgãos competentes do Estado, com as formas requeridas pela lei, em virtude da qual, por ato de juízo, determina-se o direito das partes, com o objetivo de dirimir seus conflitos e controvérsias de relevância jurídica, mediante*

[43] Nesse sentido, a visão de jurisdição como *poder, atividade e função*: CINTRA, Antonio Carlos de Araújo; DINAMARCO, Cândido Rangel; GRINOVER, Ada Pellegrini. *Teoria Geral do Processo.* 27. ed. São Paulo: Malheiros, 2011, p. 150; CARNEIRO, Athos Gusmão. *Jurisdição e Competência.* 12. ed. São Paulo: Saraiva, 2002, p.4, 7 e ss.

[44] CALAMANDREI, Piero. *Instituciones de Derecho Procesal Civil.* Buenos Aires: Depalma, 1943, p.147 e ss.

[45] DINAMARCO, Cândido Rangel. *A Instrumentalidade do Processo.* São Paulo: Revista dos Tribunais, 1987, p.132 e ss.

> *decisões com autoridade de coisa julgada, eventualmente passíveis de execução.*[46] (tradução livre, realce original).

Testando os limites dessa concepção de jurisdicionalidade, a arbitragem surge e se desenvolve também como processo e compartilha com o processo estatal – e, consequentemente, com a jurisdição –, a característica de retratar um mecanismo heterocompositivo de solução de controvérsias legitimado pelo Direito: um terceiro imparcial suplanta a posição das partes e assume a posição de definir juridicamente a solução para sua contenda. Trata-se, não obstante, de forma de solução de controvérsias resultante da vontade privada, com origem contratual, e não por acaso aplica-se apenas a direitos patrimoniais disponíveis. Daí porque o "poder" que o terceiro recebe para exercer a função substitutiva e para definir a solução do litígio pode ser concebido como mera consequência de um ajuste contratual. Como resultado, essa função é equiparada a simples atividade privada em relação à qual os litigantes acordaram submeter-se e vincular-se. Seria uma forma terceirizada de autocomposição, no sentido de passar ao largo do Estado e de seus órgãos judiciários, razão pela qual não contaria com caráter jurisdicional. A despeito de pacificar conflitos, seria desvinculada da carga de poder jurídico e jurígeno que a jurisdição estatal carrega. Isso seria especialmente reforçado pelo fato de carecer a arbitragem de coercibilidade, no sentido de que o órgão arbitral não possui meios legítimos para forçar o cumprimento da decisão que exarar: o uso da força continua sendo monopólio estatal. Afinal, a efetividade do Direito posto repousa, no limite, na exigibilidade de seus mandamentos deônticos.

Essa linha de raciocínio, de fato, parece forçar a conclusão de que arbitragem, a despeito de suas similitudes com o processo estatal sob o aspecto de representar um método de solução de controvérsias, não é expressão de atividade jurisdicional. Não obstante, essa conclusão depende eminentemente da concepção de que o caráter de jurisdicionalidade de um ato repousa,

[46] No original: "sería posible definir la jurisdicción en los siguientes términos: *función pública, realizada por órganos competentes del Estado, con las formas requeridas por la ley, en virtud de la cual, por acto de juicio, se determina el derecho de las partes, con el objeto de dirimir sus conflictos y controversias de relevancia jurídica, mediante decisiones con autoridad de cosa juzgada, eventualmente factibles de ejecución.*" COUTURE, Eduardo. *Fundamentos del Derecho Procesal Civil.* 3. ed. Buenos Aires: Depalma, 1977, p.40. Realce original.

em larga escala, no fato de o órgão que exerce essa função cumular, igualmente, um poder de impor coercibilidade a seus atos. A natureza jurisdicional, com isso, não seria definida, ao menos não exclusivamente, em termos de escopo pacificador dessa função, mas também em termos de distribuição orgânica do poder estatal de coerção e de dar cumprimento forçado à decisão.

O presente trabalho parte de outro pressuposto. A premissa deste estudo é a de que arbitragem reveste, inegavelmente, caráter jurisdicional, de modo que as ressalvas doutrinárias acima ventiladas – e em grande parte há muito superadas – não se prestariam a tolher-lhe esse traço. Segundo aqui se pretende indicar a seguir, a jurisdicionalidade do ato reside, acima de tudo, na finalidade da atividade desempenhada e nos efeitos potenciais que dele se podem extrair.

1.2.1 O processo arbitral como atividade jurisdicional

A despeito de possíveis debates doutrinários sobre o tema, é inequívoco que o legislador brasileiro adotou o posicionamento do sentido de referendar a jurisdicionalidade da arbitragem. Determina a Lei de Arbitragem, em seu artigo 31, que "a decisão final dos árbitros produzirá os mesmos efeitos da sentença estatal, constituindo a sentença condenatória título executivo que, embora não oriundo do Poder Judiciário, assume a categoria de judicial"[47].

A percepção de que arbitragem é manifestação de jurisdição não é, entretanto, *post legem*.

Considerando o estado da arte da arbitragem no Brasil antes da superveniência da Lei de Arbitragem, soa razoável supor que a opção do legislador em chancelar legalmente seu caráter jurisdicional menos teve de ver com uma preocupação teórico-doutrinária sobre a função desempenhada pelo árbitro, estando muito mais fortemente ligada a uma preocupação então imediata: fortalecer e desenvolver a arbitragem como um mecanismo viável de solução de controvérsias. Em verdade, a jurisdicionalidade antecede a previsão normativa e é ínsita à natureza da atividade desempenhada.[48]

[47] CARMONA, Carlos Alberto. *Arbitragem e Processo*: Um comentário à Lei de Arbitragem. 3. ed. São Paulo: Atlas, 2009, p.26.

[48] DINAMARCO, Cândido Rangel. *A Arbitragem na Teoria Geral do Processo*. São Paulo: Malheiros, 2013, p. 39. Ver ainda MARTINS, Pedro Antônio Batista. *Apontamentos sobre a Lei de Arbitragem*. Rio de Janeiro: Forense, 2008, p.218.

A equiparação trazida pelo artigo 31 da Lei de Arbitragem, nesse aspecto, não tem por intenção premente reforçar ou blindar a jurisdicionalidade da função do árbitro, mas sim resolver um problema prático no intuito de superar um déficit sistêmico que aplacava a prática arbitral brasileira antes do advento da lei de regência: a falta de estímulo ao emprego do instituto, que tinha suas vantagens alijadas pela falta de efetividade prática em nosso sistema processual. Não se ignora, evidentemente, que antes da Lei de Arbitragem sentenças arbitrais produziam eficácia jurídica. Mas o sistema como um todo padecia de uma dupla fraqueza: de um lado, a falta de exigibilidade das cláusulas compromissórias; de outro, a exigência de homologação da sentença arbitral para que produzisse os efeitos esperados de um título judicial.

Diante desse contexto, a previsão do artigo 31 da Lei de Arbitragem visa, especialmente, a atribuir maior peso à eficácia jurídica das sentenças arbitrais, elemento indispensável para que lhes assegurasse o patamar jurídico necessário para que a arbitragem prosperasse como método eficiente de heterocomposição, como alternativa efetiva aos particulares que permitisse, *mutatis mutandis*, um resultado semelhante àquele obtido por via de jurisdição estatal.

Sob o ponto de vista epistemológico da ciência processual, a solução do legislador permite um olhar atualizado à teoria da jurisdição. A maior dificuldade de admissão do caráter de jurisdicionalidade da arbitragem por parte da doutrina, consoante já mencionado, decorre de faltarem ao árbitro e à sistemática arbitral o *imperium* estatal para lançar mão da força e garantir a exigibilidade de suas decisões, o que por sua vez cria a falsa concepção de que haveria, também, o monopólio estatal do poder de dizer o direito.[49-50]

O escopo central e primordial da jurisdição, entretanto, não reside no uso da força, mas na pacificação de conflitos com justiça[51]. O uso da força é apenas

49 FIGUEIRA JUNIOR, Joel Dias. *Arbitragem (legislação nacional e estrangeira) e o monopólio jurisdicional.* São Paulo: LTr, 1999, p. 21-29 e ss.; FARIA, Marcela Kohlbach de. Ação *Anulatória da Sentença Arbitral:* aspectos e limites. Brasília: Gazeta Jurídica, 2014, p.32-35.

50 Bem compreendida a extensão do *imperium*, entretanto, não se deixa de reconhecer que também o árbitro comunga desse atributo em alguma medida (em especial no tocante ao poder de gerência do processo). Nesse sentido, CLAY, Thomas. *L'arbitre.* Paris: Dalloz, 2001, p.95 e ss.

51 DINAMARCO, Cândido Rangel. *A Arbitragem na Teoria Geral do Processo.* São Paulo: Malheiros, 2013, p. 39: "A força, a coercitividade e a capacidade de executar suas próprias decisões condenatórias não são os principais e relevantes elementos da jurisdição, são meros instrumentos de se fazer cumprir as decisões proferidas após um procedimento lógico de

um mecanismo que, sob o ponto de vista da lógica tanto processual quanto deôntica do Direito, apresenta-se como potencialmente necessário para garantir a exigibilidade da decisão, ou, em outros termos, para assegurar que a decisão dada pelo terceiro imparcial prevalecerá sobre a vontade subjetiva das partes envolvidas no litígio. A coerção é, portanto, instrumental à jurisdição, por ser o mecanismo sistematicamente encontrado para garantir essa imposição, mas não deve se prestar a defini-la e limitá-la em sua essência.[52] Essencial à jurisdição é o exercício de atividade substitutiva por um terceiro imparcial, mediante o processo adequado, pela qual se diz o direito aplicável à relação contenciosa de modo definitivo com o objetivo duplo de pacificação e de promoção da justiça, qualificado por mecanismos que assegurem sua efetividade.

O *dizer o direito aplicável*, entretanto, apenas se pode entender como competência exclusiva e monopolística do Estado a partir de uma apreensão parcial do fenômeno jurídico, que equipare a realização do direito ao órgão que possa empregar a força como autoridade legitimada. O Direito é fenômeno mais amplo que isso, de modo que a realização e a concreção dos preceitos normativos gerais e abstratos do legislador ocorrem de uma infinidade de outras formas, a exemplo da observância espontânea ou de diversos mecanismos autocompositivos usado entre particulares.[53] O monopólio jurisdicional, quando houver, não ocorre por conta do monopólio do uso da força, que

análise dos elementos trazidos ao conhecimento dos árbitros."; e GUERRERO, Luis Fernando. Árbitros, Juízos e Conflitos de Competência. In: PINTO, Ana Luiza; SKITNEVSKY, Karin (coord.). *Arbitragem Nacional e Internacional.* Rio de Janeiro: Elsevier, 2012, p.80.

52 Sem prejuízo de se reconhecer, a despeito da falta de coercibilidade, a existência de alguma executoriedade na jurisdição dos árbitros. Nesse sentido, COSTA, Nilton César Antunes da. *Poderes do Árbitro:* de acordo com a Lei 9.307/96. São Paulo: Revista dos Tribunais, 2002, p.87 e ss.

53 "Si è vero, infatti, che il diritto non si esaurisce nella formulazione da parte del legislatore di precetti generali e astrati che, come tali restano sganciati dai molteplici, variegati e concreti frammenti di vita, è altrettanto vero che esso non deve necessariamente confluire nell'alveoche da quel precetto generale ed astratto conduce sino alla pronuncia dei giudici dello Stato. Il concretamento dell'ordinamento giuridico ben può avvenire, infatti, senza l'intervento del giudice dello Stato non solo quando i singoli consociati si adeguino spontaneamente al precetto normativo, ma anche qualora le parti, dinanzi all'insorgenza di un conflitto, compongano la controversia perfezionando una tranzacione o chiedendo l'intervento di un conciliatore, ovvero scelgano, attraverso la stipulazione di un patto compromissorio, la via arbitrale per la decisione di una controversia." PUNZI, Carmine. *Disegno Sistematico dell'Arbitrato.* 2. ed. Pádua: CEDAM, 2012, v.1, p.91-92.

inegavelmente pertence ao Estado, mas quando se estiver diante de direitos não transacionáveis, em razão de envolverem questão de ordem pública.[54]

Não se ignora que a jurisdição não possui escopo único, e a clássica lição acerca da multiplicidade de escopos da jurisdição (a exemplo dos escopos social, político e jurídico) há muito é esclarecedora nesse sentido.[55] Não obstante, todos eles voltam-se ao objetivo maior de pacificação de conflitos mediante a realização da justiça.[56] Essa função última, desempenhada mediante o processo e por meio da substitutividade de um terceiro e de um mecanismo pelo qual se *diz o direito*, é igualmente exercida no âmbito do processo arbitral. A atividade do árbitro, sob o ponto de vista teleológico, comparte dos mesmos valores daquela exercida pelo juiz.

A problemática acerca da coercibilidade do provimento resultante do processo, que não deve ser entendida como ontológica à jurisdição, mas apendicular e instrumental, é na verdade um falso problema na sistemática arbitral (ao menos brasileira). A decisão arbitral é, inegavelmente, revestida de exigibilidade e diz o direito de modo potencialmente definitivo. Ela vale por si só, e sua equiparação legal à sentença judicial é comprovação disso. A ressalva é que a manifestação concreta dessa coercibilidade é destacada do órgão arbitral, em razão da estruturação do poder estatal de que resulta o monopólio do uso da força. Compete, em última análise, ao juízo estatal, em coparticipação da jurisdição arbitral, determinar o uso da força para garantir a observância do direito dito pelo juízo arbitral.[57] O juiz estatal, entretanto, não exerce jurisdição sob o ponto de vista do direito material e do *dizer o direito*. A meta de pacificação do conflito, nesse aspecto, não depende da atuação do juízo estatal, mas está ínsita à atuação do juízo arbitral, revelando sua

54 PUNZI, Carmine. *Disegno Sistematico dell'Arbitrato*. 2. ed. Pádua: CEDAM, 2012, 1 v., p. 93.

55 DINAMARCO, Cândido Rangel. *A Instrumentalidade do Processo*. São Paulo: Revista dos Tribunais, 1987, p.206 e ss.

56 Ainda que em um contexto de jurisdição estatizada: "A atuação desse órgão estatal, ou autoridade, no processo destinado a resolver a lide, tem de ser justa, imparcial e desinteressada. Na resolução do conflito, deve dar-se a cada um o que é seu, de acordo com os preceitos da ordem jurídica. [...] Essa função que o Estado desenvolve no *processo*, para aplicar a lei e fazer justiça, tem o *nomen juris* de *jurisdição*, a qual pode ser definida como a aplicação do direito objetivo em relação a uma pretensão." MARQUES, José Frederico. *Instituições de Direito Processual Civil*. 3. ed. Rio de Janeiro: Forense, 1966, v. 1, p.29. Realce original.

57 DINAMARCO, Cândido Rangel. *A Arbitragem na Teoria Geral do Processo*. São Paulo: Malheiros, 2013, p.259-261.

jurisdicionalidade pronta e acabada. É o ato último dessa pacificação – a imposição forçada do direito – que, quando muito, e apenas se necessária, depende do juízo estatal. Tanto assim que o juízo estatal não pode modificar o conteúdo da tutela arbitral. Apenas eventual imposição coercitiva do estado de coisas definido em sentença arbitral (que pacifica por si só e resolve o conflito) é que é relegada, como complemento de seu efeito concreto, ao Estado, sem que, contudo, essa necessidade se mostre como um elemento desconstitutivo da jurisdicionalidade da atividade do árbitro. Ela completa a efetividade do ato, mas não define sua natureza.

Relevante ainda destacar que, a despeito do monopólio estatal relativamente ao uso da força, não há qualquer preceito constitucional que defina que a função jurisdicional seja exclusiva do Estado. E a visão que aglutina ambas as funções como se fossem faces de uma e única atividade reflete, em verdade, uma concepção jusfilosófica que limita a amplitude da realização do Direito. Tampouco se extrai essa conclusão do inciso XXXV da Constituição Federal, que versa sobre inafastabilidade do Poder Judiciário na apreciação de lesão ou ameaça a Direito. Não se assentou, ali, qualquer posição sobre a extensão da atividade jurisdicional, menos ainda se obstou a instituição da arbitragem. Apesar de se tratar de matéria há muito já resolvida quando da apreciação da alegada inconstitucionalidade da Lei de Arbitragem[58], nunca é demais lembrar que o entendimento predominante reconheceu que a vedação ali indicada se volta ao legislador, no sentido de revestir uma garantia de não se poder editar norma que tolha, *tout court*, a possibilidade de acesso a tutela jurisdicional para a proteção de posições jurídicas.[59]

A Lei de Arbitragem claramente não faz isso. Em primeiro lugar, porque bem compreendida apenas cria uma via alternativa de acesso à jurisdição. Adicionalmente, porque não traz qualquer mandamento que retire o direito de acesso ao Poder Judiciário: apenas autoriza que contratantes lancem mão de outro mecanismo heterocompositivo quando estejam diante de direitos disponíveis – para cuja composição, portanto, sequer se exige, aprioristicamente, a participação do Estado.

[58] BRASIL. STF. Agravo Regimental em Sentença Estrangeira. *SE nº 5206-AgR*. Rel. Ministro Sepúlveda Pertence, Tribunal do Pleno.

[59] FICHTNER, José Antonio, MANNHEIMER, Sergio Nelson, MONTEIRO, André Luís. *Teoria geral da arbitragem*. Rio de Janeiro: Forense, 2019, p.158-159.

1.2.2 As especificidades da jurisdição arbitral

Não obstante ser jurisdição, a arbitragem naturalmente apresenta diferenças em comparação à jurisdição estatal.[60] Essas diferenças atingem diferentes graus de intensidade e acompanham a gênese do poder jurisdicional, passam pelas especificidades em seu exercício e atingem os limites, assim como o alcance dessa atividade. Está-se, aqui, é claro, apenas diante de mero delineamento de traços distintivos essenciais da jurisdição arbitral, sem pretensão de esgotamento do tema ou de análise aprofundada dessas características.

Em sua gênese, a arbitragem e o liame processual correspondente surgem da vontade privada, do consenso, vale dizer, da intersecção de declarações jurídico-negociais que constituem o elemento motor de um contrato. A lógica subjacente é a de que, no âmbito da disponibilidade dos direitos, as partes, sendo livres para transacionar sobre suas posições jurídicas, ou mesmo para sobre elas renunciar, podem igualmente convencionar um método heterocompositivo que esteja fora dos quadros judiciários do poder estatal.[61] Por ter origem eminentemente contratual, soa natural que se tenha desenvolvido uma linha doutrinária defendendo a falta de jurisdicionalidade na respectiva atividade heterocompositiva, por ser algo *fora* do poder do Estado e inserido no âmbito exclusivo da disponibilidade patrimonial de partes contratantes.[62] Nesse aspecto, a corrente puramente contratualista, que retira da

[60] "Embora a finalidade perseguida pelas justiças estatal e arbitral seja a mesma, a função se exerce de outro modo. Há uma diferença de método e na maneira de tratar o problema apresentado, já que a arbitragem nasce do consenso das partes, exteriorizado na convenção arbitral. [...] Embora tendo origem contratual, a arbitragem tem natureza jurisdicional. A vontade das partes é que autoriza a após arbitragem". WALD, Arnoldo. O Espírito da Arbitragem. *Revista do IASP*, v. 23, 2009, p.25-26.

[61] AZOCAR, Patricio Aylwin. *El Juicio Arbitral*. 4. ed. Santiago: Salesianos, 1982, p.16: "Si una persona, por actos de propia voluntad, puede renunciar un derecho suyo o transigir las disputas que sobre él tenga con un tercero, parece principio natural permitirle que entregue la suerte de su derecho a la decisión de otra persona que le inspire confianza. Y si en el hecho de los litigantes así lo hacen y, en ejercicio de su libertad de contratar, acuerdan someter la controversia que les divide al fallo de un individuo cualquiera por ellos elegido, no hay motivo alguno para que el Poder Público desconozca la ley de este contrato."

[62] Por todos, a posição chiovendiana: CHIOVENDA, Giuseppe. *Instituições de Direito Processual Civil*. 2. ed. São Paulo: Saraiva, 1965, v. 1, p. 79.

atividade dos árbitros qualquer nuance de jurisdição.[63] A contratualidade, em verdade, deve ser bem dimensionada. Ela é o elemento necessário ao surgimento da relação processual na seara arbitral, mas não lhe retira referida natureza jurisdicional. Essa contratualidade, na medida em que revela o consenso em subtrair do Estado-juiz a função heterocompositiva, faz surgir a jurisdicionalidade da atividade do árbitro, pois define a medida de sua atração e incidência em determinada relação contenciosa futura ou atual, dado que é justamente esse liame obrigacional que define a forma e os limites da atividade arbitral. A jurisdicionalidade daí extraída, consoante já apontado, decorre do entendimento de que a organização da arbitragem sob a forma de processo permite concluir que esta comparte deontológica e teleologicamente da mesma função desempenhada pelo Estado-juiz.[64]

Sendo assim, a concepção de que a arbitragem reveste natureza jurisdicional contrapõe-se a uma visão estritamente contratualista, em especial porque antevê a submissão da arbitragem a princípios e a preceitos que se aplicam independentemente da vontade das partes. Não obstante, isso não importa em retirar a importância e o impacto que esse mesmo consenso desempenha na seara arbitral, mas apenas filtra sua valoração na compreensão do processo desenvolvido a partir da arbitragem.

O consenso é, inequivocamente, o requisito fundamental para a existência do processo arbitral[65]. Entretanto, mostra-se necessário, para fins de determinar a submissão de um litígio à jurisdição arbitral, de forma apenas

[63] RUBINO-SAMMARTANO, Mauro. *Il Diritto dell'Arbitrato (Interno)*. 2. ed. Padova: CEDAM, 1994, p. 14; SCHIZZEROTTO, Gianni. *Dell'Arbitrato*. Milano: Giuffrè, 1982, p.29-31.

[64] AZOCAR, Patricio Aylwin. *El Juicio Arbitral*. 4. ed. Santiago: Salesianos, p.43 e ss.

[65] Trata-se de premissa difundida e aceita tanto em plano nacional como internacional. BORN, Gary. *International Arbitration:* law and practice. Países Baixos: Wolters Kluwer Law & Business, 2012, p. 4: "[i]t is elementary that 'arbitration' is a consensual process that requires the agreement of the parties. Article II of the New York Convention applies only to an 'an *agreement*... under which the parties undertake to submit to arbitration,' while Article 8 of the UNCITRAL Model Law applies only where there is '*an agreement by the parties* to submit to arbitration all or certain disputes.' Similarly, national courts uniformly hold that 'arbitration is a creature that owes its existence to the will of the parties alone,' and that 'arbitration is a matter of contract and a party cannot be required to submit to arbitration any dispute which he has not agreed so to submit.'". Há, de certo, exceções esparsas em alguns ordenamentos, com previsão de arbitragem obrigatória. Nesse sentido, CARMONA, Carlos Alberto. *Arbitragem e Processo: Um comentário à Lei de Arbitragem*. 3. ed. São Paulo: Atlas, 2009, p.36.

pontual, não precisando ser perene e tampouco persistir ao longo de todo o processo. Basta que em dado momento tenha havido, relativamente a uma relação contratual, o acordo em arbitrar, e que este consenso, transmutando-se em obrigação livremente pactuada, permaneça válido e vigente entre as contratantes.[66] A jurisdição arbitral tem lugar mesmo contra eventual e posterior resistência de um dos litigantes, sendo, portanto, possível concluir que a arbitragem se funda em consenso, mas não depende dele para manter-se.[67] Trata-se de conclusão naturalmente decorrente da construção normativa em torno da convenção de arbitragem e de seus efeitos[68], a exemplo do disposto nos artigos 3º[69] e 7º[70] da Lei de Arbitragem, e da exceção de competência estabelecida no artigo 337, inciso X e §§5º e 6º[71] do Código de Processo Civil.

Também por fundar-se em consenso, a jurisdição arbitral apresenta outra distinção relevante, no que diz respeito à legitimação da atuação de seus

[66] CARMONA, Carlos Alberto; DI VECCHIA NETO, Berardino. Ensaio sobre aspectos intertemporais da arbitragem em contratos de trato continuado. In: MOREIRA, Ana Luiza B. M. Pinto; BERGER, Renato (coord.). *Arbitragem e outros temas de direito privado:* estudos jurídicos em homenagem a José Emilio Nunes Pinto. São Paulo: Quartier Latin, 2021.

[67] Nesse sentido: "[...] válido o ajuste [em arbitrar] firmado espontaneamente pelos contratantes, seu conteúdo e efeito devem ficar a salvo de ataques e contestações. Sua tutela é imperativa nos exatos termos contratados. Nem mais, nem menos." MARTINS, Pedro Antônio Batista. O Poder Judiciário e a Arbitragem. Quatro Anos da Lei nº 9.307/96 (1ª Parte). *Revista de Direito Bancário do Mercado de Capitais,* v. 9, 2000, p.321.

[68] MARTINS, Pedro Antônio Batista. *Apontamentos sobre a Lei de Arbitragem.* Rio de Janeiro: Forense, 2008, p.62 e ss.

[69] BRASIL. Lei nº 9.307, de 23 de setembro de 1996. Dispõe sobre a arbitragem. Artigo 3º. "As partes interessadas podem submeter a solução de seus litígios ao juízo arbitral mediante convenção de arbitragem, assim entendida a cláusula compromissória e o compromisso arbitral".

[70] Ibid. Artigo 7º. "Existindo cláusula compromissória e havendo resistência quanto à instituição da arbitragem, poderá a parte interessada requerer a citação da outra parte para comparecer em juízo a fim de lavrar-se o compromisso, designando o juiz audiência especial para tal fim".

[71] BRASIL. Lei nº 13.105, de 16 de março de 2015. Código de Processo Civil. Artigo 337. "Incumbe ao réu, antes de discutir o mérito, alegar: [...] X – convenção de arbitragem; [...] §5o Excetuadas a convenção de arbitragem e a incompetência relativa, o juiz conhecerá de ofício das matérias enumeradas neste artigo. §6o A ausência de alegação da existência de convenção de arbitragem, na forma prevista neste Capítulo, implica aceitação da jurisdição estatal e renúncia ao juízo arbitral".

órgãos. Consoante leciona Tércio Sampaio Ferraz Júnior[72], ao discorrer a respeito de suspeição e impedimento em arbitragem, o juiz togado insere-se em um contexto de legitimação institucionalizada decorrente da própria estruturação do Poder Judiciário no âmbito do Estado. Decorre daí uma relação de presunção de confiança (a que ele qualifica como confiança fiducial[73]), protetiva de sua atuação e de onde o julgador extrai a aceitação plasmada na sociedade em termos de sua legitimidade. O mecanismo de confiança que estrutura e mantém o papel jurisdicional exercido pelo do terceiro integrante do Estado-juiz que exerce o múnus heterocompositivo é institucionalmente presumido, em suma. Afinal, o Poder Judiciário apresenta-se como uma extensão direta do Estado e goza de prestígio no sentido de que está funcionalmente ligado aos próprios objetivos do Estado sob o ponto de vista de realização do Direito em uma ordem jurídica justa.

A atuação do árbitro, sob o ponto de vista da legitimação de seu poder heterocompositivo-jurisdicional, também decorre de uma relação de confiança[74], mas que não goza da mesma proteção e presunção institucional. Decorre, especificamente, do consenso, que também funda o processo arbitral e representa a necessária relação de *confiança na confiança do outro*, pelo que embasa a sistemática de escolha expressa das regras do jogo. É o consenso que atribui a legitimidade necessária à concepção do instituto da arbitragem como mecanismo heterocompositivo viável e normativamente sustentável. Decorre daí, igualmente, toda a sistemática protetiva – tanto em termos de normas positivadas, quanto em termos de *soft law* – dessa mesma confiança, em termos de deveres de revelação e de mecanismos de impugnação de árbitro.[75]

[72] FERRAZ JÚNIOR, Tercio Sampaio. Suspeição e Impedimento na Arbitragem: sobre o dever de revelar na Lei nº 9.307/1996. *Revista de Arbitragem e Mediação*, v. 28, 2011, pp.65-82.

[73] "Nesse caso, a confiança (fiducial) tem a ver com uma espécie de encargo que alguém assume perante alguém e vice-versa, isto é, perante o outro de quem se espera um comportamento correspondente, posto que é um mecanismo de convivência. [...] Trata-se, pois, de uma construção tipicamente normativo-jurídica que tem a *consciência em intersubjetividade* como seu núcleo. Ou, dito de outro modo, a confiança (fiducial) exige confiança na confiança dos outros." Ibid, p.68. Realce original

[74] Não por acaso, a redação do *caput* do artigo 13 da Lei de Arbitragem.

[75] FERRAZ JÚNIOR, Tercio Sampaio. Suspeição e Impedimento na Arbitragem: sobre o dever de revelar na Lei nº 9.307/1996. *Revista de Arbitragem e Mediação*, v. 28, 2011, p.65-82.

Além disso, por ser fundada em consenso, a arbitragem possui uma diferença sensível comparativamente à jurisdição estatal: trata-se de jurisdição limitada. Limitada aos exatos e estritos limites do consenso atingido pelas partes contratantes.[76] Não existe arbitragem para além do desenho traçado pela intersecção das declarações jurídico-negociais dos contratantes. O artigo 8º da Lei de Arbitragem[77], que estabelece uma autorrefenciabilidade de competência que se convencionou denominar de competência-competência[78], não abre espaço para que o árbitro crie jurisdição *ex nihil*, mas apenas para que determine os exatos limites de sua competência.

Em outras palavras, o poder atribuído ao árbitro nesse sentido é apenas o de identificar o recorte de jurisdição traçado pelas partes contratantes ao convencionarem a convenção de arbitragem. Não por acaso, mostra-se tecnicamente impreciso falar-se em extensão pelo tribunal arbitral de cláusula arbitral a partes não signatárias, uma questão processual bastante comum em litígios envolvendo partes inseridas em grupos empresariais. Nenhum tribunal arbitral pode estender uma convenção de arbitragem, como se pudera alargar seus poderes para além do que as partes efetivamente convencionaram, criando um novo campo de atuação não previsto pelas partes. Essa discussão, em verdade, não reveste qualquer intenção de alargamento da jurisdição arbitral, mas apenas a de se identificar a real dimensão do consenso aposto

[76] BLACKABY, Nigel; PARTASIDES, Constantine; REDFERN, Alan. *Redfern and Hunter on International Arbitration*. 6. ed. Oxford: Oxford University Press, 2015, p.305-307.

[77] BRASIL. Lei nº 9.307, de 23 de setembro de 1996. Dispõe sobre a arbitragem. Artigo 8º. "A cláusula compromissória é autônoma em relação ao contrato em que estiver inserta, de tal sorte que a nulidade deste não implica, necessariamente, a nulidade da cláusula compromissória".

[78] Nas palavras de Dimitri Dimoulis, "[q]uando não há métodos para constatar os limites de uma atividade decisória, a autoridade competente pode decidir conforme seu livre-arbítrio, indicando ela mesma os limites de sua competência. Isso equivale ao reconhecimento de uma competência ilimitada: 'faça o que quiser'. Com efeito, a autoridade que possui a competência para fixar sua competência (*Kompetenz-Kompetenz*) pode deslocar ao infinito seus limites, revendo constantemente sua decisão. Quando uma autoridade pode definir sua própria competência, temos a *determinação auto-referencial de competência*." DIMOULIS, Dimitri. *Positivismo Jurídico*: introdução a uma teoria do direito e defesa do pragmatismo jurídico-político. São Paulo: Método, 2006, p.212. Realce original

(expresso, tácito, ou legalmente imputável) na convenção de arbitragem.[79-80-81] Entra aí a importância do artigo 8º[82], na medida em que permite ao próprio juízo arbitral analisar a eficácia da cláusula arbitral, o que muitas vezes pode levar ao reconhecimento de que sua literalidade não reflete, com exatidão, o consenso que existiu quando de sua estipulação.[83]

Na mesma linha, e porque limitada, a jurisdição arbitral não é perene. Não compartilha a linha temporal de continuidade de que frui a jurisdição estatal – o que do mesmo modo reflete na relação de confiança de que há pouco

[79] Cf. CARMONA, Carlos Alberto; DI VECCHIA NETO, Berardino. Ensaio sobre aspectos intertemporais da arbitragem em contratos de trato continuado. In: MOREIRA, Ana Luiza B. M. Pinto; BERGER, Renato (coord.). *Arbitragem e outros temas de direito privado:* estudos jurídicos em homenagem a José Emilio Nunes Pinto. São Paulo: Quartier Latin, 2021, p.97, 107 e ss.

[80] "As discussed above, international arbitration is fundamentally consensual. As a consequence, an arbitration agreement binds (and benefits) only the agreement's parties, and not others. Presumptively, and in most instances, the parties to an arbitration agreement are its formal signatories. Nonetheless, there are circumstances in which non-signatories may be held to be parties to – and consequently both bound and benefited by – an arbitration agreement." BORN, Gary. *International Arbitration: law and practice.* Países Baixos: Wolters Kluwer Law & Business, 2012, p.95.

[81] No tocante à dimensão das perquirições acerca da extensão do consenso, cf. RAU, Alan Scott. Arbitral Jurisdiction and the Dimensions of Consent. *Arbitration International,* v. 24, n. 2, 2008, p.199-264, em especial p.199-204. E também: "Em todos os precedentes analisados neste livro, o *consentimento* das partes signatárias e não signatárias envolvidas na disputa, refletido em seu comportamento, consistiu em elemento comum, no qual as respectivas decisões foram fundamentadas. Seja para permitir a extensão da convenção da arbitragem a parte não signatária, seja para negá-la, os árbitros, a Corte CCI e os juízes togados sempre fundamentaram as suas decisões na presença ou na ausência de consentimento. Isso porque, segundo todos eles, a arbitragem somente é válida se constatada a existência de livre manifestação de vontade de todas as partes que dela participem." MELO, Leonardo de Campos. *Extensão da Cláusula Compromissória e Grupos de Sociedades* – a prática arbitral CCI e sua compatibilidade com o direito brasileiro. Rio de Janeiro: Forense, 2013, p.134-135. Realce original.

[82] Quanto a seus efeitos, v. VALENÇA FILHO, Clávio de Melo. *A Arbitragem em Juízo.* São Paulo, 2015. 291 p. Tese de Doutorado – Faculdade de Direito – Universidade de São Paulo, p.50 e ss.

[83] Nessa esteira, a interpretação da cláusula arbitral não se limita ao significado literal da terminologia adotada pelas partes em seu contrato, devendo ser compreendida levando em consideração as verdadeiras intenções manifestadas no momento da conclusão do contrato. Nesse sentido, LEMES, Selma Ferreira. Cláusulas Arbitrais Ambíguas ou Contraditórias e a Interpretação da Vontade das Partes. In: MARTINS, Pedro Batista; GARCEZ, José M. Rossani (org.). *Reflexões sobre Arbitragem: in memoriam* do Desembargador Cláudio Vianna de Lima. São Paulo: LTr, 2002.

se falou – possuindo momento certo de início e término – consoante artigos 19, 29 e 30 da Lei e Arbitragem. Mais do que isso, não existe jurisdição arbitral em tese e abstrato, mas apenas de forma concreta, consubstanciada em um juízo arbitral efetivamente constituído e envolto a uma demanda específica com limites definidos. Essa constatação possui importância prática quando se analisa, por exemplo, o porquê da impossibilidade de aplicação, em sede arbitral, dos efeitos da coisa julgada sobre questões prejudiciais incidentais decididas, nos termos previstos pelo Código de Processo Civil em seu artigo 503, §1º. Um dos requisitos para tanto é o de que o juízo tenha igualmente competência para decidir, como principal, a questão incidental. Isso jamais pode ocorrer em sede arbitral, porque o árbitro apenas possui jurisdição para decidir – ou seja, proferir tutela jurisdicional – quanto àquilo que lhe é submetido como pedido expresso e principal. Todo o resto é *ratio dedicendi* e/ou *obiter dictum*. Ainda quando a questão incidental pudesse ter sido submetida como matéria principal ao juízo arbitral, o fato de não o ter sido faz com que a jurisdição arbitral, que apenas existe em concreto e nunca em abstrato, não abranja aquela questão sob o ponto de vista de competência para proferir tutela jurisdicional a respeito. Trata-se de lógica, o exercício hipotético que afere uma jurisdição em tese e descolada do caso concreto, que apenas se aplica ao juízo estatal.

Existe, ainda, a diferença delineada já no artigo inicial da Lei de Arbitragem, que estabelece que o instituto da arbitragem se aplica apenas e tão somente ao campo dos direitos patrimoniais disponíveis. Isso equivale a uma limitação fundamental sob o ponto de vista do âmbito material de atuação da jurisdição arbitral, e fixa uma reserva intransponível de jurisdição para o Poder Judiciário – basicamente todas as questões que envolvam algum interesse público. Trata-se de decorrência lógica à concepção de que apenas se pode optar pela via arbitral no tocante às posições jurídicas em relação às quais as partes possam livremente dispor, o que em última análise significa que abrange apenas questões que possa ser objeto de um contrato, pois é justamente este a fonte da arbitragem.[84]

[84] Por todos, cf. CARMONA, Carlos Alberto. *Arbitragem e Processo:* Um comentário à Lei de Arbitragem. 3. ed. São Paulo: Atlas, 2009, p.38-39.

Dessa contratualidade, que traduz o consenso fundante da jurisdição arbitral, decorre outra diferença no modo de ser da jurisdição arbitral. Esta desenvolve-se sob a premissa da flexibilidade procedimental, característica essa que é a nota distintiva da arbitragem e um dos principais pontos atrativos para sua utilização.[85] Sabe-se que, igualmente diante do juízo estatal, é possível às partes litigantes o estabelecimento de rito e regras procedimentais específicas a seu processo, em especial a partir da expressa previsão da figura do negócio jurídico processual no Código de Processo Civil. Não obstante, a flexibilidade é o traço padrão do juízo arbitral, ao passo que é a exceção no juízo estatal.[86] O processo arbitral possui estrutura geral definida na Lei de Arbitragem, mas o legislador, em reconhecimento a esse traço distintivo, não estabeleceu um procedimento padrão que servisse como parâmetro, tampouco impôs um rito específico como regra geral – como ocorre em processos submetidos ao Poder Judiciário. Consequentemente, o exercício da jurisdição arbitral é, nesse aspecto, e em alguma medida, limitado pelas próprias escolhas das partes relativamente às regras procedimentais, ou mesmo pela ausência dessas escolhas, o que leva à falta de padronização no seu exercício entre os diferentes juízos arbitrais.[87]

[85] Ainda que em descrição ao ambiente internacional da arbitragem, a mesma lógica aplica-se a nosso sistema arbitral: "Party autonomy is a guiding principle in determining the procedure to be followed in an international arbitration. It is a principle that is endorsed not only in national laws, but also by international arbitral institutions worlwide, as well as by international instruments such as the New York Convention and the Model Law." BLACKABY, Nigel; PARTASIDES, Constantine; REDFERN, Alan. *Redfern and Hunter on International Arbitration*. 6. ed. Oxford: Oxford University Press, 2015, p.355.

[86] Ainda que no regime do Código de Processo Civil anterior ao atualmente vigente: "Observe-se o paradoxo: o árbitro, que aprecia exclusivamente questões relacionadas a direito disponíveis de cunho privado [...], pode receber das partes expressa ou tacitamente poderes para eleger o procedimento, adequando-o à exata tutela da situação subjetiva e objetiva do caso. Mas o juiz, a quem é conferido, em tese, o dever de decidir também sobre direitos indisponíveis [...], não recebe do legislador brasileiro, ao menos de forma genérica e de maneira expressa, autorização para a adequação formal do procedimento". GAJARDONI, Fernando da Fonseca. *Flexibilidade Procedimental:* um novo enfoque para o estudo do procedimento em matéria processual. São Paulo, 2007. 285 p. Tese de Doutorado – Faculdade de Direito – Universidade de São Paulo, p.168.

[87] CARMONA, Carlos Alberto. Flexibilização do Procedimento Arbitral. In: *III Congresso do Centro de Arbitragem da Câmara de Comércio e Indústria Portuguesa*. Coimbra: Almedina, 2010, p.161-180, em especial p.167.

Por fim, cabe ainda mencionar o elemento distintivo da jurisdição arbitral que mais objeções levanta (relativamente à caracterização de sua jurisdicionalidade), qual seja, sua desvinculação de qualquer poder coercitivo. Consoante previamente apontado, a despeito da obrigatoriedade de suas decisões, os juízos arbitrais não possuem mecanismos institucionais que permitam impor e obrigar sua observância e seu cumprimento. Pode haver, claro, a imposição de penalidades econômicas, pelos árbitros, no intuito de incentivar o cumprimento espontâneo de suas decisões, mas as partes não estão sujeitas à determinação do emprego da força para garantia do resultado prático pretendido pela tutela jurisdicional conferida. Referida limitação não atinge, propriamente, a eficácia da jurisdição arbitral. Não é *menos* jurisdição.[88] Mas é jurisdição com *menos* poder.

Esse déficit, entretanto, é compensado a partir de mecanismos legais e institucionais de cooperação entre as jurisdições estatal e arbitral. Nesse aspecto, a equiparação entre os efeitos da sentença arbitral com a sentença judicial (estabelecida no artigo 31 da Lei de Arbitragem) permite que a primeira seja, em caso de não ser espontaneamente cumprida, submetida ao procedimento judicial de cumprimento de sentença, a partir de que sua execução forçada – *i.e.*, no limite, com o emprego da força – passa a ser um mecanismo possível por meio da intervenção judicial no processo. Do mesmo modo, a expressa previsão de carta arbitral permite a cooperação judicial de modo a cobrir eventual necessidade de determinação de cumprimento forçado de decisões interlocutórias no curso do procedimento arbitral.

[88] SCHIZZEROTTO, Gianni. *Dell'Arbitrato*. 2. ed. Milão: Giuffrè, 1982, p.34: "D'altra parte, se la giurisdizione, come afferma lo stesso Chiovenda, il maggior sostenitore della teoria privatistica, consiste 'nell'atuazione della legge mediante la sostituzione dell'attività di organi pubblici all'attivià altrui, sia nell'affermare l'esistenza di una voluntà di legge sia nel mandarla ulteriormente ad effeto', non à, certo, dalla constatazione che gli arbitri sono sforniti dei poteri di coercizione propri del giudice ordinario che si può tarre un valido argomento a sostegno della tesi privatistica. Tale mancata di poteri può esse, e certamente à, un difetto del giudizio arbitrale, in quanto non consente agli arbitri di avvicinarsi il più possibile all'ideale della giustizia come è concesso, invece, al giudice ordinario, ma non ha alcuno significato quanto la si voglia rapportare alla giurisdizionalità dell'arbitrato. Se ciò fosse, se il potere di coercizione per la preparazione del giudizio rientrasse nel concetto di giurisdizione, bisognerebbe negare anche al giudice ordinario il potere di pronunciare sentenza tutte le volte che i suoi poteri di coercizione sono obliterati o sono affievoliti (si pensi ai giudizi nei quali a interessata la Publica Amministrazione)."

Os elementos acima traçados permitem concluir que, a despeito de inegavelmente jurisdição, a arbitragem possui elementos distintivos no tocante a seu desenrolar ao longo da relação processual. Ainda quando não descaracterizem a jurisdicionalidade da atividade, a compreensão desses elementos mostra-se indispensável para entender adequadamente as nuances do processo arbitral de modo a se estabelecer parâmetros adequados para seu desenvolvimento dentre os mecanismos heterocompositivos de conflitos.

1.3 Processo arbitral e devido processo legal

Os elementos até agora traçados permitem concluir que arbitragem se desenvolve como processo inserido no contexto heterocompositivo de litígios voltado à realização da ordem jurídica justa. Volta-se, imediatamente, à dicção do direito ao caso concreto, de modo a resolver o impasse entre os contratantes que lançam mão dessa via resolutiva, e, mediatamente, à pacificação dos conflitos, comungando dos escopos jurídicos, econômicos e sociais que igualmente identificam a jurisdição estatal.

A proteção que se dá ao processo, reconhecido como o instrumento que viabiliza e ordena a consecução desse objetivo, abriga o devido processo legal no âmbito das garantias inafastáveis, sem o que o exercício jurisdicional perde legitimação e resulta em tutela jurisdicional viciada por nulidade processual – potencialmente inapta, portanto, a cumprir seus fins mediatos e imediatos.

As especificidades da jurisdição arbitral, entretanto, levam-nos à perquirição acerca de como a garantia do devido processo legal manifesta-se na seara arbitral.

1.3.1 As garantias constitucionais e processuais e o devido processo legal na arbitragem

A arbitragem não é matéria de que se ocupa a Constituição Federal de forma direta em termos de regulação e formatação (o instituto aparece de forma expressa apenas brevemente no tratamento dado à competência da Justiça do Trabalho em seu artigo 114, §1º). Não obstante, consoante já exposto, a Constituição protege e assegura, no rol de direitos estabelecidos em seu artigo 5º, o devido processo legal como premissa a guiar todo processo de que possa resultar a privação de bens (inciso LIV), assim como o contraditório e a ampla a todos os litigantes (inciso LV).

Já se assentou a premissa deste trabalho no sentido de que a arbitragem, sendo meio heterocompositivo marcado pela definição da aplicação do direito ao caso concreto por atividade substitutiva de um terceiro, desenvolve-se como processo, sendo forçoso concluir que recai no âmbito da tutela pretendida pela garantia constitucional do devido processo legal. Consubstanciando o metavalor jurídico-processual por excelência, que encampa – em uma relação dedutiva mais ou menos direta – a totalidade dos demais princípios e axiomas processuais, intuitivo concluir que a garantia ao contraditório e à ampla defesa estão ínsitas nessa proteção. *A fortiori*, o inciso LV do artigo 5º da Constituição Federal, que abarca textualmente em sua tutela o processo judicial (e também administrativo), diz menos do que ali se pretende, pois a proteção, inserta no contexto de promoção da ordem jurídica justa, pretende abraçar todo e qualquer processo jurisdicional (e não apenas estatal).[89]

Essa lógica protetiva e garantista, estendida ao processo arbitral, não é exclusividade de nosso ordenamento. Dissemina-se igualmente como premissa nos mais diversos Estados que se pretendem democráticos e em que a arbitragem se assenta como mecanismo heterocompositivo disponível aos jurisdicionados.[90] É claro que o objeto *imediato* dessa proteção constitucional sofre alguma variação a partir das próprias experiências jurídicas de cada um desses Estados. Quer-se com isso dizer que há variação, por exemplo, no tocante aos elementos reputados constitutivos do devido processo legal que são objeto de proteção expressa. Não obstante, nota-se que a preocupação e a tutela subjacente recaem, propriamente, sobre a guarida de um processo que respeite balizas procedimentais aptas a garantir um julgamento adequado.[91]

89 DINAMARCO, Cândido Rangel. *A Arbitragem na Teoria Geral do Processo*. São Paulo: Malheiros, 2013, p.24-25. No mesmo sentido, FICHTNER, José Antonio, MANNHEIMER, Sergio Nelson, MONTEIRO, André Luís. *Novos Temas de Arbitragem*. Rio de Janeiro: FGV, 2014, p.43.

90 MOURRE, Alexis. Los Méritos de la Constitucionalización del Procedimiento Civil y del Derecho del Arbitraje. *Revista de Arbitragem e Mediação*, v. 15, 2007, 117-133; LEMES, Selma Ferreira. Arbitragem. Princípios Jurídicos Fundamentais. Direito Brasileiro e Comparado. *Revista dos Tribunais*, v. 686, 1992, p.73-89, em especial p.5 e ss.

91 HOYOS, Arturo. La Garantia Constitucional del Debido Proceso Legal (Art. 32 de la Constitución Política). *Revista de Processo*, v. 47, 1987, p.7 e ss.

Em nosso sistema jurídico, o influxo normativo da Constituição Federal é sentido na Lei de Arbitragem em seu artigo 21, §2º, que estabelece que "[s]erão, sempre, respeitados no procedimento arbitral os princípios do contraditório, da igualdade das partes, da imparcialidade do árbitro e de seu livre convencimento". O legislador infraconstitucional não se ocupou de enunciar, expressamente, a tutela ao devido processo legal, embora seja esse, claramente, o escopo da proteção normativa, tendo havido apenas o pinçamento de elementos que se reputaram indispensáveis a essa concepção, dadas as especificidades do processo arbitral. Nesse sentido, o contraditório e a isonomia são elementos indissociáveis a qualquer noção de processo justo, traduzindo a premissa dialética do processo heterocompositivo de conflitos qualificado pela (necessária) igualdade de oportunidades. A independência do árbitro mostra-se como peça fundamental da própria legitimidade e sustentação dessa atividade jurisdicional, que não existe em abstrato, sendo ademais ponto fundante da confiança sobre a qual repousa a arbitragem. A ideia de livre convencimento, a seu turno, permite traçar a concepção de que apesar de sua origem contratual, os árbitros, na condução do processo arbitral, não são mandatários das partes, cabendo-lhes avaliar os elementos fáticos e jurídicos do litígio de forma desvinculada dos desejos subjetivos e dos interesses das partes – trata-se do elemento que permite, nesse aspecto, também a neutralização do árbitro no exercício de seu múnus jurisdicional.

Essa enunciação por parte do legislador não implica, à evidência, a conclusão de que outros valores processuais não sejam passíveis da tutela de referida norma. Parece inconteste, *v.g.*, que os princípios do juiz natural, da duração razoável do processo e da adstrição estejam igualmente inseridos no âmbito da proteção da legislação arbitral, sendo valores consonantes com a concepção jurídica acerca do devido processo legal.[92]

In vitro, as normas são positivadas na intenção de que haja uma aderência espontânea a suas determinações e comandos, em especial quando se esteja diante de previsão de garantias calcadas na limitação de um poder (e não parece haver dúvidas de que jurisdição reveste um poder). Mas, e diz-se aqui de forma desvinculada de qualquer escola jusfilosófica específica, inegavelmente

[92] FICHTNER, José Antonio, MANNHEIMER, Sergio Nelson, MONTEIRO, André Luís. *Novos Temas de Arbitragem*. Rio de Janeiro: FGV, 2014, p.25 e ss.

se tem na sanção estabelecida um elemento relevante à obrigatoriedade de suas determinações. Trata-se do funcionamento do código deôntico do Direito (se A, então B), que, entretanto, muitas vezes não apresenta linearidade sob o aspecto da literalidade da lei positivada. Quer-se dizer, a apreensão global da norma não raras vezes demanda um olhar sistêmico, de modo a entender o mandamento e seu objeto de proteção.

Sob o ponto de vista da proteção do devido processo legal, a obrigatoriedade da tutela pretendida (a observância e a inafastabilidade do devido processo legal) é essencialmente desenhada por meio do regramento das nulidades processuais.[93] Isso se justifica em especial em razão de as obrigações que implicitamente estão revestidas naquelas garantias voltarem-se ao julgador e à forma pela qual se deve conduzir o processo. Em outros termos, prevê-se a sanção da nulidade do processo e da tutela jurisdicional (total ou parcial) como decorrência da violação dessas garantias, o que, aliado ao dever do árbitro em conduzir o processo de forma diligente (artigo 13, §6º, da Lei de Arbitragem) e ao interesse das partes em ter um processo justo do qual resulte uma tutela jurisdicional válida e eficaz, cria um sistema de controles mútuos.

É a própria Lei de Arbitragem, portanto, em seu tratamento acerca das nulidades processuais, que permite inicialmente apreender a concepção traçada acerca do devido processo legal na arbitragem, a qual extrapola a redação de seu §2º do artigo 21. A esse respeito, dispõe seu artigo 32 que é nula a sentença arbitral se "for nula a convenção de arbitragem" e/ou se "emanou de quem não podia ser árbitro" (incisos I e II), em tutela ao juiz natural da causa; se "for proferida fora dos limites da convenção de arbitragem" (inciso IV), em proteção à regra da adstrição; se restar "comprovado que foi proferida por prevaricação, concussão ou corrupção passiva" (inciso VI), em guarida da imparcialidade do árbitro; se for "proferida fora do prazo, respeitado o disposto no art. 12, inciso III [da Lei de Arbitragem]" (inciso VII), o que contempla a garantia de duração razoável do processo; e se "forem desrespeitados os princípios de que

[93] "Il est incontesté que les arbitres ont une activité jurisdictionnelle. [...] Tous les devoirs qui entrent dans cette catégorie sont liés à cette fonction et ils touchent nécessairement aux fondements même de l'arbitragem. [...] La sanction de ces devoirs est à la mesure de leur fonction. Si les conditions évoquées ne sont pas remplies, la loi prévoit des sanctions idoines touchant à la validité même de la procedure et de la sentence." TERCIER, Pierre. L'Étique des Arbitres. *Revista de Arbitragem e Mediação*, v. 33, 2012, p.192.

trata o art. 21, §2º, [da Lei de Arbitragem]", tratando textualmente da independência, da isonomia, do contraditório e do livre convencimento do árbitro.

A noção de devido processo legal, entretanto, certamente comporta outros princípios e valores em seu conteúdo semântico e normativo.[94] Nessa constatação reside um ponto de contato essencial e, ao mesmo tempo, sensível da percepção de que a jurisdição estatal e a arbitral se realizam igualmente por meio do processo.

Essencial porque permite concluir que ambas as jurisdições estão intimamente vinculadas por uma disciplina comum que diz respeito aos princípios gerais do processo. Daí porque o Código de Processo Civil, embora sabidamente não aplicável à arbitragem de forma automática (sendo inclusive mais acadêmica que real a aplicação decorrente de acordo das partes), serve de fonte informativa e referencial desses valores, no ponto em que as características dessas jurisdições se encontram.[95]

Sensível, por outro turno, porque as jurisdições estatais e arbitrais, embora inegavelmente partilhem de muitos pontos em comum, possuem diferenças estruturais. Dois desafios surgem dessa circunstância.

O primeiro resulta do risco de transposição indevida do desenho dado pelo legislador a esses princípios nas leis que regulam e disciplinam os processos a serem desenrolados perante o Poder Judiciário. Os preceitos jurídicos de sentido amplo comportam uma diversidade de conformações normativas, a partir do balanceamento valorativo junto a outros elementos jurídicos reputados relevantes, o que a seu turno permite a criação de critérios com diferentes graus de proteção e com cargas normativas mais ou menos rígidas. Ao pré-estabelecer ritos e procedimentos, o legislador faz escolhas jurídicas e políticas acerca da escala de normatividade desses preceitos, o que naturalmente oscila com o suceder de legislações.

94 CLARO, Roberto Del. Devido Processo Legal – direito fundamental, princípio constitucional e cláusula aberta do sistema processual civil. *Revista de Processo*, v. 126, 2005, p.260-294, em especial: "A idéia de um devido processo legal que funciona como direito fundamental e princípio constitucional só se completa quando se percebe também tratar-se de cláusula aberta (open-ended clause) do sistema processual civil. [...] São tais cláusulas abertas que garantem a oxigenação do processo civil, sendo que tal abertura é essencial."

95 FICHTNER, José Antonio, MANNHEIMER, Sergio Nelson, MONTEIRO, André Luís. *Novos Temas de Arbitragem*. Rio de Janeiro: FGV, 2014, p.36 e ss.

Um exemplo simples, mas elucidativo a esse respeito, é trazido pelo artigo 10 do Código de Processo Civil, que estabelece que o "juiz não pode decidir, em grau algum de jurisdição, com base em fundamento a respeito do qual não se tenha dado às partes oportunidade de se manifestar, ainda que se trate de matéria sobre a qual deva decidir de ofício". Trata-se de novidade encampada pelo legislador da nova codificação e que atribui um novo conteúdo normativo ao contraditório[96] que até então não contava com guarida legal expressa, e que a prática jurídica reputava suplantada a partir da ideia de *iura novit curia*. Nesse sentido, não raras vezes o julgador decidia com base em fundamento diverso dos debatidos pelas partes sem oportunizar sua manifestação a respeito, sob a ideia de que a qualificação jurídica dos fatos é atribuição sua, pelo que consequentemente não haveria sequer que se cogitar de violação ao contraditório. Não se pode disso extrair a automática aplicação desse mesmo conteúdo normativo do princípio do contraditório, estabelecido no contexto do processo estatal, para fins de controle de regularidade do processo arbitral. A Arbitragem desenvolve-se sob premissas distintas, e o conteúdo dado pela codificação ao contraditório é estabelecido para aplicação sob a ótica da lógica do processo estatal.

Em arbitragem, as partes são, em uma escala muito maior que no processo estatal, protagonistas da definição do conteúdo mandatório dessas garantias processuais, atuando como se fossem legisladores de seus próprios procedimentos *taylor-made*. Basta igualmente imaginar a inadequação de transposição de conteúdos normativos codificados do princípio da ampla defesa à arbitragem, seara em que as partes possuem sensível liberdade para definir a forma da instrução probatória em seu processo.

O segundo ponto sensível reside precisamente no potencial choque entre as concepções acerca do conteúdo normativo do devido processo legal em seara estatal e arbitral e, consequentemente, de suas exigências em termos de obrigações/deveres processuais e suas garantias em termos de direitos. Muito embora se possa compreender que entre ambas as jurisdições haja um núcleo comum quanto ao entendimento daquilo que reveste normativamente o devido processo legal e seus princípios derivados, o controle da regularidade

[96] MEDINA, José Miguel Garcia. *Novo Código de Processo Civil comentado:* com remissões e notas comparativas ao CPC/1973. 4. ed. São Paulo: Revista dos Tribunais, 2016, p.66-67.

processual da arbitragem é relegado, ao fim e ao cabo, ao Poder Judiciário. Em outras palavras, existem dois campos jurisdicionais, cada qual com código normativo-deôntico com alguma autonomia dogmática e com premissas distintas, mas um daqueles, a jurisdição estatal, exerce o controle *ex post* da atividade jurisdicional arbitral. Há um risco sistêmico de falta de percepção dessas nuances, o que pode levar à situação anômala em que o controle da jurisdição arbitral é feito pelo Estado-juiz, mas não pelo filtro do devido processo legal segundo concebido em sede arbitral, e sim a partir das próprias lentes da atividade jurisdicional estatal, as quais a seu turno são plasmadas pelos conceitos do legislador positivados na codificação processual.

Com base nessas percepções, parece razoável concluir que o relativo silêncio do legislador infraconstitucional, no âmbito da Lei de Arbitragem e quanto ao conteúdo normativo dos princípios elencados como representativos do devido processo legal, representa uma escolha legislativa intencional. Contempla a premissa da maleabilidade procedimental de modo a fortalecer e incentivar o emprego da arbitragem, pelo que acaba se relegando às partes e aos árbitros a definição do rito processual que melhor se adequa a seu conflito e, consequentemente, a conformação daqueles princípios à suas relações processuais.

Isso não retira, por óbvio, a importância do artigo 21, §2º, da Lei de Arbitragem, tampouco o transforma em supérfluo ou mera simbologia normativa. Há, ali, verdadeiro paradigma de controle da regularidade do processo arbitral, mas que deve ser manejado de acordo com as especificidades da jurisdição arbitral. A especificidade mais sensível, e ao mesmo tempo menos evidente, talvez resida na definição da justa medida desse controle e na percepção de que o sentido normativo atribuído ao devido processo legal na arbitragem pode possuir variações de acordo com os procedimentos especificamente desenhados pelas partes e pelo juízo arbitral. Isso não significa que não se possa dogmaticamente delinear um conceito de devido processo legal que seja único a toda a sistemática arbitral, mas apenas que essa definição, a despeito de sua importância, será quase sempre insuficiente, porque necessariamente deverá ser complementada caso a caso a partir das demais regras procedimentais definidas ao processo arbitral.

1.3.2 A flexibilidade procedimental e o núcleo essencial das garantias processuais

A lógica do sistema arbitral, calcada na autonomia das partes e na flexibilidade procedimental, traz por consequência a atribuição de um espectro de competência normativa às partes (e, em um momento posterior, também aos árbitros) na definição da forma como as garantias processuais ligadas ao devido processo legal devem ser concebidas em seu processo heterocompositivo de conflito. Ao estabelecer seu procedimento *built to suit* e ao definir as balizas que devem orientar o exercício de suas posições e seus ônus processuais, as partes acabam também por qualificar em termos normativos o sentido daqueles princípios que constituem o devido processo legal.

Consoante já afirmado, entretanto, a noção de devido processo legal está intimamente ligada à ideia de processo justo e, portanto, de exercício adequado e legitimado da jurisdição.[97] E, para que se prestem à função sistêmica de controle do processo, esses princípios e garantias devem fruir, necessariamente, de alguma normatividade cogente, de que as partes não podem dispor no emprego de sua autonomia contratual.[98] Essa cogência deve estar de algum modo atrelada e coordenada, de forma lógica e jurídica, à premissa fundante da arbitragem no que diga respeito à flexibilidade procedimental – e igualmente processual. E deve levar em consideração que a flexibilidade pode ser empregada não apenas no intuito de estruturar procedimentos que visem a adensar o conteúdo normativo do devido processo legal, mas, em especial, de forma a simplificar a agilizar o procedimento, descolando-o da série

[97] CACHAPUZ, Rozane da Rosa; OKAZAKI, Ana Caroline Noronha Gonçalves. A Tutela Constitucional nas Relações Privadas e o Instituto da Arbitragem. *Pensar – Revista de Ciências Jurídicas*, v. 18, n. 2, 2013, p.310-313 e 322.

[98] Daí falar, então, em limites à autonomia privada na definição de procedimentos arbitrais (em doutrina estrangeira comumente referenciados em termos de *mandatory rules* e *public policy*). A esse respeito, cf. MONTORO, Marcos André Franco. *Flexibilidade do Procedimento Arbitral*. São Paulo, 2010. 415 p. Tese de Doutorado – Faculdade de Direito – Universidade de São Paulo, p.135 e ss.; YU, Hong-Lin. *Commercial Arbitration*: the Scottish and International Perspectives. Edimburgo: Edimburgh University Press, 2011, p.74 e ss.; DURSUN, Araştırma Görevlisi Sedya. A Critical Examination of the Role of Party's Autonomy in International Commercial Arbitration and its Role and Extent. *Yalova Üniversitesi Hukuk Fakültesi Dergisi*, v. 1, 2012, p.180 e ss.

de etapas e formalismos que normalmente caracteriza o processo perante o juízo estatal.

Na qualidade de valores normativos polissêmicos, as garantias processuais revestem, em verdade, mandamentos de otimização, que comportam graus diversos de realização, mantida, inobstante, a observância nuclear ao princípio.[99] Vale aqui rememorar o exemplo do contraditório antes e após a vigência do Código de Processo Civil no que diz respeito a seu artigo 10. Ainda que se pudesse argumentar doutrinariamente, antes da vigência do atual Código de Processo Civil, em favor da aplicação de regra de contraditório hoje ali chancelada, não parece razoável supor que o silêncio prévio do legislador a respeito levasse necessariamente a alguma nulidade, por violação ao devido processo legal, quando então o julgador se escorasse na máxima do *iura novit curia*.

Natural, portanto, que o espaço de normatividade deixada pelo legislador às partes no processo arbitral leve à conclusão de que o núcleo essencial daqueles princípios não possa ser afastado pelas partes ou pelo tribunal arbitral na definição das regras procedimentais.

Esse núcleo representa um mínimo de observância sem a qual o processo arbitral queda eivado de nulidade e que, portanto, em sentido inverso, serve como critério-filtro a ser empregado em demandas que visem a retirar a eficácia da tutela jurisdicional arbitral por violação ao devido processo legal. Isso não significa que o núcleo essencial da garantia processual seja fixo e imutável. Conforme se pretende demonstrar no desenvolver do trabalho, ele pode variar a depender de acepções mais flexíveis ou rígidas que se tenha da prerrogativa processual, e cujas aplicações diferenciadas se justificam conforme o referencial subjetivo de incidência da norma (vale dizer, se as partes, se os árbitros ou se o poder judiciário). A proteção garantida pelo legislador na Lei de Arbitragem é, nesse aspecto, mínima sob o aspecto de permitir um espaço criativo e complementador de sentido sobre o que se pretende ver resguardado – em termos de garantias de disputa – ao longo do processo.

[99] SILVA, Virgílio Afonso da. *Direitos Fundamentais:* conteúdo essencial, restrições e eficácia. 2. ed. São Paulo: Malheiros, 2010, p.46. No mesmo sentido, KURKELA, Matti S.; TURUNEN, SANTTU. *Due process in international commercial arbitration*. 2. ed. Nova York: Oxford University Press, 2010, p.12-15.

Essa visão adequa-se igualmente ao escopo das garantias constitucionalizadas, que por questão de lógica jurídica não se prestam a ocupar e a engessar todo o espaço normativo que uma garantia pode teoricamente assumir. Do contrário, seria absolutamente insuperável e inoperável o sopesamento principiológico necessário tanto para a produção normativa em sede legislativa – quando alguns princípios comumente devem receber maior preponderância que outros – quanto para a prática hermenêutica. O metaprincípio constitucional da proporcionalidade é demonstração clara de que a garantia constitucional visa igualmente a estabelecer um conteúdo mínimo inafastável, sem, contudo, paralisar a dinâmica jurígena ínsita ao Direito.[100]

Traduzir essa questão do devido processo legal arbitral sob o ponto de vista do núcleo essencial das garantias processuais pode, em um primeiro momento, parecer uma falsa resolução para o problema da polissemia dos princípios, pois resolve um problema da dificuldade de definição de conteúdo a partir do acréscimo de um critério que é, também por si só, igualmente indefinido e subjetivo. Mais que isso, pode cair-se em uma tentativa de definição do critério que incorra em petição de princípio.

Não é esse, entretanto, o caso. Escapa à seara deste trabalho uma análise ou uma definição desse conteúdo relativamente aos princípios e valores que podem compor o devido processo legal – exceção feita à isonomia processual, que será objeto específico de parte subsequente da pesquisa. Não obstante, a concepção doutrinária de núcleo essencial de direitos e garantias fundamentais cria, inequivocamente, um critério jurídico-normativo de manejo que, no campo do controle da atividade jurisdicional, serve de régua e lente para medir e avaliar a higidez do processo arbitral. A dificuldade de definição de um conceito que se possa reputar unívoco não significa que não haja um campo mais ou menos inconteste que reflita o centro de proteção do instituto.

[100] Sobre o princípio da proporcionalidade, suas nuances e aplicações em termos de conformação de princípios, v. ÁVILA, Humberto. *Teoria dos Princípios:* da definição à aplicação dos princípios jurídicos. 4. ed. São Paulo: Malheiros, 2005, p.112 e ss., em especial p.124-125. E, ainda, SILVA, Virgílio Afonso da. *Direitos Fundamentais:* Conteúdo Essencial, Restrições e Eficácia. 2. ed. São Paulo: Malheiros, 2010, p.174 e ss.

A isso se acresce outro desafio, qual seja, o fato de que as discrepâncias existentes entre as prerrogativas contratuais das partes e os deveres funcionais afeitos às jurisdições estatal e arbitral passam a exigir um olhar igualmente diferenciado a respeito desses núcleos essenciais.[101] A leitura que se possa extrair, em termos de núcleo do devido processo legal e seus corolários, a partir dos procedimentos legalmente estabelecidos para os processos perante juízo estatal, não pode ser transposto automaticamente para a lógica arbitral.

O conteúdo dessas garantias, nos procedimentos fixados pelo legislador, traz ínsita uma normatividade que é normalmente mais ampla que o pretenso núcleo essencial da garantia. O exemplo do artigo 10 do Código de Processo Civil é, novamente, sintomático nesse aspecto. Do mesmo modo, seu artigo 489, §1º, estabelece um parâmetro normativo para que uma decisão judicial seja reputada fundamentada (como condição de sua higidez, portanto) que extrapola uma concepção nuclear do dever de fundamentação e reflete uma ponderação legislativa sobre a extensão que essa garantia deve assumir no âmbito do processo judicial. As partes em um processo arbitral, entretanto, podem desejar menos fundamentação, ou reputá-la menos essencial, em termos de extensão do enfrentamento que o julgador deve expressamente expor em seu processo.

Não se pode perder de vista que arbitragem não é o método padrão para resolução de conflitos. Não resulta de imposição legal. A jurisdição arbitral apresenta-se como alternativa para cuja aderência deve haver inequívoca opção validamente consensual das partes, e que pode dirimir estritamente direitos patrimoniais disponíveis. Com isso, sabe-se que a arbitragem é, inequivocamente, diferente.[102] A maleabilidade procedimental acompanha, de forma estrutural, a própria disponibilidade dos direitos em disputa, ressalvado o núcleo essencial do devido processo legal sem o qual sequer pode haver processo.

[101] CARMONA, Carlos Alberto. Flexibilização do Procedimento Arbitral. In: *III Congresso do Centro de Arbitragem da Câmara de Comércio e Indústria Portuguesa*. Coimbra: Almedina, 2010, p.166 e ss.

[102] Conforme leciona Carlos Alberto Carmona, "*arbitration is diferent*". CARMONA, Carlos Alberto. Em torno do Árbitro. *Revista de Arbitragem e Mediação*, v. 28, 2011, p.47-63, em especial p.47 e 48.

Tem-se aí uma concepção que deve ser plasmada ao longo de todo o ordenamento jurídico sob o ponto de vista do funcionamento da arbitragem. Não apenas o legislador deve ter isso em mente quando pretender acrescer ao conteúdo normativo das exigências dos princípios processuais na arbitragem, de modo a não minar a flexibilidade procedimental. Em especial, os particulares, os tribunais arbitrais e os órgãos judiciais de controle devem estar atentos ao fato de que a arbitragem, apesar de aderente ao sistema de garantias processuais, assegura a possibilidade de um procedimento mais fluido e que pode tutelar o devido processo legal em conformações distintas daquelas existentes no processo judicial. Essa fluidez é inerente à concepção do devido processo legal na arbitragem, assim como a tutela da multiplicidade de formas procedimentais que devem ser aceitas e chanceladas sempre que houver respeito às determinações dos núcleos essenciais das garantias do processo.[103]

Sob um aspecto, e isso deve ser dito e compreendido *cum grano salis*, o panorama normativo-legal da arbitragem, a despeito de igualmente garantista sob o viés do devido processo legal, é menos garantidor em termos de prerrogativas específicas sob o ponto de vista das posições processuais assumidas pelos atores do processo. Isso é decorrência estrutural da menor rigidez, dado que o influxo normativo dos princípios não é concretizado em procedimentos pré-definidos que de algum modo condicionam e constringem a forma de ser do processo, mas sim são realizados caso a caso a depender do desenho procedimental escolhido pelas partes. Importante ressaltar que se dá aqui ênfase às partes sem perder de vista que o juízo arbitral desempenha papel essencial não apenas na definição das regras procedimentais – e, portanto,

[103] A esse respeito: "Traditionally, civil procedure has been concerned with ascertaining the optimal balance of cost and efficiency while also ensuring that public structure has safeguards sufficient to protect the individual. Procedural due process represents the apotheosis of this trend, undergirded primarily by two normative values: public interest in adversarial presentation as necessary to preserve the judicial function and the private interest in meaningful participation as the sine qua non of judicial legitimacy. [...] The rise of a market-based system of procedure inverts this inquiry. Under such a system, no longer is the primary question how the public rules structure should be designed to protect the private individual's interest from public intrusion; instead, the question is what restrictions upon party-driven procedure must be incorporated to protect the public interest." DODGE, Jamie. The Limits of Procedural Private Ordering. *Virginia Law Review*, v. 97, n. 4, 2011, p.764-765.

na concretização do devido processo legal –, mas igualmente na efetivação das garantias processuais ao longo da arbitragem.[104] Reside nas partes, entretanto, o protagonismo na definição das regras procedimentais em um momento que antecede a própria instauração do órgão julgador.

Esse estado da arte não milita em desfavor da arbitragem. Pelo contrário, ressalta a maleabilidade que a confluência das garantias processuais admite e transforma as partes em corresponsáveis na definição dos parâmetros que reputem adequados para a resolução de conflitos envolvendo seus direitos disponíveis. A tutela estatal a esse respeito apenas adentra na seara da própria indisponibilidade das garantias.

Essa corresponsabilidade, entretanto, apenas significa que as partes, balizadas em consenso, podem desenhar o procedimento na forma que entenderem mais adequado a sua relação contratual e/ou a seu litígio. Não implica a possibilidade de unilateralmente, ao longo do litígio, as partes buscarem criar exigências não estabelecidas na convenção arbitral – expressa ou implicitamente – e que não recaiam na proteção nuclear das garantias processuais. O *caveat* da flexibilidade procedimental reside no risco do abuso das garantias do devido processo legal em decorrência da fluidez semântica do conceito em âmbito arbitral, o que parece ser especialmente agravado quando não haja certeza sobre o comportamento das cortes judiciais (de controle) no tratamento da questão[105]. Acrescente-se a isso o risco existente quando a instância de controle o exerce parametrizada a partir da concepção de que

[104] PARK, William W. Les Devoirs de l'Arbitre: ni un pour tous, ni tous pour un. *Revista de Arbitragem e Mediação*, v. 31, 2011, p.118: "Le deuxième devoir est lié au procès equitable (procedural fairness), une notion qui comprend plusieurs éléments dont la garantie d'indépendance et d'impartialité dans l'exercice des fonctions de l'arbitre. Avant tout, c'est la responsabilité d'entendre les parties, sans parti pris, avant de décider. Cette obligation est souvant désignée par les termes due process ou natural justice en droit anglo-américain, ou principe du contradictoire dans les ordres juridiques d'inspiration française. Cependent, ce devoir implique également l'obligation de respecter la compétence arbitrale et d'éviter un excès de pouvoir, en tenant compte des contraintes imposées soit par le contrat (ou, le cas échéant, le traité bilatéral d'investissement), soit par l'ordre public."

[105] Contrariamente, a maior certeza de que há um ambiente judicial favorável à arbitragem e à condução do procedimento por parte dos árbitros permite a estes últimos manejar adequadamente essa problemática. Cf. BATES JR., Albert; TORRES-FOWLER, R. Zachary. Abuse of Due Process in International Arbitration: is due process paranoia irrational? *The American Journal of Construction Arbitration & ADR*, v. 1, n. 2, 2017, p.247-48; 259-260.

referidos princípios assumem nos procedimentos pré-fixados pelo legislador na codificação estruturada para guiar o processo judicial.

A estruturação conceitual do núcleo de proteção das garantias processuais é temática indissociável da própria higidez procedimental diante da flexibilidade da arbitragem, e o manejo desses conceitos deve sempre ser filtrado pelas características distintivas da jurisdição arbitral, sob pena de descaracterização do propósito dessas garantias e da utilidade da arbitragem.

1.4 Processo arbitral, atividade jurisdicional e justiça

Ao se analisar os deveres dos árbitros no exercício do poder jurisdicional, dois olhares chamam atenção inicial.

O primeiro volta-se a uma perspectiva pragmática, vale dizer, a partir do usuário que pretende obter pelo processo arbitral uma tutela jurisdicional hígida e apta a solucionar sua contenda e, ao mesmo tempo, fruir de forma positiva dos predicados que distinguem a arbitragem do processo estatal – e justificaram, portanto, a opção pela via arbitral

O segundo, a seu turno, chama atenção ao escopo da atividade jurisdicional na qualidade de instrumento indissociável da realização da ordem jurídica justa e debruça a percepção dessa atividade como função, no sentido de extrapolar os limites objetivos da demanda e o interesse particular dos envolvidos. A deontologia e a teleologia da atividade do árbitro sob esse aspecto o aproximam claramente do juízo estatal, na medida em que ambos voltam seu ofício ao exercício da função de pacificação dos conflitos sociais imbuídos do propósito de realização da justiça no caso concreto.

Essas duas visões são faces de uma única e mesma atividade, mas a análise segmentada, conforme se pretende indicar a seguir, permite melhor apreender a jurisdição arbitral em sua inteireza.

1.4.1 Os deveres processuais do árbitro no exercício da jurisdição

A Lei de Arbitragem ocupa-se dos deveres dos árbitros especialmente no §6º do artigo 13, que dispõe que "[n]o desempenho de sua função, o árbitro deverá proceder com imparcialidade, independência, competência, diligência e discrição." Tem-se aí a enunciação dos valores comportamentais básicos que, apesar de serem permeáveis a subjetividades, em verdade comunicam-se com toda a sistemática arbitral.[106] Os atributos arrolados pelo legislador devem ser lidos e compreendidos de forma concatenada com os preceitos do exercício adequado da jurisdição, na medida em que é este o objetivo final de proteção da norma, qual seja, a tutela do processo justo. Em outros termos, a norma visa a impor um paradigma comportamental que se adira aos preceitos do devido processo legal arbitral.

Sob o ponto de vista prático, o exercício adequado da jurisdição consubstancia-se na prolação de uma tutela jurisdicional hígida e exequível, *tout court*. É claro que a realização da justiça material é uma preocupação latente do ordenamento jurídico, mas certamente não é uma questão relevante em termos de higidez jurídica de uma dada sentença arbitral.[107] Isso não equipara, claramente, justiça com legalidade, nem neutraliza os anseios de justiça material do escopo jurisdicional. Não obstante, não é demais rememorar que, independentemente dos ideais jusfilosóficos que embasam a arbitragem e a atividade jurisdicional como um todo, não é todo desvio em seu curso que permite romper com a eficácia natural que se espera extrair da tutela jurisdicional resultante do processo. A perquirição a respeito dos elementos necessários a essa higidez não é de todo subjetiva, sendo apreendida por via transversa, a partir das hipóteses *numerus clausus* que autorizam a anulação do laudo arbitral.[108] O risco de *manifest disregard of the law*[109], nesse sentido, embora

[106] PINTO, Luiz Fernando Teixeira. Reflexões sobre os deveres e atribuições dos árbitros. In: FERRAZ, Rafaella; MUNIZ, Joaquim de Paiva (coords.). *Arbitragem doméstica e internacional:* estudos em homenagem ao prof. Theóphilo de Azeredo Santos. Rio de Janeiro: Forense, 2008. p.268 e ss.

[107] PARK, William W. Les Devoirs de l'Arbitre: ni un pour tous, ni tous pour un. *Revista de Arbitragem e Mediação*. São Paulo, Revista dos Tribunais, v. 31, 2011, p.117-119, em especial: "En tant que telle, la violation du devoir de rendre une sentence juste, ou de rechercher une économie de moyens, ne déclenche pas forcément l'intervention de l'autorité de recours, qu'il s'agisse d'une juridiction étatique ou d'un comité ad hoc de type Cirdi. La possibilité qu'un arbitre commette une erreur, ou se montre peu efficace, demeure en général un risque assumé par les parties."

[108] Ainda que se possa admitir uma interpretação sistemática que expanda a compreensão das hipóteses, cf. DINAMARCO, Cândido Rangel. *A Arbitragem na Teoria Geral do Processo*. São Paulo: Malheiros, 2013, p.241 e ss.; ALMEIDA, Ricardo Ramalho. *Arbitragem comercial internacional e ordem pública*. Rio de Janeiro: Renovar, 2005, p. 265-272.

[109] FARIA, Marcela Kolbach de. *Ação Anulatória da Sentença Arbitral:* aspectos e limites. Brasília: Gazeta Jurídica, 2014, p.109 e ss.

possa ser relevante sob outros aspectos da retidão do exercício jurisdicional e possa ser motivo de anulação de sentença arbitral em outras jurisdições, não é fundamento anulatório na Lei de Arbitragem.[110] Isso significa que, para o legislador brasileiro, o mau julgamento é, ainda assim, um julgamento válido.[111]

Disso decorre que a aplicação correta do Direito ao caso concreto, embora seja um resultado esperado da arbitragem e, nessa perspectiva, um dever inerente ao *ethos* do exercício da jurisdição que permite uma análise subjetivo-qualitativa desse exercício (dentro do binômio melhor/pior), não se apresenta como elemento relevante da qualificação jurídica no contexto do binômio legalidade/ilegalidade de seu exercício. O direito material apenas assume alguma relevância, em termos de controle do exercício da jurisdição, em caso de reconhecimento de sentença arbitral estrangeira, à qual se pode negar internalização quando a decisão materialmente fira a ordem pública (nos termos do artigo 39, inciso II, da Lei de Arbitragem).[112] Sem embargo, ainda nesse caso, não entra em discussão a melhor ou pior aplicação do direito material à disputa, mas sim a compatibilidade do direito concretizado ao valor jurídico denominado

[110] Mesmo em jurisdição estadunidense, em que a ideia de *manifest disregard of the law* se desenvolve, sua utilização é rarefeita ao longo do tempo. Nesse sentido, KIRGIS, Paul F., Judicial Review and the Limits of Arbitral Authority: Lessons from the Law of Contract. *St. Jonh's Law Review*, v. 81, 2007, p.p.103-105. O mesmo se diga em sede de homologação de sentenças arbitrais estrangeiras nos Estados Unidos, cf. MAURER, Anton G. *Public policy exception under the New York Convention*. Nova York: LLC, 2012, p.187 e ss.

[111] Ressalvadas opiniões no sentido de que a violação à ordem pública também pode levar ao controle de sentençar arbitrais nacionais. Cf. VERÇOSA, Fabiane. *A aplicação errônea do Direito pelo árbitro:* uma análise à luz do Direito Brasileiro e Estrangeiro. Curitiba: CRV, 2015, p.189 e ss. Sobre um panorama da questão da análise do mérito no controle do processo arbitral, v. ABEDIAN, Hossein, *Judicial review of arbitration awards in international arbitration*. In: *Journal of International Arbitration*, The Netherlands: Kluwer Law International, 28, n. 6, 2011, p.596-598; e, ainda, BERNARDINI, Piero. *The scope of review in annulment proceedings*. In: BRAY, Devin; BRAY, Heather L. *International arbitration and public policy*. New York: LLC, 2014.

[112] Ainda nessa hipótese, entretanto, não se pode confundir má aplicação do Direito com decisão que viole a ordem pública. A ordem pública defendida na Lei de Arbitragem convive, claramente, com a má aplicação do Direito em sede arbitral, tanto assim que esta não é uma hipótese de anulação de sentença. A esse respeito já se manifestou cf. DI VECCHIA NETO, Berardino. Sentença arbitral estrangeira – Homologação – Inobservância da prerrogativa de imparcialidade do árbitro que ofende a ordem pública nacional, autorizando o exame da matéria pela Corte Superior. *Revista de Arbitragem e Mediação*, v. 15, n. 56, 2018, p.343.

ordem pública, que é um filtro de controle para a executoriedade das sentenças arbitrais.[113]

Sob um olhar pragmático, tampouco parece ser essa uma preocupação inerente aos polos litigantes em um dado conflito, cuja intenção premente é vencer a disputa – e não necessariamente a concreção adequada e correta do direito material. A preocupação com a justiça material como valor relevante à arbitragem (isto é, para além de mero elemento retórico da argumentação ao longo da disputa) aparece especialmente quando do resultado desfavorável às pretensões das partes, ou quando o resultado se descola sensivelmente dos riscos razoáveis que a parte calculava correr com o processo.

O realce na higidez da tutela jurisdicional como meta a informar o conteúdo dos deveres comportamentais dos árbitros não desqualifica a arbitragem, mas revela um aspecto igualmente importante de sua realidade, qual seja, a de que caracteriza também um serviço particular – em contraposição à jurisdição estatal, que se insere integralmente no âmbito do serviço público – de resolução de conflitos. Uma decisão que seja única[114] e apta a resolver definitivamente a lide, com força jurisdicional, é o resultado esperado da contratação dessa atividade. Essa característica impacta igualmente na adequação procedimental que se espera da jurisdição arbitral.

De certo que também diante da jurisdição estatal espera-se a adequada prestação de tutela jurisdicional. Não obstante, não se pode ignorar que esta possui, de forma inerente e estrutural, mecanismos não apenas de controles, como igualmente de revisão decisória. Ainda que teoricamente se possa estabelecer a revisibilidade de mérito da decisão arbitral, a prática mostra que as partes contratam arbitragem precipuamente como mecanismo de julgamento único.[115] O mau julgamento em termos de mérito decisório pode manchar a

[113] Nesse sentido, Manuel Pereira Barrocas faz uma avaliação da extensão do conceito de ordem pública admitida em diversos ordenamentos para fins de homologação de sentença estrangeira, sistematizando que o conteúdo da aplicação do direito material não deve, em geral, integrar esse conceito. BARROCAS, Manuel Pereira. A Ordem Pública na Arbitragem. *Spain Arbitration Review*, v. 2015, n. 22, 2015.

[114] Ainda quando diversas sejam as sentenças parciais proferidas no contexto de uma mesma arbitragem, a expectativa é a de que uma mesma questão material será definitivamente resolvida em uma única dessas múltiplas decisões.

[115] CATARUCCI, Douglas Depieri; DANTAS, Amanda Bueno. Mecanismo de Apelação e Revisão de Sentenças Arbitrais: análise teórica e prática de sua aplicação

reputação do sistema arbitral em termos de qualidade de julgamento, o que pode impactar na recorrência de seu emprego em termos sistêmicos ou mesmo na reputação de mercado dos árbitros envolvidos em dado julgamento, mas não impacta na higidez da decisão proferida. Em termos de exercício de atividade jurisdicional, há o cumprimento utilitário de uma função que permite a obtenção da finalidade esperada – no limite, a imposição forçada do Direito. A violação ao devido processo legal, entretanto, consubstanciada aqui como o inadequado exercício da atividade jurisdicional dos árbitros, expõe as partes ao risco de terem de litigar novamente, diante da imprestabilidade da sentença prolatada, que não pode ser corrigida pelo juízo estatal, mas apenas controlada sob o ponto de vista do desfazimento de seus pretensos efeitos jurisdicionais. O risco assume uma série de vieses na medida em que pode impactar não apenas na necessidade de refazimento de uma série de atos procedimentais em face de um novo juízo arbitral julgador – com impacto para as estratégias das partes que perdem seu ineditismo –, mas igualmente expõe as partes a uma reincidência de custas em razão da prestação de uma atividade que não resultou em ato jurisdicional eficaz.

Não se quer dizer que o exercício da atividade jurisdicional do árbitro esteja ou possa estar descolado do ideal de realização da justiça no caso concreto.[116] Isso é um traço indissociável do exercício da jurisdição. Não obstante, o exercício da atividade do árbitro é legalmente enquadrado e qualificado apenas sob o aspecto procedimental do processo arbitral, vale dizer, sob o viés da garantia do processo justo. A inexistência de instância revisória do mérito e a irrelevância do conteúdo material da decisão sob o ponto de vista da higidez e da exequibilidade da tutela arbitral proferida em território nacional tem por conclusão a percepção de que o controle da qualidade do mérito da decisão não assume, em nosso ordenamento, status jurídico-legal[117], mas é retratado e resolvido em termos mercadológicos.

com base na experiência internacional. *Revista de Arbitragem e Mediação*, v. 51, 2016, p.15 e ss.

116 DESIERTO, Diane. Rawlsian Fairness and International Arbitration. *University of Pennsylvania Journal of International Law*, v. 36, n. 4, 2015, p. 939 e ss.

117 DINAMARCO, Cândido Rangel. *A Arbitragem na Teoria Geral do Processo*. São Paulo: Malheiros, 2013, p. 239. Ainda sobre o tema, Ricardo Ramalho Almeida destaca que nosso ordenamento de fato não permite o controle das sentenças arbitrais a partir de seu conteúdo de mérito, mas que algumas situações muito excepcionais poderiam autorizar a medida, cf.

Feita essa ressalva, tem-se que os deveres processuais dos árbitros, embora possam ser genericamente enquadrados nas categorias elencadas pelo legislador no referido artigo 13, §6º da Lei de Arbitragem, em verdade assumem conteúdo jurídico-normativo a partir do dever maior de garantia do devido processo legal no seio da arbitragem.

A peculiaridade, em sede arbitral, é a de que isso passa, em um primeiro momento, necessariamente pelo influxo normativo que as próprias partes aportam – ou podem potencialmente aportar – ao conteúdo dos princípios e valores jurídicos que compõem o metaprincípio do devido processo, na linha do quanto exposto anteriormente a respeito de sua composição axiológica. As partes, que nesse aspecto específico exercem uma função semelhante à do legislador ao dar conformação ao conteúdo desses princípios a partir da definição de regras procedimentais, determinam parâmetros que permitem moldar o conteúdo dos deveres do julgador no exercício da atividade jurisdicional arbitral. Definir o que seja atuar com independência, imparcialidade, competência, diligência e discrição, nesse aspecto, não se faz de forma descolada da realidade da cláusula arbitral e do procedimento desenhado pelas partes, mas em conjunto com isso.[118]

Há uma peculiaridade nessa constatação, entretanto. Muito embora a delimitação das nuances do exercício dos deveres processuais dos árbitros recaia, em algum grau, nas mãos das partes, isso não significa que a condução do procedimento arbitral, uma vez constituído o juízo arbitral, seja igualmente guiado e determinado pelas partes. Pelo contrário, a competência do tribunal arbitral no exercício de suas funções e no desempenho de seus deveres processuais, conquanto esteja fundado no consenso das partes e nas regras que tenham eventualmente estabelecido, em algum grau descola-se da ingerência das partes e assume autonomia. Há uma participação do juízo arbitral também na definição das regras procedimentais e na conformação do conteúdo

ALMEIDA, Ricardo Ramalho. A Anulação de Sentenças Arbitrais e a Ordem Pública. *Revista de Arbitragem e Mediação*, v. 9, 2006, p.262-276.

118 Em sentido semelhante: "[...]whatever may be the contours of the authority of the arbitrator from these sources [cláusula arbitral, normas cogentes e conduta das partes], the underlying conceptions of equality and fairness in the process may limit or expand (in the sense of giving content to aspects otherwise sourced in contract or law), or at least contextualize, powers and duties." ALLSOP, James. The Authority of the Arbitrator. *Arbitration International*, v. 30, n. 4, 2014, p.641.

do devido processo legal da lide. Com isso, cabe ao próprio tribunal arbitral definir como entende adequadamente cumpridos seus deveres processuais e como entende adequadamente atendidos os preceitos do devido processo legal – tudo isso a partir da base procedimental definida pelas partes e sobre a qual atua o juízo arbitral.[119] Reside aí um ponto constante de tensão, percebido pelos árbitros no exercício de seus deveres processuais, na medida em que, não raras vezes, as partes buscam forçar a condução do procedimento em determinado sentido sob o argumento de que o não atendimento de seus requerimentos procedimentais representaria condução indevida e desencadeariam violação ao devido processo legal.[120]

A Lei de Arbitragem tem redação tímida a respeito dessa dinâmica e não estabelece de forma categórica uma regra que discipline a matéria. Limita-se a estabelecer, no *caput* do art. 21, que o processo arbitral obedece "o procedimento estabelecido pelas partes na convenção de arbitragem (...), facultando-se às partes delegar ao próprio árbitro, ou ao tribunal arbitral, regular o procedimento", o que é complementado pelo §1º do mesmo artigo, que prevê que "[n]ão havendo estipulação acerca do procedimento, caberá ao árbitro ou ao tribunal arbitral discipliná-lo". A autonomia do juízo arbitral em interpretar e aplicar as regras determinadas pelas partes, entretanto, é elemento inerente à lógica arbitral e à sua natureza heterocompositiva, sem o que os árbitros seriam relegados à qualidade de mandatários das partes e se perderia a natureza impositiva da resolução do conflito – o que igualmente passa pela competência de conduzir o processo.[121]

Sobressai nesse contexto, portanto, o dever e o múnus dos árbitros em atuar de modo a guardar pela observância dos devido processo legal, assegurando que a tutela jurisdicional seja apta a conferir pacificação definitiva ao conflito submetido. Não se pode olvidar, entretanto, que no manejo da competência de estabelecer regras para o procedimento, com o que dão forma ao devido

[119] ARROYO, Diego P.Fernández. Arbitrator's procedural powers: the last frontier of party autonomy? In: FERRARI, Franco. *Limits to Party Autonomy in International Commercial Arbitration*. Huntington: JurisNet, 2016, p.206 e ss.

[120] HUCK, Hermes Marcelo. As táticas de guerrilha na arbitragem. In: CARMONA, Carlos Alberto, LEMES, Selma Ferreira, MARTINS, Pedro Batista (coords.). *20 anos da lei de arbitragem:* homenagem a Petrônio R. Muniz. São Paulo: Atlas, 2017, p.311-315.

[121] Nesse aspecto, BILLEMONT, Jean. *La liberté contractuelle à l'épreuve de l'arbitrage*. Paris: LGDJ. 2013, p.417 e ss.

processo legal, também devem assegurar a eficácia adequada às garantias processuais. De todo e qualquer modo, esses deveres devem ser olhados sob o ponto de vista prático do cumprimento de uma função que, não obstante assuma nuances que extrapolem os limites do litígio, representa igualmente um serviço privado alternativo à jurisdição estatal, do qual se espera, portanto, resultar em um provimento útil e eficaz.

1.4.2 Processo arbitral, processo justo e decisão justa

Outro aspecto do exercício dos deveres processuais do árbitro volta seu foco ao efeito sistêmico da arbitragem em termos de mecanismo de acesso à jurisdição, voltado à pacificação dos conflitos e à promoção da ordem jurídica justa. Não se trata de descuidar da necessidade premente de se prolatar decisão jurisdicional hígida e exequível, mas acresce-se a isso o viés teleológico dessa atividade jurisdicional.

O processo arbitral, consoante já exposto, não possui mecanismos jurídico-legais institucionalizados para garantia da qualidade material de suas decisões, e tampouco para o aprimoramento dessa decisão em termos de concreção do direito aplicado – como se poderia imaginar ser um dos objetivos do sistema revisional estabelecido na jurisdição estatal.[122] Há maior permissividade, por assim dizer, a decisões ruins, o que por extensão podem significar a não realização da justiça material no caso concreto. Essa maior permissividade, embora sob o ponto de vista de um caso especificamente analisado possa transparecer certa falibilidade do sistema arbitral, em realidade é elemento ínsito à própria autonomia da jurisdição arbitral. Se o regramento jurídico se ocupasse de esmerar a qualidade das decisões arbitrais, a revisibilidade do mérito das decisões arbitrais, em especial perante o Poder Judiciário, faria da

[122] Fala-se aqui em abstrato, diante da excepcionalidade da estipulação de revisão de mérito. Sobre o tema: "[t]endo em vista que a arbitragem, em princípio, não disponibiliza às partes uma opção de impugnar livremente a sentença arbitral como sucede nas cortes estatais, mas apenas a possibilidade de pedido, em ação autônoma, de nulidade em restritas hipóteses conectadas basicamente à violação da ordem pública, é plausível o questionamento a respeito da conveniência de previsão de um recurso arbitral, também chamado recurso interno." NANNI, Giovanni. *Direito Civil e Arbitragem*. São Paulo: Atlas, 2014, p.101.

atividade arbitral uma jurisdição condicionada.[123] Note-se que mesmo quando o *manifest disregard of the law* constitua um critério de anulação da sentença arbitral, não se está diante da possibilidade de revisão da decisão, mas sim de controle por via de anulação, e não exatamente porque a decisão foi melhor ou pior, mas porque ignora o direito a ser aplicado (ainda que essa análise possa ser permeada por subjetivismos).[124]

Essa maior tolerância, ademais, integra de algum modo o risco do jogo arbitral, e acaba sendo diluída diante de outros elementos que determinam a escolha dessa via jurisdicional – há, de todo e qualquer modo, algum controle qualitativo exercido pelo mercado. Não se pode esquecer que arbitragem decorre de escolha e de consenso, de modo que os usuários sabem de antemão que a inexistência de mecanismos revisionais é parte do jogo. O fato de se estar diante de direitos transacionáveis, e em relação aos quais poderia, portanto, haver renúncia pelas partes, de algum modo dilui igualmente a gravidade sistêmica que se poderia colocar sobre esse fato, assim como os riscos daí decorrentes em termos de efetivação da justiça no caso concreto.

Há uma diferença, entretanto, entre se dizer que o mérito da decisão (ao menos no direito brasileiro e em sentenças prolatadas em território nacional) não importa para fins de validade, higidez e exequibilidade da sentença arbitral, e dizer que a jurisdição arbitral não se importa com o mérito da decisão. Há, de todo e qualquer modo, exercício de atividade jurisdicional,

123 Tratando-se da semelhança entre ação anulatória de sentença arbitral e ação rescisória: "Mas o *juízo rescisório*, que em alguns casos o julgamento da *ação rescisória* deverá conter, no direito brasileiro jamais será incluído na sentença que julga a ação anulatória. Tal juízo reputa-se rigorosamente excluído dos efeitos dessa ação porque todas as hipóteses de anulação da sentença, contidas no art. 32 da Lei de Arbitragem, são realmente de *anulação*, ou seja, relacionam-se exclusivamente com eventuais vícios processuais, e não com possíveis *errores in judicando*. Nem seria sistematicamente aceitável dar ao juiz togado a competência para redecidir o mérito da causa já julgada pelos árbitros, pois isso colidiria de frente com o desenho brasileiro da autonomia da arbitragem e com a própria função institucional desta no sistema de meios de solução de litígios." DINAMARCO, Cândido Rangel. *A Arbitragem na Teoria Geral do Processo*. São Paulo: Malheiros, 2013, p.239. Realce original.

124 Nesse sentido, "[...] an award could [...] also be annulled if made in 'manifest disregard of the law'. This may be found if the 'arbitrators understood and correctly stated the law but proceeded to ignore it'. The ground thus requires 'more than error or misunderstanding with respect to the law." GHARAVI, Hamid. *The International Effectiveness of the Annulment of an Arbitral Award*. Haia: Kluwer Law International, 2002, p.95.

a realização do Direito por meio de um múnus que inevitavelmente assume o viés de uma função que extrapola os interesses interindividuais da lide. É imperativo que haja, por ser jurisdição, uma preocupação latente na realização de seu escopo pacificador, o que necessariamente passa pela realização adequada do Direito no caso concreto e, por extensão, da justiça. Trata-se de elemento indispensável não apenas à aderência dos usuários ao sistema arbitral, mas igualmente de legitimação dessa atividade como manifestação de jurisdição. Em sede arbitral, isso pode oferecer uma maior dificuldade de aferição. Em primeiro lugar, em razão do sigilo que acoberta relevante parcela dos litígios e que dificulta a percepção do conteúdo das decisões. Em segundo lugar, em razão da falta de um elemento de continuidade entre os juízos arbitrais, de modo que cada qual funciona como uma ilha de jurisdição que não se integra com os demais e que não forma uma rede unificada e sistematizada de jurisprudência, circunstância que é potencializada pela garantia – indispensável, diga-se – do livre convencimento dos árbitros.[125]

Arbitragem, não obstante, é processo, sendo inevitavelmente plasmada por essa finalidade última de realização da justiça. Essa realização, conforme já se indicou, passa necessariamente pelo processo, que é a forma de manifestação da atividade jurisdicional, com todas as nuances daí decorrentes. Há uma vinculação dupla, vale dizer, tanto com o processo justo, para o qual há elementos de garantia que permitem o controle da atividade jurisdicional, como em relação à decisão justa, para a qual, no entanto, inexistem mecanismos revisionais. Esse modo de ser não descaracteriza a jurisdicionalidade da arbitragem, mas permite, mais uma vez, apontar se tratar de algo que se diferencia da jurisdição estatal.

Contudo, a neutralidade normativa do sistema com o conteúdo da decisão invariavelmente faz com que haja um reforço com a forma da decisão, como meio de estabilizar as expectativas dos usuários e atribuir legitimidade à atividade. Parece razoável, com isso, afirmar que justamente pelo fato de a revisibilidade de mérito não ser algo inerente à arbitragem, há uma tônica do ordenamento jurídico que recai sobre o elemento processual e procedimental

[125] LOQUIN, Eric. À la Recherche de la Jurisprudence Arbitrale. *Revista de Arbitragem e Mediação*, v. 20, 2009, p.149-174. Não obstante, o autor indica alguns indícios de uma coerência na atuação das jurisdições arbitrais.

do exercício dessa jurisdição. Ainda que o mérito da decisão importe em termos de justificativa e legitimação da arbitragem, o fato de não poder ser contestado reforça a ênfase de se assegurar o processo justo.[126] A higidez da forma não suplanta a importância da realização da justiça material, mas acaba por ser o único critério jurídico para o confronto da jurisdição arbitral.

A noção de processo justo, em sede estatal, passa pelo procedimento desenhado pelo legislador, que preconcebe algum modelo de concretização das garantias do devido processo legal em rito preestabelecidos. É claro que o juiz desempenha papel relevante na observância dessas regras e na efetivação das garantias processuais ao longo do processo, possuindo um espectro relevante de poder de condução procedimental, mas isso se desenvolve, em todo e qualquer caso, sobre ritos positivados e que, *ipso facto*, são presumidamente tidos como consectários e representativos do devido processo legal. A positivação legislativa recobre esses procedimentos e igualmente lhes confere uma legitimação institucional relativamente à concepção de que representam uma forma de processo justo, que a seu turno é tido como *conditio sine qua non* para a decisão justa também do ponto de vista material.[127] Nesse aspecto, válido afirmar que não apenas a atividade jurisdicional estatal é institucionalmente legitimada por ser representação do Poder do Estado e por estar estruturada a partir do aparato estatal, que lhe confere presunção de neutralidade e de

[126] HESNLER, Deborah R. Judging Arbitration: the findings of procedural justice research. In: AMERICAN ARBITRATION ASSOCIATION. *AAA Handbook on Commercial Arbitration*, 3. ed., 2016, p.5, 9-10: "A second generation of procedural justice scholars [...] consistently found that the degree of satisfaction with the legal process is a function of an individual's perception of the fairness of both the procedure and the outcome. Moreover, when individuals perceive the process to be fair, they are more likely to view the decision maker as legitimate and accept and comply with the decision, even if they believe the outcome is unfair"; "We found that the satisfaction of litigants with the dispute resolution procedures they experienced and with the court generally was strongly dependent on their perception of whether there was procedural fairness."; "I draw the following conclusions for arbitration from the procedural justice research that has been done. The first is that employees, consumers, borrowers and like individuals who are required to arbitrate, whether or not they are represented by counsel, will assess the fairness of arbitration on the basis of its procedural features, rather than on whether they win or lose."

[127] Nos mesmos moldes em que ocorre a própria legitimação da jurisdição arbitral, cf. FERRAZ JÚNIOR, Tercio Sampaio. Suspeição e Impedimento na Arbitragem: sobre o dever de revelar na Lei nº 9.307/1996. *Revista de Arbitragem e Mediação*, v. 28, 2011, pp. 65-82.

vinculação a um escopo de justiça, mas igualmente o processo pelo qual essa mesma jurisdição se manifesta.

A jurisdicionalidade da arbitragem, por outro lado, tem outra forma de legitimação, estando eminentemente calcada na confiança. No entanto, não há uma legitimação prévia dos procedimentos que podem ser adotados em sede arbitral. Há, inegavelmente, o mandamento jurídico de que o processo arbitral seja informado pelo devido processo legal – com todas as nuances trazidas pela sistemática arbitral – tanto assim que, inobservado esse valor, o processo arbitral e a tutela jurisdicional daí resultantes quedam inquinados de nulidade, perdendo sua higidez e sua exequibilidade. Contudo, a característica primordial do processo arbitral, a flexibilidade de rito – isto é, a inexistência teórica de um procedimento predefinido a ser seguido – impede que se chancele a mesma ideia de uma preconcepção de processo justo nos procedimentos arbitrais, em especial porque o poder normativo de definição do procedimento queda, em um primeiro momento, nas mãos das partes. Há balizas processuais a serem obrigatoriamente observadas, e há ainda algumas regras procedimentais a serem seguidas (requisitos da sentença arbitral, por exemplo, ou ainda regras afeitas à aptidão para atuar como árbitro). São provisões, entretanto, de cunho geral e apenas definem grandes diretrizes, sem, contudo, perfazerem um rito específico que permita conduzir a inteireza da resolução de um conflito. Não há dessa forma uma legitimação procedimental – ainda falando em termos de processo justo – que ocorra *ex ante*, mas sempre *ex post* – ou, no limiar, de forma concomitante ao desenvolvimento do processo. A inexistência de ritos predefinidos cria um desafio adicional, portanto, à realização do ideal de processo justo, requisito igualmente indispensável para que a jurisdição arbitral possa cumprir sua função pacificadora.

Em vista desse quadro é que se justifica o entendimento de que, muito embora o poder jurisdicional do árbitro esteja pautado eminentemente no consenso das partes, o juízo arbitral necessariamente dele se destaca e assume autonomia em termos de condução do procedimento. O árbitro está, em um primeiro momento, vinculado às regras procedimentais estabelecidas pelas partes, e isso se mostra absolutamente verdadeiro em uma situação de normalidade em termos de aderência dessas regras ao ideal de devido processo legal. Entretanto, o dever do árbitro de conferir uma tutela hígida e exequível, somada a todas essas circunstâncias, leva à conclusão de que o dever de assegurar um processo justo deve ser acompanhado, igualmente, de um poder de controle preventivo e prospectivo, pelo juízo arbitral, das regras procedimentais estabelecidas pelas partes.[128] O essencial para a vinculação à arbitragem é o consenso em arbitrar. A teoria do *favor arbitralis* somada à autorreferenciabilidade de competência do juízo arbitral para decidir sobre a existência, a validade e a eficácia da convenção de arbitragem devem se prestar, igualmente, ao resguardo da regularidade procedimental quando o consenso seja inequívoco, ainda que isso signifique a necessidade de algum controle sobre as regras predefinidas pelas partes.[129] Nessa esteira, fala-se aqui em controle não apenas sob o ponto de vista repressivo, mas igualmente preventivo. Pode haver, claro, uma discussão sobre eventual vinculação entre o consenso em arbitrar e determinado desenho procedimental, que, se reputado indevido e, portanto, total ou parcialmente ineficaz diante dos imperativos do devido processo legal, macularia a própria caracterização do consenso. Trata-se, entretanto, de análise que apenas pode ser acessada na especificidade do caso concreto e de regras que possam eventualmente ser questionadas quando da definição do procedimento após a constituição do juízo arbitral.

Não se está a afirmar que o árbitro possui mais competência na condução do procedimento arbitral que o juízo estatal perante o procedimento estabelecido pelo legislador, mas sim que há uma competência diferenciada por força da inexistência de presunção de regularidade do procedimento arbitral a ser seguido. Há um dever de conformação e de verificação da adequação do procedimento aos preceitos do devido processo legal. Isso não leva à conclusão de que compita ao tribunal arbitral definir – em desprestígio da autonomia das partes – o procedimento que entenda mais adequado ou que melhor assegure

[128] "O poder-dever de proferir um laudo bem fundamentado e que dê efetividade ao direito material atendendo as premissas do neoprocessualismo, que dispõe que o processo deve ser adequado a atingir a tutela dos direitos fundamentais e visa também assegurar o devido processo legal, a ampla defesa, contraditório, a boa-fé objetiva". CARDOSO, Christiana Beyrodt; COELHO, Leonardo de Castro; RODOVALHO, Thiago. Poderes, Deveres e Jurisdição de um Tribunal Arbitral. In: BASSO, Maristela; POLIDO, Fabrício Bertini Pasquot (org.). *Arbitragem Comercial*: princípios, instituições e procedimentos. A prática no CAM-CCBC. São Paulo: Marcial Pons, 2013, p.235.

[129] RAU, Alan Scott. Arbitral Jurisdiction and the Dimensions of Consent. *Arbitration International*, v. 24, n. 2, 2008.

o devido processo legal. Inegavelmente, isso compete de forma prioritária às partes. Entretanto, a competência de conduzir o processo parece igualmente abranger a competência de afastar e redefinir regras procedimentais quando essas não condigam com o núcleo essencial dos preceitos derivados do devido processo legal. Deve-se sempre considerar que o exercício da atividade arbitral é virtualmente imune à revisão material, de modo que o único mecanismo disponível é o de controle processual, que naturalmente tem seus contornos reforçados. Não se pode ainda desconsiderar que há, em última análise, o interesse presumido das partes na prolação de uma tutela jurisdicional hígida e exequível. Daí porque a afirmação de que a competência do juízo arbitral se descola, em alguma medida, de sua fonte originária, qual seja, da vontade das partes. Não se olvida que haja uma vinculação dos árbitros para com a vontade manifestada pelas partes em termos de regras procedimentais a serem seguidas. Nada obstante, existe outra vinculação, mais intensa, porque teleologicamente ligada aos escopos da função jurisdicional, que desempenha e que extrapola o interesse das partes, no sentido de que o procedimento arbitral seja condizente com os preceitos inerentes e inafastáveis do processo justo, o que a seu turno representa um degrau indispensável à completude do exercício desse mesmo poder jurisdicional.

2. ISONOMIA PROCESSUAL E ARBITRAGEM

O conceito de devido processo legal inegavelmente condensa, dentro código comunicacional do Direito, um ideal de *fair play* adversarial voltado a disciplinar o modo de ser do processo. No capítulo anterior, fez-se a ressalva de que o termo "princípio" era ali utilizado de forma despregada da acuidade que a doutrina constitucionalista dedica ao tema – em especial em seu empenho em distinguir princípios de regras e em compreender o campo e a mecânica de incidência de cada uma dessas figuras normativas. Essa opção certamente não resultou de se reputar inócua a distinção, de inegável relevância, justificando-se no fato de a análise então realizada ter por enfoque o aspecto axiológico das garantias processuais – e, aqui, o emprego coloquial do termo princípio reflete mais fortemente essa concepção valorativa.

Entretanto, se caminharmos um pouco mais próximos da doutrina constitucional, e com isso mais atentos à distinção normativa, percebe-se que a roupagem jurídica que se dá ao devido processo legal vem traduzida na forma de regra, e não de princípio. Toma-se, aqui, por todas, as lições de Virgílio Afonso da Silva, em diálogo com as diversas acepções dessa distinção, segundo as quais, em apertadíssima síntese, as regras estabelecem um direito definitivo que deve ser totalmente aplicado, se diante da *fattispecie* normativa, ao passo que os princípios estabelecem um direito *prima facie* (no sentido de que não permitem uma realização sempre total, mas na medida do possível), e nesse aspecto há sempre uma diferença entre a potencialidade protegida pelo princípio e aquilo que é definitivamente salvaguardado.[130]

[130] SILVA, Virgílio Afonso da. *Direitos Fundamentais*: conteúdo essencial, restrições e eficácia. 2. ed. São Paulo: Malheiros, 2010, p.44 e ss.

Nessa linha, o valor jurídico "devido processo legal" é apresentado sob a forma de uma regra-garantia, vale dizer, sob um comando que se aplica em sua totalidade e segundo o qual se deve, sempre, respeitar o devido processo legal. Isso a despeito de a linguagem constitucional (que o tutela expressamente) e a infraconstitucional (que muitas vezes o tutela por via indireta, a partir da previsão da observância obrigatória de prerrogativas processuais que compõem o devido processo legal, a exemplo dos artigos 7º e 8º do Código de Processo Civil) assumirem roupagens mais etéreas. Chega-se a essa constatação a partir da concepção processual, sempre tutelada em norma, de que a violação ao devido processo legal – ou às prerrogativas que por extensão o representam – se traduz em vício ao processo. Quer-se com isso dizer que sua previsão como referencial normativo para o funcionamento do processo não representa, enquanto tal, um mandamento que se possa efetivar na melhor medida possível[131], mas apenas em sua integridade. Em outras palavras, ou o processo respeita o devido processo legal e, sob esse aspecto, é dotado de validade, ou não segue suas proscrições e, por consequência, é inquinado de vício – com isso, o comando é representado como "se não-A, então B".

O desafio do reducionismo de sua análise sob o prisma das regras, entretanto, reside na própria indeterminação do conceito de devido processo legal. Em outros termos, embora a observância do devido processo legal seja uma regra a ser aplicada em sua inteireza, depara-se com a indefinição sistêmica acerca daquilo que precisa ser observado. Há, contudo, um *caveat*. Ainda pautados na distinção entre princípios e regras, parece haver igualmente um viés principiológico no devido processo legal. Muito embora o Direito rejeite a situação de não-devido-processo-legal (e daí seu efeito negativo), a norma ao mesmo tempo possui um elemento prospectivo para influenciar a atividade legiferante e jurisdicional no sentido de promover, na medida do possível, *mais* devido processo legal (residindo aí um efeito positivo), conforme apontado também no capítulo anterior.[132]

[131] SILVA, Virgílio Afonso da. *Direitos Fundamentais*: conteúdo essencial, restrições e eficácia. 2. ed. São Paulo: Malheiros, 2010, p.45.

[132] O mesmo raciocínio aplica-se aos valores que constituem o conceito de devido processo legal. Especificamente quanto à igualdade: "A igualdade pode funcionar como regra, prevendo a proibição de tratamento discriminatório; como princípio, instituindo um estado igualitário como fim a ser promovido; e como postulado, estruturando a aplicação do Direito em função

Quanto à indeterminação de sentido, duas ponderações mostram-se relevantes. De início, há indeterminação por se tratar de conceito polissêmico com carga normativa bastante ampla, se analisado em sua integridade (isto é, como instituto dotado de unidade e autonomia jurídica). Mas mais relevante, há indeterminação em razão de o devido processo legal ser constituído por uma série de outros valores normativo-processuais de conteúdo igualmente amplo que assumem, nessa composição, a forma de princípios sob o ponto de vista de reproduzirem direitos *prima facie* que devem ser realizados na maior medida possível, a partir da interação e da conformação uns com os outros. Por sua vez, parcela significativa desses valores normativos é objeto de tutela jurídica específica e igualmente desempenha a dupla função a que acima se aludiu: uma negativa, sob o ponto de vista de inquinar de invalidade o processo que desrespeite aquele valor, e uma positiva, no sentido de determinar sua promoção na maior medida possível. Essa circunstância adiciona o grau de complexidade no manejo dos institutos e na compreensão de sua dimensão normativa – tanto das partes como do todo.

Diante dessa realidade, o devido processo legal, em termos de conteúdo normativo, é sempre produto da realização de seus valores consectários, o que naturalmente passa pelo processo natural de conflito e de escolha que acaba refletindo em uma definição procedimental que represente algum modelo de acomodação daqueles valores[133] – e aí o papel da ideia da regra da proporcionalidade[134].

de elementos (critério de diferenciação e distinção da distinção) e da relação entre eles (congruência do critério em razão do fim)." ÁVILA, Humberto. *Teoria dos Princípios:* da definição à aplicação dos princípios jurídicos. 4. ed. São Paulo: Malheiros, 2005, p.101.

[133] Nesse sentido, "[...] princípios são mandamentos de otimização, ou seja, normas que exigem que algo seja realizado na maior medida possível diante das condições fáticas e jurídicas existentes. Essas condições raramente são ideais, já que essa tendência expansiva do conceito de princípios [...] tende a fazer com que a realização de um princípio quase que sempre seja restringida pela realização do outro. O exemplo-padrão para esse fenômeno costuma ser a colisão entre a liberdade de imprensa e o direito de privacidade ou o direito à honra das pessoas. Realizar uma ampla liberdade de imprensa pode, em muitos casos, ser incompatível com a proteção ideal da privacidade de algumas pessoas. Esse tipo de colisão não pode ser resolvido, contudo, a partir da declaração de invalidade de um dos princípios. Ou seja, mesmo a pós a solução da colisão os princípios [...] continuam *tão válidos quanto antes*. Não se pode dizer também que um instituiu uma exceção ao outro, já que às vezes prevalecerá um, às vezes o outro, ao contrário do que acontece no caso das regras." SILVA, Virgílio Afonso da.

Essa linha de raciocínio permite, inicialmente, ilustrar a complexidade da composição normativa das garantias processuais. Daí extraem-se duas ponderações importantes para o presente trabalho, uma de cunho geral e outra mais voltada à arbitragem.

A primeira delas volta-se à percepção de que a análise isolada de qualquer das garantias que compõem o conceito de devido processo legal, a despeito da relevância para a compreensão da garantia específica, não apreende a totalidade da complexidade de sua interação normativa com os demais valores que compõem o metaprincípio. A análise passa necessariamente pelo todo. O presente estudo, ao voltar-se à isonomia processual, subsome-se a esse corte metodológico, aqui entendido necessário.

A segunda transpõe os apontamentos acima feitos à diferença processual básica existente entre o juízo estatal e o juízo arbitral, anteriormente mencionada. O processo estatal sujeita-se, por padrão, a procedimentos prefixados pelo legislador, os quais estabelecem uma delimitação normativa e conjugam uma acomodação (ainda que parcial) das garantias que compõem o devido processo legal. Há, portanto, a fixação de regras procedimentais a serem observadas[135] cuja violação acarreta nulidade – sem prejuízo, é claro, ao efeito positivo e prospectivo dos princípios que informam tais regras. Sob o aspecto prático, o estudo de uma garantia processual (ou mesmo do devido processo legal como um todo) pode então permitir, para além do aspecto relativo à atividade jurisdicional e à atuação do julgador, tanto uma análise crítica do desenho procedimental positivado, como uma análise *de lege ferenda* a esse respeito. Entretanto, a arbitragem, repita-se, é diferente. O procedimento surge com a cláusula arbitral, ou seja, com o próprio consenso em arbitrar, e é desenhado essencialmente a partir desse consenso – que existe mesmo quando se relega ao juízo arbitral a definição das regras. Inexistem regras predefinidas no tocante ao rito a ser seguido, mas apenas parâmetros a serem observados neste rito. Há uma diferença sensível, portanto, na função normativa que acaba

Direitos Fundamentais: conteúdo essencial, restrições e eficácia. 2. ed. São Paulo: Malheiros, 2010, p. 50. Realce original.

134 MENDES, Conrado Hubner. *Direitos fundamentais, separação de poderes e deliberação.* São Paulo: Saraiva, 2011, p.127-129.

135 Nesse sentido, retoma-se aqui o exemplo do artigo 10 do Código de Processo Civil para fins de composição de sentido do contraditório em sede judicial.

por ser desempenhada pelas garantias, muito embora o escopo de proteção mediato seja um único e mesmo, qual seja, o processo justo.

Essa linha de ideias permeia a continuidade desse trabalho. No desenvolvimento a seguir, por clareza de raciocínio e de linguagem, e a menos que se aponha ressalva expressa em sentido diverso, far-se-á alusão indistinta ao conceito de "princípio" como um plexo de valores normativos – e não no contexto de sua distinção entre princípios e regras.

2.1 Isonomia e processo

Antes de se seguir à análise das implicações do princípio da isonomia processual na arbitragem, algumas considerações de cunho geral mostram-se relevantes para a melhor compreensão da dimensão do instituto. A isonomia processual, claramente, é apenas um aspecto do valor jurídico da igualdade, de modo que não se consegue acessar adequadamente o sentido normativo de seu reflexo no processo sem que se voltem os olhos, ainda que momentaneamente, ao conceito-base.

Um primeiro apontamento que se faz, entretanto, remonta ao próprio *nomen iuris* que se convencionou utilizar, isonomia processual, mas que na literalidade não reflete a totalidade de seu escopo. A etimologia grega do termo isonomia leva à ideia de igualdade perante a lei[136] (iso/nomos), ou seja, um tratamento equivalente diante da *fattispecie* da norma. Sabe-se, entretanto, mesmo intuitivamente, que o conceito de processo justo, muito embora envolva essa premissa, a ela não se limita. A igualdade no processo é muitas vezes traduzida em termos de "paridade de armas", o que retrata o conceito de igualdade efetiva de atuação e participação no processo. Isso explica a existência, ao menos diante do juízo estatal, de mecanismos de compensação de posições processuais, dos que se falará adiante, no intuito de ultrapassar o limiar do tratamento igual perante a lei. Uma perspectiva inicial mais ampla sobre a igualdade é necessária, portanto, para compreender suas nuances e buscar tratar seus efeitos no processo arbitral.

[136] DICIONÁRIO ETIMOLÓGICO. *Isonomia*. Disponível em: https://bit.ly/2XOxWnE.

2.1.1 A igualdade na teoria do Direito: duas palavras a respeito

O presente trabalho debruça-se, claramente, sobre o estudo da igualdade, mas sobre um feixe bastante determinado dentre todo seu espectro semântico, normativo e deôntico. Do mesmo modo, este é também um trabalho sobre justiça, mas, com as a vênia da repetição, sob uma perspectiva limitada diante de todo o espectro semântico, normativo e deôntico que a justiça abrange. Daí não decorre, entretanto, que esta seja uma pesquisa sobre igualdade e justiça pura e simplesmente, de modo que as considerações que serão apontadas a esse respeito pretendem apenas captar os aspectos dessa correlação que se entendem aqui relevantes para o objeto específico deste trabalho.

Há uma ligação argumentativa indissociável, embora nem sempre reflita uma conexão epistemológica[137], entre Direito e justiça (não raras vezes entremeada pela ligação entre direito e moral), que a seu turno leva à óbvia perquirição jusfilosófica acerca daquilo que dota o sistema jurídico de justeza – e, com isso, a justiça passa assumir um papel justificador da existência do próprio Direito (como se fora sua razão de ser)[138]. Nessa perquirição, há um elemento que sempre proporciona a tônica da discussão: a igualdade.[139]

[137] Por todos: "A exigência de uma separação entre Direito e Moral, Direito e Justiça, significa que a validade de uma ordem jurídica positiva é independente desta Moral absoluta, única válida, da Moral por excelência, de *a* Moral. S pressupusermos somente valores morais relativos, então a exigência de que o Direito *deve* ser moral, isto é, justo, apenas pode significar que o Direito positivo deve corresponder a *um determinado* sistema de Moral entre os vários sistemas morais possíveis". KELSEN, Hans. *Teoria Pura do Direito.* 6. ed. São Paulo: Martins Fontes, 1998, p.75. Realce original.

[138] "Na igualdade observa-se um momento formal genérico que contém todos os conceitos de justiça, mas que significam unicamente regularidade ou consistência. Assim a igualdade se vê, como é necessário para as fórmulas de contingência, como um 'princípio' que se legitima a si mesmo; e consequentemente a justiça, por sua vez, não precisa fundamentar-se." LUHMANN, Niklas. *O Direito da Sociedade.* São Paulo: Martins Fontes, 2016, p. 297; BOBBIO, Norberto. *Igualdade e Liberdade.* 2. ed. Rio de Janeiro: Ediouro, 1997, p. 14.

[139] "O problema que se enfrenta é de saber se existe alguma forma de razão, totalizadora e unificadora, que seja para o direito uma espécie de *código doador* de *sentido*, um sentido não adaptativo ao próprio direito e que nos permita estimá-lo como legítimo ou ilegítimo." E, já em conclusão: "Essas observações fazem-nos ver, assim, que o princípio da igualdade imprime à justiça um caráter de racionalidade que preside permanentemente e constantemente o sentido do jogo sem fim do direito. O direito é um jogo de igualdades e desigualdades." FERRAZ JUNIOR, Tercio Sampaio. *Introdução ao Estudo do Direito.* Técnica, Decisão, Dominação. 4. ed. São Paulo: Atlas, 2003, p. 351-352 e 356. Realce original.

A ideia de igualdade e as construções que se fazem a seu respeito são, se não os elementos centrais das teorias da justiça, ao menos um ponto de partida comum da discussão.[140]

No início do capítulo antecedente, fez-se alusão a um conceito geral de justiça e de ordem jurídica justa pautado na ideia de "dar a cada um o que lhe é devido" e atento à regra complementar que qualifica o "devido" com o imperativo de se respeitar as desigualdades e considerá-las nessa atribuição. Trata-se de conceito de certo modo derivado da teoria aristotélica[141], a partir da formulação de justiça distributiva (tratar igualmente os iguais e desigualmente os desiguais na medida das desigualdades[142]), que em verdade possui um elemento generalizante que apela a uma razoabilidade comum acerca da justiça.[143]

A concepção, entretanto, resolve um problema (ao definir uma regra de tratamento), mas abre outro, de natureza autorreferencial, sobre a quantidade e a qualidade dessa proporção, vale dizer, sobre quais diferenças são relevantes e como se deve operá-las. Surge então uma nova pergunta: "igualdade de quê?"[144]. Isso cria um duplo desafio, tanto sob o aspecto da igualdade *perante* a lei (a igualdade formal) como no tocante à igualdade *na* lei (a igualdade material). Não por acaso, e, a partir dessa constatação, Kelsen sustenta que o princípio da igualdade, bem analisado, não confere um critério ou um sentido

[140] Um acompanhar da evolução de sua concepção ao longo da história denota isso claramente. Nesse aspecto, cf. GUEDES, Jefferson Carús. *Igualdade e Desigualdade:* Introdução Conceitual, Normativa e Histórica dos Princípios. São Paulo: Revista dos Tribunais, 2014, p. 29 e ss.

[141] ARISTÓTELES. *Metafísica; Ética a Nicômaco; Poética*. São Paulo: Ed. Vitor Civita, 1984.

[142] Decorrente de sua concepção virtuosa de igualdade e de justiça como proporção e como atribuição "de acordo com o mérito", cf. ARISTÓTELES. *Metafísica; Ética a Nicômaco; Poética*. São Paulo: Ed. Vitor Civita, 1984, p.125.

[143] Tanto assim que o próprio filósofo afirma: "Mostramos que tanto o homem como o ato injusto são ímprobos ou iníquos. Agora se torna claro que existe também um ponto intermediário entre as duas iniqüidades compreendidas em cada caso. E esse ponto é a eqüidade, pois em toda espécie de ação em que há o mais e o menos também há o igual. Se, pois, o injusto é iníquo, o justo é o equitativo, como aliás, pensam todos mesmo sem discussão. E, como o igual é um ponto intermediário, o justo será um meio-termo". ARISTÓTELES. *Metafísica; Ética a Nicômaco; Poética*. São Paulo: Ed. Vitor Civita, 1984, p.124-125.

[144] Esta é a pergunta central que permeia o pensamento de Amartya Sen em sua crítica relativamente a teorias utilitaristas ou totalizantes de igualdade, cf., *v.g.*, SEN, Amartya. Equality of What? In: MCMURRIN Sterling Moss (ed.). *Tanner Lectures on Human Values*. Cambridge: Cambridge University Press, 1980, p.197-220.

significativo de justiça, mas reduz-se a um critério lógico para a aplicação do direito.[145] Somente se poderia entender diferente caso houvesse um tal princípio de igualdade que determinasse que todos devem ser tratados, sempre, de forma igual, não havendo que se considerar qualquer desigualdade, o que, a seu turno, descola-se de todo e qualquer critério de razoabilidade. Como assim não é, a igualdade deixa de desempenhar mencionado papel, pois seu conteúdo demanda complementação normativa para, por exemplo, distinguir o que é igual, o que é desigual, buscando então definir quais características são juridicamente relevantes para aferir a relação igualdade/desigualdade e quais tipos de tratamentos desiguais são juridicamente admitidos.[146] Isoladamente, portanto, traria um conceito vazio de justiça.[147]

[145] Ao menos quando consideramos as normas de justiça a que ele qualifica como "racionais" (em contraposição às do tipo "metafísico", cuja proveniência e conteúdo são cridas, mas não compreendidas racionalmente). Cf. KELSEN, Hans. *O Problema da Justiça*. 3. ed. São Paulo: Martins Fontes, 1998, p.16-18.

[146] KELSEN, Hans. *O Problema da Justiça*. 3. ed. São Paulo: Martins Fontes, 1998, p.51 e ss.: "Este princípio [tratamento igual dos iguais e desigual dos desiguais] postula que as desigualdades relativas a certas qualidades devem ser consideradas e que as desigualdades quanto a outras qualidades não devem ser levadas em conta. O princípio não é, pois, de forma alguma, um princípio de igualdade. Ele não postula um tratamento igual, ou melhor, postula não *apenas* um tratamento igual, mas também um tratamento desigual. Por isso, tem de haver uma norma correspondente a este princípio que expressamente defina certas qualidades em relação às quais as desigualdades serão levadas em conta, a fim de que as desigualdades em relação às outras qualidades possam permanecer irrelevantes, a fim de que possam existir, portanto, indivíduos 'iguais'. 'Iguais' são aqueles indivíduos que, em relação às qualidades assim determinadas, não são desiguais. E o poderem existir indivíduos 'iguais' é a consequência do fato de que, se não todas, pelo menos certas desigualdades são desconsideradas"; "O princípio de que, quando as condições são iguais, as consequências devem ser iguais é, na verdade, a consequência lógica do caráter geral da norma que prescreve que, verificado um determinado pressuposto, se deve produzir determinada consequência."; "Também daqui resulta que é errado considerar a regra que manda tratar os que são iguais de forma igual como aplicação do princípio de justiça de igualdade. A única norma que pode valer como princípio de justiça da igualdade é a norma segundo a qual todos os homens devem ser igualmente tratados, segundo a qual nenhuma das desigualdades que existem entre eles deve ser tomada em consideração".

[147] "O elemento comum a todas as normas de justiça do tipo racional pode ser encontrado no tratamento por elas preceituado. Esse elemento comum consiste pura e simplesmente no fato de que todas são normas racionais que preceituam, sob condições determinadas – mas determinando as diferentes normas de justiça condições ou pressupostos muito diferentes –, um tratamento determinado – sendo, porém, determinados, pelas diferentes normas de justiça, tratamentos muito diversos. Com relação à questão decisiva de saber como os homens devem ser tratados para que o seu tratamento deva ser considerado justo, um conceito geral de

Os desafios teóricos postos por Kelsen integram, claramente, o contexto do conhecido corte epistemológico que faz à própria dogmática jurídica[148]. Não obstante, e conforme previamente mencionado, o presente trabalho não reveste uma análise sobre a justiça no Direito (zetética jurídica[149]). Nesse sentido, não se propõe aqui a debater se é possível ou não a igualdade revestir um critério de justiciabilidade interno ao código comunicacional do Direito. Este é, sobretudo, um trabalho sobre igualdade e, com isso, também uma pesquisa sobre aspectos da justiça, mas analisada como elemento já integrado à dogmática jurídica[150].

Ainda nesse contexto, entretanto, as reflexões kelsenianas são relevantes. Elas permitem constatar que a simples prescrição de uma regra de igualdade (que, para todos os efeitos, admite-se aqui ser sintetizada como "tratar os iguais igualmente e os desiguais desigualmente na medida de suas desigualdades") não resolve, por si só, o problema que a própria regra visa a regular e resolver (assegurar e implementar *alguma* igualdade). A regra é diretiva, mas apenas parcialmente, pois indica um proceder, mas não permite autonomamente estabelecer os traços distintivos para tal ou qual situação – e aqui, novamente, a relevante pergunta "igualdade de quê?"[151]

justiça apenas pode ser algo de completamente vazio, principalmente quando esse conceito deva abranger ainda as normas de justiça do tipo metafísico." KELSEN, Hans. *O Problema da Justiça*. 3. ed. São Paulo: Martins Fontes, 1998, p.62.

148 E que pode ser assim sintetizado: "A necessidade de distinguir o Direito da Moral e a ciência jurídica da Ética significa que, do ponto de vista de um conhecimento científico do Direito positivo, a legitimação deste por uma ordem moral distinta da ordem jurídica é irrelevante, pois a ciência jurídica não tem de aprovar ou desaprovar o seu objeto, mas apenas tem de o conhecer e descrever. Embora as normas jurídicas, como prescrições de dever-ser, constituam valores, a tarefa da ciência jurídica não é de forma alguma uma valoração ou apreciação do seu objeto, mas uma descrição do mesmo alheia a valores (*wertfreie*). O jurista científico não se identifica com qualquer valor, nem mesmo com o valor jurídico por ele descrito." KELSEN, Hans. *Teoria Pura do Direito*. 6. ed. São Paulo: Martins Fontes, 1998, p.77.

149 FERRAZ JUNIOR, Tercio Sampaio. *Introdução ao Estudo do Direito*. Técnica, Decisão, Dominação. 4. ed. São Paulo: Atlas, 2003, p.44-47.

150 FERRAZ JUNIOR, Tercio Sampaio. *Introdução ao Estudo do Direito*. Técnica, Decisão, Dominação. 4. ed. São Paulo: Atlas, 2003, p.47-51.

151 Nesse aspecto: "É supérfluo sublinhar a importância que essa regra [tratar os iguais de modo igual e os desiguais de modo desigual] assume em face da determinação da justiça, concebida como o valor que preside a conservação da ordem social. O que convém sublinhar, ao contrário, é que o problema da justiça como valor social não se reduz, como em geral pensam os juristas, à regra de justiça, nem nela se esgota. Com efeito, a regra de justiça

Assim, as teorias do último século sobre a justiça e o direito igualmente integram a igualdade como seu elemento central. Como bem aponta Bobbio, contudo, essa correlação se mostra possível em razão de a igualdade então discorrida ser sempre uma igualdade condicionada, vale dizer, uma igualdade qualificada axiologicamente por aquilo que lhe especifica e lhe atribui conteúdo[152] – buscando indicar, justamente, "de quê". Com isso, há uma preocupação latente com a determinação de parâmetros que vão além da determinação da igualdade formal e permitam estabelecer a igualdade material (*na lei*).

Faz-se aqui menção a três delas, porque absolutamente significativas no campo da filosofia do Direito e porque apresentam elementos relevantes para a presente análise, quais sejam, às ideias de Rawls[153], Dworkin[154] e Luhmann.

Os dois primeiros autores conjugam ideais de igualdade no seio da teoria da justiça (e, no caso específico de Dworkin, por que não, da própria moral) que, embora apresentem distinções em termos de justificações teóricas, de algum modo comungam de um mesmo ponto central, ligado à importância de se conferir igualdade em termos de oportunidades (em um sentido amplo, e não em uma concepção puramente meritocrática). Rawls sustenta dois postulados de igualdade[155] (*rectius*: justiça), pautados em escolhas que seriam feitas em uma situação inicial hipotética[156] (a posição inicial),

pressupõe que já tenham sido resolvidos os problemas que pertencem à esfera da justiça retributiva e atributiva, ou seja, pressupõe que já tenham sido escolhidos os critérios para estabelecer quando duas coisas devem ser consideradas equivalentes e quando duas pessoas devem ser consideradas equiparáveis. Somente depois que estes critérios foram escolhidos é que a regra de justiça intervém para determinar que sejam tratados do mesmo modo os que se encontram na mesma categoria." BOBBIO, Norberto. *Igualdade e Liberdade.* 2. ed. Rio de Janeiro: Ediouro, 1997, p.20-21.

[152] BOBBIO, Norberto. *Igualdade e Liberdade.* 2. ed. Rio de Janeiro: Ediouro, 1997, p.23.

[153] RALWS, John. Uma Teoria da Justiça. 3. ed. São Paulo: Martins Fontes, 2008.

[154] DWORKIN, Ronald. *Levando os Direitos a Sério.* 3. ed. São Paulo: Martins Fontes, 2010; DWORKIN, Ronald. *Uma Questão de Princípio.* 2. ed. São Paulo: Martins Fontes, 2005; DWORKIN, Ronald. *Is Democracy Possible Here?* Principles for a New Political Debate. Princeton: Princeton University Press, 2006.

[155] RALWS, John. Uma Teoria da Justiça. 3. ed. São Paulo: Martins Fontes, 2008, p.73 e ss.

[156] "[...] a idéia norteadora é que os princípios de justiça para a estrutura básica da sociedade constituem o objeto do acordo original. São eles os princípios que pessoas livres e racionais, interessadas em promover seus próprios interesses, aceitariam em uma situação inicial como definidoras das condições fundamentais de sua associação. [...] Chamarei de princípio como eqüidade essa maneira de encarar os princípios de justiça. Assim, devemos imaginar que aqueles

o primeiro segundo o qual "cada pessoa deve ter um direito igual ao sistema mais extenso de iguais liberdades fundamentais que seja compatível com um sistema similar de liberdades para as outras pessoas" e o segundo pelo qual "as desigualdades sociais e econômicas devem ser estar dispostas de tal modo que (a) tanto se possa razoavelmente esperar que se estabeleçam em benefício de todos como (b) estejam vinculadas a cargos e posições acessíveis a todos". Dworkin, a seu turno, tece críticas a respeito dessa teoria[157], colocando em dúvida, por exemplo, que o argumento da posição inicial traga qualquer critério justificante da equidade intrínseca dos critérios apresentados por Rawls – e, em certo sentido, o primeiro postulado seria a própria premissa da posição original. Ademais, um juízo antecedente sobre as circunstâncias envolvidas (e a avaliação que permite em termos de análise prospectiva de riscos e probabilidades) seria relevante para a tomada de decisões. Seu pensamento, entretanto, segue a mesma linha liberal – em especial, antiutilitarista – e busca, de certo modo, aperfeiçoar o pensamento rawlsiano sob o ponto de vista do fundamento moral dos postulados exigidos pela igualdade. Há, com isso, a adição de um elemento de moralidade no sentido de que as escolhas relativamente aos critérios de igualdade/desigualdade não devem considerar circunstâncias a respeito das quais os indivíduos não possuam poder de escolha e, ao mesmo tempo, resguardar um elemento – que perpassa ao longo de sua obra[158] – de atribuir valor à responsabilidade que as pessoas têm no

que entram em cooperação social escolhem juntos, em um único ato conjunto, os princípios que devem atribuir os direitos e os deveres fundamentais e determinar a divisão dos benefícios sociais. [...] A escolha que seres racionais fariam nessa situação hipotética de igual liberdade, presumindo-se, por ora, que esse problema de escolha tem solução, define os princípios da justiça. Na justiça como eqüidade, a situação original de igualdade corresponde ao estado de natureza da teoria tradicional do contrato social. Essa situação original não é, naturalmente, tida como situação histórica real, muito menos como situação primitiva da cultura. [...] Entre as características essenciais dessa situação está o fato de que ninguém conhece seu lugar na sociedade, sua classe ou seu *status* social; e ninguém conhece sua sorte na distribuição dos recursos e das habilidades naturais, sua inteligência, força e coisas do gênero. Presumirei até mesmo que as partes não conhecem suas concepções do bem e nem suas propensões psicológicas especiais. Os princípios de justiça são escolhidos por trás de um véu de ignorância." RALWS, John. Uma Teoria da Justiça. 3. ed. São Paulo: Martins Fontes, 2008, p.13-15.

157 DWORKIN, Ronald. *Levando os Direitos a Sério*. 3. ed. São Paulo: Martins Fontes, 2010, p.235 e ss.

158 Em *Is democracy possible here?*, Dworkin aponta dois princípios morais que integrariam a dignidade humana e que refletem sua concepção sobre igualdade: "The first principle – which

tocante a poder fazer as escolhas que entendam adequadas e pertinentes ao modo de viver suas vidas.[159] Percebe-se, nessas duas acepções, a busca pelo estabelecimento de critérios que permitam manejar o conceito de igualdade a partir de um critério axiológico o qual atribui um método de seleção para os traços distintivos relevantes, para as formas de distinção admitidas e para as forma de se as tratar.[160]

Por fim, relevante mencionar o pensamento de Niklas Luhmann, consoante exposto em "O Direito da Sociedade"[161]. Luhmann trabalha dentro de sua concepção autopoiética e comunicacional do código do direito, que se distingue de outros sistemas por atuar dentro do binômio legal/ilegal e por possuir mecanismos internos de criação de seus próprios comandos. A justiça, sob esse aspecto, apresenta-se não como um elemento interno do sistema comunicacional, que ali se aderisse como um *tertium genus* da operação, mas sim como um elemento de observação e de avaliação do próprio sistema, o qual, ainda que se apresente como um elemento de expectativa do próprio código (no sentido de que as operações do sistema sejam justas), não integra seu conteúdo.[162] Daí então sua concepção de justiça como fórmula de contingência, um valor (ou princípio, virtude, ou outro ideal equivalente) que

I shall call the principle of intrinsic value – holds that each human life has a special kind of objective value. It has value as potentiality; once a human life has begun, it matters how it goes. [...] I mean that a human life's success or failure is not only important to the person whose life it is or only important if and because that is what he wants [...] it is important in itself, something we all have *reason* to want or to deplore. [...] The second principle – the principle of personal responsibility – holds that each person has a special responsibility for realizing the success of his own life, a responsibility that includes exercising his judgement about what kind of life would be successful for him." DWORKIN, Ronald. *Is democracy possible here?* Principles for a New Political Debate. Princeton: Princeton University Press, 2006, p.9-10.

159 DWORKIN, Ronald. *Uma Questão de Princípio*. 2. ed. São Paulo: Martins Fontes, 2005, p.306-311.

160 Para um olhar crítico a respeito da forma como a teoria sobre igualdade é utilizada como critério e valor fundamental no Direito, em especial na teoria de Dworkin, v. O'BRIAN JUNIOR, William E. Equality in Law and Philosophy. *Inquiry, v.*53, n. 3, 2010, p.257-284.

161 LUHMANN, Niklas. *O Direito da Sociedade*. São Paulo: Martins Fontes, 2016.

162 "[...] delimitamos o problema da justiça mediante distinções: trata-se de autorreferência não como operação, mas como observação; não no nível do código, mas no nível de programas; e não na forma de uma teoria, mas na forma de uma norma (com propensão à frustração). Tudo isso significa que podem existir sistemas jurídicos injustos (ou mais ou menos justos). Nem a autopoiese operativa do sistema, nem o código necessariamente invariável podem ser 'justos'." LUHMANN, Niklas. *O Direito da Sociedade*. São Paulo: Martins Fontes, 2016, p.290-291.

assume um aspecto unificante e estruturante do sistema e que, de certo modo, protege seu funcionamento da imprevisibilidade de seus resultados.[163-164] Essa fórmula estabiliza as expectativas contra a frustração[165] e, ao mesmo tempo, dá unicidade à comunicação. No âmbito do Direito, aponta Luhmann que a justiça, como fórmula de contingência, aparece em sua forma mais geral traduzida como igualdade e que em verdade se traduz como regularidade ou consistência na concreção e na realização do Direito, permitindo abarcar todos os conceitos de justiça. A igualdade, nesse aspecto, é o cânone que legitima a si mesmo e, com isso, acaba por dispensar a necessidade de fundamentação da justiça. Por ser um elemento unificador e externo, em termos do código comunicacional do sistema, mas internalizado para fins de observação do

[163] "Uma vez que o sistema jurídico realiza a função de estabilizar expectativas normativas, parece lógico permitir que também a justiça apareça como norma. No entanto, deve-se evitar que se veja nessa norma um critério de seleção (em nossa linguagem: um programa determinado), pois assim a norma da justiça se colocaria ao lado de outros critérios de seleção do sistema e perderia sua função de representação do sistema no sistema. Isso significa também que se deve aceitar a norma de justiça sem que se possa prever quais as decisões resultariam dela e quais interesses ela viria a satisfazer; ainda seria o caso de aceitar que a prática das decisões judiciais em casos individuais e a proposta de soluções legislativas de problemas se orientam mais pela impressão de justiça de certas regras do que pela aplicação das normas de justiça [...]. O problema específico da norma da justiça reside na relação entre generalização e reespecificação. Nenhuma operação do sistema – e, menos ainda, nenhuma estrutura – deve ser excetuada da expectativa de ser justa; de outro modo se perderia a referência da norma à unidade do sistema. No entanto, em cada caso individual a norma da justiça deve transmitir uma orientação, e disso não se deve simplesmente concluir, com base no pertencimento da operação ao sistema jurídico, que a norma seja justa." LUHMANN, Niklas. *O Direito da Sociedade*. São Paulo: Martins Fontes, 2016, p. 295-297.

[164] "Une formule de contingence est dans l'architecture théorique de Luhmann ce qui rend compatible ce qui advient, dans son improbabilité, avec le système, et rend supportable l'incertitude quant à ce qui va advenir. Elle traduit l'indeterminité en contingence déterminée ou en tout cas déterminable. [...] Celui-ci [tratando como exemplo agora o sistema religioso] dispose d'une formule de contingence qui lui permet de limiter le spectre des possibles: Dieu. Elle réduit la complexité du monde en fondant sa contingence sur un principe suprême, conçu comme à fois parfait et personnel. L'idée que le monde lui-même est contingent, qu'il n'est qu'une sélection parmi une infinité d'autres possibilités devient acceptable parce que la perfection de cette sélection se trouve garantie par Dieu lui-même." FERRARESE, Estelle. La Justice, une Formule de Contingence. La Tentation Politique de Niklas Luhmann. In: SOSOE, Lukas. *Le Droit – Un Système Social*. Un Commentaire Coopératif de Niklas Luhmann. New York: Georg Olms Verlag, 2015, p.91-102.

[165] FERRAZ JUNNIOR, Tercio Sampaio. *Introdução ao Estudo do Direito*. Técnica, Decisão, Dominação. 4ª ed. São Paulo: Atlas, 2003, p.104.

próprio sistema, a justiça como contingência não fundamenta a validade da norma, nem apresenta um postulado sobre a essência do Direito: ela permite uma abstração, retrata apenas um esquema para busca de fundamentação ou de valores que apenas obtêm validade jurídica sob a forma de programas. Os elementos para trabalhar essa problemática, entretanto, residem internamente no sistema comunicacional do Direito, não podendo ser introduzido a partir de fora [166]. Nesse aspecto,

> [c]om igualdade designa-se, antes de tudo, um conceito formal que subentende e exclui a desigualdade. Porém, em um desenvolvimento posterior, que se iniciou com Aristóteles, é possível também submeter o outro lado dessa forma, a desigualdade, ao princípio da justiça, como exigência de tratar os desiguais de maneira desigual. Só assim a fórmula do sistema torna-se completa, ou seja, só assim ela se torna relevante para todas as decisões do sistema jurídico. Não obstante, desse modo se desvela agora também o paradoxo que se pretende cobrir mediante a fórmula de contingência; pois se a unidade do sistema doravante irá exigir que se trate o igual de maneira igual *e* o desigual de maneira desigual, a unidade passará a ser expressa pela *diferença* entre o igual e o desigual.[167] (realce original).

Luhmann segue ao apontar que essa fórmula pode admitir diferentes acepções a depender do contexto histórico, mas sempre desempenha o papel de demandar decisões internas ao sistema. Seguiria disso o entendimento de que justiça, ainda como igualdade, reflete na essência uma forma de filtrar a potencialidade social e traduzi-la em uma complexidade adequada à tomada de decisões consistentes, a partir das diferenciações entre iguais/desiguais e suas relações (os "ses" e os "entãos" condicionais do sistema de tomada de decisões). A igualdade, entretanto, não se define materialmente, mas impõe um ônus argumentativo à decisão tomada no sistema comunicacional do Direito, no sentido de que toda diferenciação deve ser justificada. Há, nesse

[166] FERRAZ JUNIOR, Tercio Sampaio. *Introdução ao Estudo do Direito*. Técnica, Decisão, Dominação. 4. ed. São Paulo: Atlas, 2003, p.297-298.

[167] FERRAZ JUNIOR, Tercio Sampaio. *Introdução ao Estudo do Direito*. Técnica, Decisão, Dominação. 4. ed. São Paulo: Atlas, 2004, p.297.

ônus argumentativo, assim como nas doutrinas anteriormente mencionadas, uma preocupação com a igualdade de consideração e de participação, que, portanto, integra a expectativa de manejo dessa fórmula de contingência. Não obstante, a igualdade, como justiça e fórmula de contingência, não impede a desigualdade (assim como a injustiça convive com a norma válida), mas visa a limitar a arbitrariedade da decisão.[168]

Essas reflexões permitem constatar o quanto anteriormente informado, de que a igualdade caracteriza um elemento central em torno do qual qualquer discussão acerca de critérios de justiciabilidade gravita.

A questão fundamental que se coloca é a da definição dos comandos condicionados a partir dos quais as diferenciações e as semelhanças são captadas, percebidas e reguladas pelo Direito. Sob o ponto de vista da mecânica de seu funcionamento, a igualdade apresenta-se como uma regra essencial (aqui, em contraposição teórica a "princípio") que, sob o aspecto formal (a igualdade perante a lei), direciona sua realização em termos generalizados, embora não apresente, isoladamente, um critério ou uma garantia para a igualdade na lei.

As doutrinas de Rawls e Dworkin, embora sejam passíveis de críticas em termos de coesão teórica com os postulados que apregoam e as premissas que aceitam e rejeitam, acrescentam inegavelmente a isso uma dimensão generalizante no sentido de utilização desse código a partir de condicionantes que limitam e, de certo modo, direcionam as escolhas que podem ou devem ser feitas em termos de elementos juridicamente relevantes em termos de semelhança e dessemelhança. Não apenas, o fato de isso adicionar uma dimensão moral ao Direito não se apresenta, ao menos sob o viés desta pesquisa, como um elemento para desqualificar a relevância e a importância dessa empreitada.

[168] FERRARESE, Estelle. La Justice, une Formule de Contingence. La Tentation Politique de Niklas Luhmann. In: SOSOE, Lukas. *Le Droit – Un Système Social.* Un Commentaire Coopératif de Niklas Luhmann. New York: Georg Olms Verlag, 2015, p.94-95; 98-99: "En effet, dans le cas de l'inclusion structurelle comme de l'égalité juridique, Luhmann parle d'une égalité (1), d'une égale considération. [...] L'égalité renvoie, dans toutes ses manifestations, à une égale distribution de la considération du système social, laquelle coïncide avec une attention basse, limitée à l'octroi de chances de partcipation. Si l'inegalité instituée par l'exclusion se nomme négligence, l'égalité potentiellement réalisée porte elle le nom d indifference. (2) Le principe d'égalité formulé et institutionnalisé dans la société moderne n'interdit pas l'inegalité, il n'en est qu'un principe limitatif. Pour Luhmann, l'égalité ne peut se matérialiser que face à son contraire ; constuite de manière paradoxale, elle inclut l'inégalité. Le principe égalité proscrit donc simplesment les décisions qui ne se laissent comprendre que par le caprice."

Isso certamente não resolve o problema das indeterminações potenciais a respeito dos critérios de igualdade e desigualdade, mas acrescenta a exigência de um fator de razoabilidade nessas escolhas, as quais se ligam à ideia de uma consideração igualitária com os interesses dos envolvidos – ainda que se chame isso de igualdade de oportunidades ou qualquer outra terminologia análoga.

Há nisso a evidenciação de que a igualdade, embora possua um aspecto formal que se apresenta como simples regra diretiva de manejo do código do Direito, não é *ipso facto* vazia em termos de direcionamento do conteúdo da norma. Reconhece-se indiretamente, portanto, que, a despeito da variabilidade de concepções acerca do que possa ser igualdade, há um postulado valorativo interno que cria um núcleo essencial inafastável de proteção cuja transposição invariavelmente leva à desigualdade juridicamente relevante (e, nesse sentido, vedado pelo sistema valorativo do Direito). A lógica luhmanniana de fórmula de contingência, afora sua importância instrumental ao fechamento de sua teoria de sistemas, sob um aspecto mais geral permite transpor esse direcionamento de conteúdo ante a perspectiva do argumento, da necessidade de justificativa, da coerência e da consistência na definição dos traços igualdade e desigualdade (novamente, os "ses" e os "entãos"), trazendo um ideal de racionalidade nessas escolhas.

2.1.2 A igualdade no processo

A ideia de igualdade, claramente, desempenha um papel central na realização do processo. A mesma linha de pensamento anteriormente exposta – e que sublima a questão da igualdade a um aspecto mais abrangente do Direito – aplica-se à seara processual, com todas as nuances exigidas pelo sistema processual. A noção de devido processo legal, visto como consubstanciação do processo justo, desempenha, *mutatis mutandis*, também algum papel de fórmula de contingência da seara processual que acaba também por ser estruturada em torno da ideia de igualdade: em outros termos, o devido processo legal representa o aspecto fundamental de qualificação do processo como *justo*.

A transposição da problemática ao campo processual reproduz ali os mesmos desafios. Há uma diferença fundamental, entretanto, em comparação quando se lida com a ideia de igualdade como um elemento da justiça do Direito: em sede processual, o devido processo legal assume status de garantia fundamental, de modo que integra o código do sistema jurídico como critério de seleção entre os comandos legal/ilegal. Com isso, quer-se dizer que, conquanto a justeza da norma não seja critério para avaliação de sua validade, a observância do devido processo legal é requisito para a validade do processo. De modo semelhante, respeitar a isonomia, no processo, não é apenas uma expectativa normativa ou um impulso axiológico, mas condição de sua regularidade. A previsão da igualdade como princípio do processo, entretanto, carrega consigo os mesmos desafios. Em especial, o reconhecimento de que a regra de igualdade (aos iguais trata-se igualmente; aos diferentes, desigualmente) é, também aqui, uma diretriz de tratamento, mas nada diz sobre como se selecionar as igualdades e as desigualdades, nem como se as devem tratar. Em outras palavras, falar de igualdade em processo propõe a mesma pergunta essencial e fundamental, qual seja, "igualdade de quê?"

As lições sobre processo enunciam a isonomia processual como um valor fundante do processo justo[169], havendo uma tônica também comum na diferenciação entre igualdade formal (*perante* as regras do processo, isto é, em sua aplicação) e igualdade material (*no* processo). A leitura que se faz processualmente da isonomia, entretanto, perpassa pelo filtro de seu escopo, isto é, busca-se entender e qualificar a isonomia no processo a partir daquilo que se concebe como sua finalidade: a denominada paridade de armas, consubstanciada como a oportunidade igualitária de fazer valer suas razões perante o órgão julgador.[170] Há, nisso, também a inserção de um elemento que permite, de certo modo, afastar-se da isonomia em seu aspecto puramente formal, com a adição de um elemento teleológico que permite direcionar as escolhas relativamente aos elementos que se tornam juridicamente relevantes para fins

[169] Nesse sentido, cf. CALAMANDREI, Piero. *Processo e Jogo*. Direito Processual Civil. São Paulo: Bookseller, 1999, 3 v, p.224; PORTANOVA, Rui. *Princípios do Processo Civil*. 5. ed. Porto Alegre: Livraria do Advogado, 2003, p.43.

[170] Nesse sentido: "Justamente com vistas à socialização do processo o legislador processual tomou uma série de medidas que asseguram, mais que a igualdade formal, a isonomia material entre as partes. A igualdade de armas entre os litigantes mostra-se fundamental na busca de um processo justo, de modo que não se pode permitir que o litigante mais astuto, ou que possua maior poder aquisitivo, obtenha qualquer tipo de vantagem em detrimento daquele que está com a razão." GUEDES, Clarissa Diniz. O Princípio da Isonomia Processual e a Atuação Ética das Partes e de seus Procuradores. *Revista Eletrônica da Faculdade Metodista Granbery*, v. 3, 2007.

de se assegurar a igualdade no processo. A justiça do processo, embora resultante da noção do devido processo legal, é largamente avaliada a partir dessa igualdade de oportunidades.[171] A aproximação com a ideia de uma fórmula de contingência, por sua vez, permite vislumbrar, na igualdade processual, também um aspecto relevante na busca de uma racionalidade e de uma consistência na concepção das circunstâncias que impõem um tratamento igual e daquelas que justificam um tratamento desigual.

A noção de igualdade no processo, a despeito de sua autonomia axiológica e conceitual, é quase sempre instrumentalizada em conjunto com outras garantias processuais. Assume, nesse sentido, o papel de uma diretriz que determina como devem ser aplicadas essas posições processuais, de modo que a violação da igualdade representa, também, quase sempre a violação a outro direito fundamental.[172] Não sem razão, portanto, a ressalva anteriormente feita de que a análise no tocante à igualdade processual, de forma isolada, naturalmente representa um corte dogmático que, conquanto importante para a compreensão do instituto, deve respeitar também essa limitação. Do contrário, a pesquisa pende seu enfoque para a dinâmica de outras garantias (a exemplo do contraditório e da ampla defesa) e perde o cerne da discussão centrada na isonomia.

Sob seu aspecto formal, a igualdade processual inicialmente se apresenta como a exigência de que as posições jurídico-processuais sejam igualmente distribuídas e asseguradas, vale dizer, de que a sujeitos na mesma posição sejam atribuídas as mesmas prerrogativas de atuar em juízo e de participar do

[171] "Justice in a formal philosophical sense is often defined as equality of treatment. In the realm of adjudicatory procedure, a widely recognized aspect of procedural fairness is equality of opportunity to be heard. Indeed, insofar as adjudicatory procedure is perceived to be adversarial and dispute resolving, the degree to which procedures facilitate equal opportunities for the adversaries to influence the may be the most important criterion by which fairness is evaluated." MASHOW, Jerry L. The Supreme Court's Due Process Calculus for Administrative Adjudication in Mathews v. Eldridge: Three Factors in Search of a Theory of Value. *The University of Chicago Law Review*, v. 44, 1976, p.52.

[172] ÁVILA, Humberto. *Teoria dos Princípios*. Da Definição à Aplicação dos Princípios Jurídicos. 4. ed. São Paulo: Malheiros, 2005, p. 102: "Como postulado, sua violação reconduz a uma violação de alguma norma jurídica. Os sujeitos devem ser considerados iguais em liberdade, propriedade, dignidade. A violação da igualdade implica a violação de algum princípio fundamental."

processo decisório.[173] Impõe-se, com isso, a ideia de regras generalizantes e de ritos que se apliquem indistintamente a todos na mesma situação. Do mesmo modo, e de forma intuitiva com o quanto anteriormente afirmado, a isonomia determina que haja uma segregação relativamente a posições distintas, que passam a merecer tratamento diferenciado – também de forma generalizada – a partir da seleção de elementos juridicamente relevantes para essa distinção.

Na seara dos procedimentos estabelecidos pelo legislador, uma constatação clara nesse sentido existe na previsão de posições processuais indistintamente asseguradas à posição de parte, em que há um reducionismo das especificidades dos polos litigantes em favor do reconhecimento de que, em determinados aspectos, tais diferenças são irrelevantes sob o ponto de vista de prerrogativas que devem ser indistintamente asseguradas. Já no tocante a outras posições processuais, há uma segregação entre as posições de autor e réu, de modo que se assegura uma isonomia no processo a partir do reconhecimento dessas diferenças.[174]

A isonomia formal permite, com isso, a construção do processo em torno de uma característica que lhe é essencial, qual seja, a previsibilidade das regras do jogo. Surpresa e processo sabidamente não podem coexistir, e a transparência e a possibilidade de antecipação dessas etapas do procedimento acabam por revestir a percepção da justeza do processo.[175]

A previsibilidade que o tratamento igual perante regras pré-estabelecias busca trazer ao elemento dinâmico do processo – de modo igualmente a legitimar seu resultado jurisdicional – cria uma neutralidade institucionalizada que, claramente, visa a fortalecer a racionalidade do processo decisório[176]. Não obstante, esse viés igualitário confronta com um aspecto fático relevante que,

[173] CINTRA, Antonio Carlos de Araújo; DINAMARCO, Cândido Rangel; GRINOVER, Ada Pellegrini. *Teoria Geral do Processo.* 27. ed. São Paulo: Malheiros, 2011, p.59.

[174] REICHELT, Luis Alberto. O Conteúdo do Direito à Igualdade das Partes no Direito Processual Civil em Perspectiva Argumentativa. *Revista de Processo,* v. 210, 2012, p. 13-40.

[175] "It seems obvious, building on the last remark, that predictability, transparency and rationality are a family of related process values that can make a worthwhile contribution to any process participant's sense of self-respect". MASHOW, Jerry L. Administrative Due Process: The Quest for a Dignitary Theory. *Boston University Law Review,* v. 61, 1981, p.901.

[176] RUBENSTEIN, William B. The Concept of Equality in Civil Procedure. *Cardozo Law Review,* v. 23, 1865/2002, p. 11.

em última análise, pode levar a um resultado diferente da finalidade esperada pela regra de igual proteção.

O sistema adversarial desenvolvido por meio do processo pode envolver partes desiguais sob o ponto de vista de sua capacidade real de exercer as posições jurídicas asseguradas, de forma neutra e igualitária, por normas e princípios processuais.[177] Há, nesse sentido, potencial inconsistência no atingimento do tratamento igualitário quando se confronta a aplicação da norma à realidade das partes. Pode-se mencionar aqui, por exemplo, discrepâncias econômicas e informacionais. A preocupação com a promoção de uma igualdade substancial entre as partes traz como reflexo e consequência a estruturação de mecanismos de compensação e de equipagem dos litigantes.[178]

Os mecanismos normativos que buscam a assegurar e concretizar a igualdade ao longo da vida dialética do processo são fruto, naturalmente, de escolhas feitas a partir da análise da estrutura do processo e do procedimento, essencial para que se possa compreender as posições processuais de cada polo litigante, suas vicissitudes e idiossincrasias, bem como seu papel ao longo do iter decisório. Os critérios diferenciadores levam largamente em consideração, portanto, a própria dinâmica processual.

William Rubenstein aponta com acuidade que a estruturação de mecanismos (formais e substanciais, diga-se) de igualdade volta-se, em especial, a proteger o jurisdicionado contra a potencial desigualdade estrutural ao sistema decisório: a desigualdade relativa à falta de consistência nas decisões. A tônica, aqui, recai em um traço da concepção de igualmente reputado essencial na doutrina luhmanniana, a consistência decisória que busca, como objetivo, extirpar o elemento de imprevisibilidade do ato decisório (seja naquele que elege os elementos de distinção normativamente relevantes, seja naquele que resolve o litígio) diante de casos semelhantes. Reflete aqui,

[177] RUBENSTEIN, William B. The Concept of Equality in Civil Procedure. *Cardozo Law Review*, v. 23, 1865/2002, p.12 e ss.

[178] CINTRA, Antonio Carlos de Araújo; DINAMARCO, Cândido Rangel; GRINOVER, Ada Pellegrini. *Teoria Geral do Processo.* 27. ed. São Paulo: Malheiros, 2011,p.59-61; REICHELT, Luis Alberto. O Conteúdo do Direito à Igualdade das Partes no Direito Processual Civil em Perspectiva Argumentativa. *Revista de Processo*, v. 37, n. 210, 2012, p.20 e ss.; STANCIL, Paul. Equality and Procedural Justice. *Iowa Law Review*, v. 102, 2017, p.1652 e ss.

em termos de composição de litígio, em uma igualdade teleológica voltada ao produto do processo, *i.e.*, ao resultado da tutela jurisdicional, o que se liga ao ideal de se eliminar o elemento de arbitrariedade decisória, no sentido da *alea* sistêmica que pode advir da liberdade do julgador em apreciar o caso que lhe é apresentado. Não há nisso, claramente, uma proposta de pasteurização do processo decisório e de eliminação do valor afeito ao livre convencimento, mas apenas o reconhecimento de que a igualdade processual, estruturada em termos formais e materiais a partir do procedimento, deve igualmente se voltar ao propósito de minimizar o risco de falta de homogeneização decisória quando essa é esperada.[179-180] Trata-se aqui do ônus argumentativo que se volta à adequada tutela jurisdicional.[181]

O sistema processual brasileiro, de forma geral, enfrenta todos esses desafios. O Código de Processo Civil estabelece elementos de promoção de igualdade que refletem tanto uma ideia de igualdade formal quanto material, a partir de seu artigo 7º.[182] Nesse aspecto, há a estipulação de prerrogativas processuais que abarcam indistintamente todo e qualquer litigante, independentemente de suas características individuais, de modo que são estruturados como regras gerais cuja aplicação independe de contexto específico

[179] RUBENSTEIN, William B. The Concept of Equality in Civil Procedure. *Cardozo Law Review*, v. 23, 1865/2002, p.39 e ss., em especial p.40: "Our commitment to this form of equality is, again, a commitment to a particular instrumental form of equality. Outcome equality is important because it helps legitimate a dispute resolution system. Equality is desired not to guard against caste-like practices, but rather to assist in the project of achieving acceptable adjudicative outcomes. If the question is posed, 'Equality of what?' the answer is this domain would be 'equality of litigative outcomes sufficient to produce an acceptable system of dispute resolution'. The most familiar instances of outcomes disparity occur when a set of similarly situated parties adjudicate the same harm independently. A mass accident is one example. If a plane crashes, several hundred individual tort cases are likely to follow. It is possible that some of these cases will end in a determination that the carrier is not liable for the accident, while others will reach verdicts for the plaintiff. From the point of view of a losing litigant this can be an especially sharp instance of inequality."

[180] ÁVILA, Humberto. O Que é Devido Processo Legal? *Revista de Processo*, v. 163, 2008, p.50-59, p.3.

[181] MARINONI, Luiz Guilherme. A Legitimidade da Atuação do Juiz a Partir do Direito Fundamental à Tutela Jurisdicional Efetiva. *Revista de Doutrina da 4ª Região – TRF4*, v. 15, 2006, p.76.

[182] ABREU, Rafael Sirangelo. A Igualdade e os Negócios Processuais. In: CABRAL, Antonio do Passo; NOGUEIRA, Pedro Henrique (coord.). *Negócios Processuais*. 4. ed. Salvador: JusPodivm, 2019, p.196-202.

do litígio, a exemplo de regras que tutelam o contraditório e o direito à produção de provas[183]; outras, a seu turno, buscam compensar desequilíbrios eventualmente existentes quando se depara com a análise concreta dos contornos da lide e das partes, para o que as idiossincrasias são analisadas de modo a verificar se são adequadas às *fattispecie* das normas de promoção de igualdade material, a exemplo de regras afeitas à assistência judiciária ou mesmo à inversão de ônus de prova.[184] Há, do mesmo modo, mecanismos procedimentais afeitos à promoção de uma consistência decisória, seja do ponto de vista da aplicação do direito (e os mecanismos de uniformização de jurisprudência voltam-se nesse sentido), seja do ponto de vista da organização processual e procedimental de demandas com elemento fático comum, a exemplo do quanto regulado em termos de demandas coletivas.[185]

O manejo da igualdade do processo conta, ainda, com um elemento adicional e fundamental. A relação processual é triangular, no sentido de que há um terceiro imparcial que exerce o papel heterocompositivo e que controla e conduz o processo.[186] A igualdade normativa, seja formal, substancial ou instrumental à consistência decisória, é uma exigência que se projeta para fora do processo, porque é fruto da (e, enquanto princípio, uma expectativa que se espera da) normatividade do ordenamento. Vincula-se, em certo sentido, mais diretamente ao legislador (como manifestação de fonte de criação de regras procedimentais e de estruturação do processo). O controle, nesse sentido, é

[183] Sobre a justiça necessária à decisão: "Não se pode esquecer que a ciência processual evoluiu. Com o tempo, a visão dos problemas processuais tem se modificado. Hoje pensa-se mais em justiça e menos em técnica ou ciência processual. Para que a decisão seja substancial e qualitativamente justa, não basta assegurar às partes exclusividade de iniciativa no processo, ainda que com garantia de ampla participação. É preciso buscar, pelo processo, a aplicação correta e racionalmente justificada do direito. Para atingir esse objetivo, fundamental é a preocupação com a verdade dos fatos. Somente a solução baseada em fatos verdadeiros pode ser considerada justa." BEDAQUE, José Roberto dos Santos. *Poderes Instrutórios do Juiz*. 6. ed. São Paulo: Revista dos Tribunais, 2012, p.113.

[184] WATANABE, Kazuo. *Princípios do Processo Civil na Constituição Federal*. 5. ed. São Paulo: Revista dos Tribunais, 1999; CEBRIAN, Miguel Cid. *La Justicia Gratuita:* Realidad y Perspectivas de un Derecho Constitucional. Pamplona: Arazandi, 1996.

[185] BRASIL, Maria Eduarda de Oliveira; DUARTE, Antonio Aurelio Abi-Ramia. O desafio de uniformizar a Jurisprudência e o Papel do Código de Processo Civil de 2015 – Novos Desafios. *Justiça & Cidadania*, v. 78, 2015.

[186] REICHELT, Luis Alberto. O Conteúdo do Direito à Igualdade das Partes no Direito Processual Civil em Perspectiva Argumentativa. *Revista de Processo*, v. 37, n. 210, 2012, p.18.

igualmente normativo, como parâmetro de constitucionalidade.[187] Ao voltar-se o olhar da isonomia para o papel do juiz, o imperativo da igualdade se transmuta em uma exigência de isonomia dentro da relação processual, a partir da aplicação das regras procedimentais, sob pena de invalidade do processo.

Há, de forma evidente, uma dinâmica própria de desenvolvimento do valor igualdade no subsistema processual, que demanda um conteúdo específico na estruturação do processo e na realização da atividade jurisdicional para fins de se resguardar a garantia processual que, afinal, apresenta-se como de validade do próprio processo.

2.2 Isonomia processual e processo arbitral

O valor igualdade também desempenha um papel fundamental no âmbito da arbitragem. Não apenas porque resta previsto como exigência de higidez do processo na Lei de Arbitragem, mas porque arbitragem é, essencial e inegavelmente, processo. Não obstante, a arbitragem representa um sistema próprio que se insere com (a possível) autonomia dentro do macrossistema processual e, nesse aspecto, possui uma conformação própria – e diferenciada do processo estatal, portanto – da noção de processo e devido processo legal.[188]

[187] ALARCÓN, Pietro Lora. Processo, Igualdade e Justiça. *Revista Brasileira de Direito Constitucional*, v. 2, 2003, p.189.

[188] Fala-se aqui em indistintamente entre sistema e subsistema apenas sob o ponto de vista de relações de contingência (no sentido de que o sistema processual abrange, *v.g.*, o subsistema processual estatal e o subsistema processual arbitral, mas representa ele mesmo, o sistema processual, um subsistema dentro do sistema do Direito, que a seu turno pode ser compreendido como um subsistema no sistema social). Esta pesquisa alinha-se com a ideia da autonomia sistêmica do (sub)sistema arbitral por se entender que possui, adotada uma visão luhmanniana, um fechamento operacional e uma abertura cognitiva. Nesse sentido, PARENTE, Eduardo de Albuquerque. *Processo Arbitral e Sistema*. São Paulo: Atlas, 2012, p.41 e ss.

Isso naturalmente traz consequências relativamente ao influxo normativo que o princípio da igualdade processual aporta ao sistema arbitral, especialmente sob o ponto de vista da flexibilidade procedimental que é ínsita à arbitragem.[189]

Neste ponto, as ideias anteriormente desenvolvidas passam a assumir maior forma na análise deste trabalho. Também em arbitragem, o ideal de processo justo é instrumentalizado a partir da ideia de igualdade, e também se coloca a questão fundamental relativamente a "igualdade de quê?". O ponto essencial, entretanto, reside no fato de que o sistema arbitral, conquanto possua fechamento operacional, torna menos rígida a resposta àquela pergunta, porque a definição dessa resposta reside, em certa medida, na liberdade contratual das partes. Há, com isso, e consoante se buscará mostrar a seguir, uma forma diferenciada de aplicação do princípio da isonomia processual em arbitragem, sendo que essa garantia desempenha função igualmente diferenciada relativamente ao processo estatal.

[189] "Justamente por força dessa flexibilidade inerente, própria, podemos enxergar diferenças básicas entre o procedimento arbitral e o estatal, que servem justamente para demonstrar a autonomia sistêmica do primeiro. O processo arbitral é autorreferencial quanto à sua flexibilidade, tem autonomia e, portanto, não precisa dos conceitos de flexibilização do processo estatal. Afasta-se do processo estatal nesse tocante, o que é de todo producente, pois não são poucos os problemas e polêmicas enfrentados pelos caminhos de flexibilização de um processo tradicionalmente dogmático e feito com uma estrutura e rigor endurecida. Daí não haver sentido em falar de certas *quebras de sistema* no processo arbitral e que teriam consequências no estatal, justamente por conta da flexibilidade de seu procedimento, ou mesmo de nulidade do procedimento, campo em que a preclusão surge como o mais emblemático instituto do procedimento estatal, ao passo que no arbitral não tem muito sentido. Na visão do processo arbitral, a quebra do seu procedimento apenas poderá trazer as consequências típicas do processo estatal quando violadas as garantias mínimas da Lei de Arbitragem (art. 21, § 2º). Vale dizer, o vício deve ser grave e trazer prejuízo. Mesmo nessa hipótese, a consequência é apenas e tão somente a viabilidade da demanda anulatória prevista no art. 33, com típicas restrições em termos gerais (como curto prazo decadencial)". PARENTE, Eduardo de Albuquerque. *Processo Arbitral e Sistema*. São Paulo: Atlas, 2012, p.51-52. Realce original.

2.2.1 A flexibilidade procedimental e isonomia processual

As garantias processuais são incrustradas no processo, primordialmente, a partir do procedimento, vale dizer, das regras que definem o rito a ser seguido até a prolação da tutela jurisdicional. Por tal razão, afirmou-se anteriormente a importância do legislador na conformação das garantias consectárias do devido processo legal ao definir a medida de sopesamento entre os diferentes elementos normativos que o compõem. Em arbitragem, o papel do legislador é, em larga escala, substituído inicialmente pelas partes: são as contratantes que definem, em um primeiro momento, como tais valores são alocados quando da heterocomposição de seu litígio. Onde as partes não tenham definido regras ou onde essas não se mostrem adequadas frente às garantias do processo, os árbitros complementarão e conformarão os contornos do devido processo legal aplicável à lide.

Referida característica escalona a pergunta a respeito de "igualdade de quê", porque a sistemática arbitral não estabelece um conteúdo mínimo ao valor igualdade que, inobstante, se apresenta como elemento indispensável do processo. Não há uma tônica normativa a respeito, como se poderia supor existir ao se tratar da flexibilidade conferida pelo negócio jurídico processual no âmbito do processo judicial.[190] Parece razoável afirmar, com isso, que a leitura do artigo 21 da Lei de Arbitragem deva ser feita em conjunto com outras premissas que pautam o processo arbitral, a exemplo da disponibilidade dos direitos envolvidos (e tudo que isso pode acarretar em termos de disponibilidade, também, de mecanismos procedimentais), das questões econômico-procedimentais sabidamente relevantes em arbitragem e do próprio interesse das partes em desenhar seu rito procedimental.

A partir desses elementos, conclui-se que o legislador pretendeu assentar uma limitação mínima pautada em alguma noção de razoabilidade acerca do conteúdo dessa igualdade. A questão parece simples, mas claramente não é.

[190] No sentido de que se inserem, os negócios jurídicos processuais previstos no Código de Processo Civil, num contexto normativo com balizas e regras próprias que, a seu turno, estruturam de forma mais clara os limites e os requisitos aplicáveis à flexibilização. A esse respeito, ATAIDE JÚNIOR, Jaldemiro Rodrigos de. Negócios Jurídicos Processuais – Existência, Validade e Eficácia – Campo-Invariável e Campos-Dependentes: Sobre os Limites dos Negócios Jurídicos Processuais. *Revista de Processo*, v. 40, n. 244, 2015, p.393-423.

A falta desses critérios põe na mão das partes e também dos árbitros o ônus de definir os elementos de igualdade e de desigualdade, o que, em última análise, significa que recai também sobre os partícipes do processo a avaliação das circunstâncias que autorizam eventuais desigualdades sob sua concepção ideal de procedimento. A compreensão de como a isonomia se entranha na matriz de riscos contratuais e procedimentais passa a ser um elemento essencial da construção do processo.

Não se pode perder de vista estar-se diante, em arbitragem, de direitos patrimoniais disponíveis. Isso pode levar à concepção de haver muito maior espaço para renúncias de posições processuais, afinal, os direitos materiais disputados são eles próprio renunciáveis. Mas não se pode esquecer, igualmente, que se está diante de processo heterocompositivo, e um conteúdo mínimo é essencial para que se atribuía status jurisdicional ao exercício desse múnus. No âmbito dos direitos disponíveis, as partes não precisam escolher arbitragem, tampouco precisam recorrer à jurisdição estatal: podem transacionar livremente. Se optam pela via jurisdicional heterocompositiva, a renunciabilidade dos direitos disputados não permite a total suplantação da estrutura garantista do processo.[191]

Ademais, o processo arbitral possui elementos de incomunicabilidade, em razão de cada juízo arbitral encerrar um núcleo próprio de jurisdição e de estrutura procedimental. Consoante já se afirmou, a jurisdição arbitral não é perene, tampouco existe antes ou após o processo a que se vincula, não compartilhando uma base comum com outros juízos arbitrais. Isso se reflete igualmente no tocante à competência e aos poderes que cada juízo arbitral possui e a cada conformação do devido processo legal que cada processo arbitral pode assumir a partir do desenho do rito estabelecido (ou não) pelas

[191] Não por acaso, para além das limitações afeitas às regras mandatórias de cada ordem jurídica – no nosso caso, a inafastabilidade, por exemplo, do devido processo legal previsto no artigo 21 da Lei de Arbitragem – em sede internacional há vasta aceitação de limitações à autonomia das partes a partir de restrições de ordem pública. Cf. DICKSON, Moses Oruaze. Party Autonomy and Justice. *International Journal of Law and Management*, v. 60, n. 1, 2018, p. 121 e ss.; FABEMY, Sunday A. The Doctrine of Party Autonomy in International Commercial Arbitration: Myth or Reality? *Journal of Sustainable Development Law and Policy*, v. 6, n. 1, 2015, p.66 e ss. Ambos os autores mencionam ainda princípios de justiça natural ao descreverem limitações que, em linhas gerais, equiparam-se àquelas afeitas aos ditames do devido processo legal e ao processo justo.

partes litigantes. A igualdade esperada (porque resultante de mandamento legal) em cada processo arbitral deixa de poder ser vista como um elemento de consistência (comum a todos os processos arbitrais) no tratamento dos litigantes e deixa de se traduzir em termos de linearidade e previsibilidade procedimental. A igualdade, pelo contrário, é acessada em cada caso, a partir do caso concreto e do litígio, não apenas sob o aspecto estático da convenção arbitral estipulada entre as partes, mas igualmente no curso dinâmico do processo.

A discussão é complexa porque um dos grandes atrativos da arbitragem recai, precisamente, na possibilidade de estruturação de procedimentos *taylor-made*, sem que, contudo, tenha o legislador estabelecido limites claros para esse desenho procedimental. A flexibilidade e as escolhas que as partes fazem em termos de negócio jurídico-processual acabam, invariavelmente, por integrar a diagramação do sinalagma genético do negócio e a matriz de riscos do contrato. Daí porque o conhecimento prévio dos limites impostos pelo princípio da isonomia é de extrema importância, na medida em que pode levar ao reconhecimento da inadmissibilidade de regras procedimentais escolhidas pelas partes, o que pode impactar na concepção global do negócio previamente estruturado – colocando as partes em uma posição jurídico-contratual, se não indesejada, ao menos destoante da perspectiva negocial que possuíam, causando, curiosamente, um desequilíbrio nas posições de direito material ajustadas.

A flexibilidade procedimental, desse modo, encontra a barreira cogente no devido processo legal, e, por extensão, na isonomia das partes, para além da qual não há processo hígido, e, consequentemente, sentença arbitral válida. O desafio reside, justamente, em compreender o conteúdo normativo desse preceito dentro da lógica do sistema arbitral e da liberdade que se pretende conferir às partes na diagramação de seu procedimento heterocompositivo.

2.2.2 Os efeitos positivos e negativos da isonomia processual

O primeiro passo da investigação do efeito normativo do princípio da isonomia impõe que se compreenda haver ali uma dúplice faceta: uma eficácia impositiva (ou positiva) e uma eficácia restritiva (ou negativa). É claro que ambos os aspectos refletem, em verdade, a completude de um fenômeno jurídico único que se escalona desde a Constituição Federal até os mais diversos subsistemas processuais, de modo que a distinção se presta muito mais a permitir melhor avaliação do funcionamento desse preceito no contexto do devido processo legal do que verdadeiramente estabelecer critérios distintos de eficácia.

O aspecto impositivo (ou positivo) da isonomia processual lida mais diretamente com o instituto sob seu ponto de vista principiológico (aqui, de acordo com a conotação da dogmática constitucional), vale dizer, como uma norma diretiva que busca a promover, por assim dizer, um programa normativo.[192] Há inegavelmente um viés prospectivo que visa a impelir o sistema a promover de forma plasmada no ordenamento o valor jurídico sob proteção. Muito embora há muito se compreenda a relatividade dos princípios (mesmo constitucionais), na medida em que a convivência entre a multiplicidade de princípios jurídicos leve a pontos de intersecção entre diferentes valores que demandam concessões mútuas em termos de conteúdo normativo, os princípios jurídicos possuem, de forma idiossincrática, uma força e uma tendência expansiva, como se pretendessem ocupar todo o espaço normativo disponível. A limitação a essa disponibilidade se dá, justamente, pelo encontro e confronto com outros valores normativos no momento da positivação das regras jurídicas. Daí porque a ideia de proporcionalidade, comumente empregada na ponderação de valores jurídicos que se apresentam igualmente aplicáveis (cada qual buscando expandir-se ao máximo sobre a situação jurídica concreta a ser regulada), em verdade traduz um ônus argumentativo equiparável em termos luhmannianos: a limitação à força expansiva do princípio impõe uma justificativa que permita retirar da escolha o aspecto (ou ao menos a aparência) de arbitrariedade, de modo que a ponderação, que, em outros termos, significa uma limitação à potencialidade normativa, mostre-se justificada dentro do contexto do ordenamento.[193]

A isonomia, nesse aspecto, vem carreada com seu influxo de recomendar que sempre seja promovida *mais* igualdade que *menos* igualdade, bem como que as escolhas dos critérios relativos à definição dos atributos juridicamente relevantes para estabelecer desigualdades respeite o objeto normativo central

[192] Nesse aspecto, GUEDES, Jefferson Carús. *Igualdade e Desigualdade:* Introdução Conceitual, Normativa e Histórica dos Princípios. São Paulo: Revista dos Tribunais, 2014, p.224-225.

[193] SILVA, Virgilio Afonso da. O proporcional e o Razoável. *Revista dos Tribunais,* v. 91, n. 798, 2002, p.34.

do princípio. Reitere-se aqui um olhar mais voltado à teleologia do ordenamento e àquilo que se pretende promover, a partir da norma, na realidade da dinâmica social.

No âmbito legiferante, portanto, esse viés positivo impõe um ônus ao legislador no sentido de não promover desigualdades normativas que não sejam justificadas, ou, sob outro aspecto, impõe o ônus de sempre se promover a maior igualdade possível, consideradas as demais variáveis. Na seara arbitral, esse aspecto replica-se dentro da lógica própria do (sub)sistema. O legislador, pela própria dinâmica arbitral, limitou-se a ressaltar a cogência da isonomia do processo arbitral, mas não disciplinou, em termos de regras, as formas pelas quais essa igualdade é ou deve ser observada. O aspecto positivo da isonomia atinge mais fortemente, portanto, a atividade dos atores responsáveis pela regularidade do processo arbitral, vale dizer, os árbitros e os juízes togados.

Aqui a questão assume nuances delicadas, pois, novamente, o enfoque arbitral recai na flexibilidade procedimental e na liberdade das partes em estabelecer o rito heterocompositivo que reputem mais adequado. As balizas normativas da isonomia (enquanto princípio) têm aqui seu vetor de algum modo alterado, na medida em que para que se resguarde a liberdade privada na definição procedimental, o princípio não pode ser imposto de forma sempre expansiva em sua força normativa. A liberdade procedimental acaba por exercer uma força limitadora da potencialidade da isonomia. O sistema arbitral convive com desigualdades procedimentais livremente pactuadas, que, portanto, não devem (e tampouco podem) ser aplacadas em nome do princípio da isonomia.

Essa constatação é importante porque coloca tanto os árbitros quanto os juízes togados, duas das instâncias de controle do processo arbitral (cada qual com suas especificidades), frente a uma posição funcional aparentemente dissonante: de um lado, tutelar a força normativa do princípio da isonomia, de modo a cumprir o papel, próprio a seu múnus jurisdicional, de assegurar a promoção de *mais* igualdade no âmbito do processo a que se veem vinculados; de outro, equacionar a força normativa da isonomia ao evitar sobrepor-se, de maneira indevida, às escolhas procedimentais feitas pelas partes que se justifiquem dentro do espectro de liberdade autorizado pelo sistema arbitral. Ao fim e ao cabo, o que se constata é que o dever de promoção da igualdade processual na seara arbitral deve ser analisado *cum grano salis*.

Parece razoável afirmar que o efeito positivo da isonomia, no processo arbitral, deve ser analisado sob um duplo aspecto, um considerando os vazios procedimentais não preenchidos por acordo das partes, outro considerando as regras efetivamente estabelecidas pelas partes.

No primeiro caso, o aspecto expansivo da normatividade principiológica assume maior protagonismo.

Relativamente ao juízo arbitral, a Lei de Arbitragem estabelece, no §1º de seu artigo 21, que "não havendo estipulação acerca do procedimento, caberá ao árbitro ou ao tribunal arbitral discipliná-lo". Integra a prática do sistema arbitral pátrio o poder dos árbitros em definir regras procedimentais quando as partes não tenham previamente regulado a matéria.[194] No exercício dessa atividade, compete ao árbitro atentar aos ditames normativos da igualdade entre as partes, o que, em última instância, impõe que se trate igualmente as partes e, consequentemente, estabelece o ônus argumentativo-decisório de justificar qualquer tratamento desigual que se faça necessário.[195]

A força expansiva se sobressai, aqui, na medida em que a imposição padrão do sistema é a de que a isonomia seja respeitada, bem como pelo fato de a isonomia apresentar-se como um parâmetro de controle da regularidade procedimental. Há uma carga normativa que não apenas informa o exercício adequado da atividade jurisdicional de definição de regras procedimentais e de resguardo do devido processo legal, mas que igualmente impõe a manutenção da isonomia como condição de higidez do processo. Parece com isso haver uma diretriz ao órgão jurisdicional, nesses casos, de se promover mais igualdade sempre que possível. Trata-se de uma acepção forte do princípio da isonomia processual.

[194] Sobre o tema, confira-se Eduardo de Albuquerque Parente: "[...] há a necessidade de estipular um regime de atos processuais na arbitragem. E tal se dá, primordialmente, de forma convencional pelas partes. Seja na convenção de arbitragem, o que é menos usual, pois não é rotineiro as partes celebrarem um compromisso arbitral, seja mediante a remissão às regras de uma instituição arbitral, ou, ainda, pela delegação ao árbitro para que ele estabeleça como funcionará o procedimento". PARENTE, Eduardo de Albuquerque. *Processo Arbitral e Sistema.* São Paulo: Atlas, 2012, p.43.

[195] GARCIA, Mario Sérgio Duarte. Os Deveres do Árbitro Decorrentes da Inserção do Processo Arbitral no Sistema Processual Brasileiro. *Revista de Arbitragem e Mediação*, v. 50, 2016, p.325-336.

A mesma racionalidade acoberta a atividade do juiz togado nas hipóteses (restritas, diga-se) em que lhe é deferida a competência para definir regras procedimentais aplicáveis ao processo arbitral, por ocasião da demanda disciplinada no artigo 7º da Lei de Arbitragem.[196] Ao disciplinar acerca de cláusula arbitral vazia, a isonomia processual arbitral atua de modo a que as regras definidas tutelem, tanto quanto possível, mais igualdade processual, com o consequente ônus argumentativo-decisório para justificar eventuais desigualdades necessárias.

A lógica normativa, entretanto, inverte-se quando se esteja diante de regras procedimentais estabelecidas pelas partes.

De um lado, tanto o juiz togado quanto o árbitro exercem, aqui, ao menos em princípio, a função de controle e de aplicação das regras predefinidas, que a seu turno podem contar com desigualdades inerentes livremente pactuadas entre as partes. A força (im)positiva da isonomia fica, com isso, parcialmente obstada, na medida em que, dentro do espectro de liberdade das partes no tocante à flexibilidade procedimental, não cabe ao órgão jurisdicional, em todo e qualquer caso, impor *mais* igualdade em prejuízo das regras previamente estabelecidas. O aspecto positivo, aqui, tem sua eficácia contida dentro da estrutura ritual definida pelas partes. A nuance reside no fato de que, a despeito da valoração do órgão jurisdicional acerca das regras escolhidas pelas partes, a menos que estas violem efetivamente o núcleo de proteção mínimo da isonomia, o controle a ser exercido não permite que imponham *mais* igualdade ao procedimento.

Não por acaso, a redação literal da Lei de Arbitragem estabelece espaço de criação procedimental aos árbitros apenas onde não haja regras pré-definidas pelas partes. É claro que esse dispositivo, no contexto do quanto aqui já exposto, merece integração hermenêutica sob o ponto de vista sistêmico e teleológico do sistema arbitral, bem como de seu caráter jurisdicional, de modo que não se pode disso extrair que as regras das partes engessem em todo e qualquer caso o espectro de atuação dos árbitros. Pelo contrário, eventuais regras definidas pelas partes não anulam a competência de controle do

196 PITOMBO, Eleonora Coelho. Arbitragem e Poder Judiciário: Aspectos Relevantes. In: GUILHERME, Luiz Fernando (coord.). *Aspectos Práticos da Arbitragem*. São Paulo: Quartier Latin, 2006, p.112-116.

tribunal arbitral sobre a regularidade procedimental, mas devem ser tidas como pontos de partida que atribuem aos árbitros o ônus argumentativo de justificar eventual desconsideração das regras consensuais. Em um primeiro momento, portanto, a flexibilidade procedimental é o valor normativo que se sobressai e deve ser resguardado em primazia. No contexto do presente trabalho, esse ônus, por outro lado, é desincumbido não a partir de qualquer juízo de conveniência ou de otimização procedimental por parte dos árbitros, mas apenas quando se justifique a incompatibilidade das regras pré-estabelecidas com o núcleo essencial da isonomia procedimental.

De outro lado, e agora sob a perspectiva das partes, o princípio da isonomia parece ter sua eficácia positiva arrefecida. Isso porque a lógica da flexibilidade procedimental, a ser exercida pelas partes, permite que a conformação do devido processo legal – *a fortiori* da isonomia – seja estipulada pelos próprios jurisdicionados. Há, de certo e em especial, cogência dos princípios em jogo (a isonomia e a liberdade contratual), mas a disponibilidade dos direitos afeitos à seara arbitral, bem como as especificidades desse subsistema processual (justamente seus diferenciais e elementos de atratividade sob o ponto de vista do usuário) permitem que a liberdade contratual exerça maior peso na conformação das normas principiológicas em jogo e do devido processo legal como um todo. Com isso, passa a haver maior espaço para a flexibilidade procedimental sem que haja tantos ônus argumentativos para que sejam justificadas eventuais desigualdades procedimentais. Não há, com isso, a imposição, relativamente às partes, de observarem, quando da definição do rito, um dever de impor mais igualdade ao procedimento, mas, pelo contrário, apenas de resguardar o mínimo de igualdade exigido de forma cogente pelo ordenamento – tópico a que se retornará oportunamente. Trata-se de vetor diverso de normatividade, que lida com uma acepção fraca do princípio da isonomia processual.

A relativização do ônus argumentativo, a seu turno, está ligada diretamente ao próprio escopo da flexibilidade procedimental. Os contratantes ajustam seus interesses econômicos de diversas formas, e os ajustes feitos em termos de pré-organização litigiosa acomodam, em grande escala, as matrizes de riscos negociais e a comutatividade contratual. Entende-se, como premissa, que eventual desenho desigual de prerrogativas contratuais, quando admissível, independe de justificativa expressa pois esta é incorporada no núcleo do espaço de livre negociação do contrato subjacente. A proteção trazida pelo legislador no artigo 4º, §2º, da Lei de Arbitragem[197], estabelecendo quer uma eficácia condicionada à convenção arbitral, quer uma forma especial para sua estipulação escrita, na verdade é a demonstração dessa relativização do ônus argumentativo. É por reconhecer que pode existir um descompasso entre os contratantes na definição das matrizes negociais em hipótese de contratos de adesão e por entender a extensão que a flexibilidade procedimental pode assumir (inclusive criando desigualdades procedimentais) que tais exigências são feitas.[198]

O aspecto negativo da eficácia da isonomia, a seu turno, apenas coloca o enfoque em outro elemento, qual seja, do valor normativo como critério-filtro de regularidade e higidez do procedimento. Com isso, há uma eficácia de bloqueio no sentido de impedir a estipulação de normas procedimentais que não tutelem a isonomia processual, ou, em outros termos, que desrespeitem o conteúdo nuclear do §2º do artigo 21 da Lei de Arbitragem.

Sob o ponto de vista teórico, não há, conforme já mencionado, distinção ontológica entre o que se denomina aqui de eficácia positiva e negativa da isonomia processual. São, em verdade, dois aspectos de um único e mesmo fenômeno jurídico. Mas há, de certo, uma distinção de cunho prático, na medida em que a eficácia negativa, de bloqueio, em realidade ressalta e evidencia a dinâmica de controle do processo arbitral em sede judicial a partir dos artigos 32 e 33 da Lei de Arbitragem, dado que há ali indicação de que a violação à isonomia processual é causa de nulidade do processo arbitral.[199]

197 BRASIL. Lei nº 9.307, de 23 de setembro de 1996. Dispõe sobre a arbitragem. Artigo 4º. "A cláusula compromissória é a convenção através da qual as partes em um contrato comprometem-se a submeter à arbitragem os litígios que possam vir a surgir, relativamente a tal contrato. [...] § 2º Nos contratos de adesão, a cláusula compromissória só terá eficácia se o aderente tomar a iniciativa de instituir a arbitragem ou concordar, expressamente, com a sua instituição, desde que por escrito em documento anexo ou em negrito, com a assinatura ou visto especialmente para essa cláusula".

198 CARMONA, Carlos Alberto. *Arbitragem e Processo*: Um comentário à Lei de Arbitragem. 3. ed. São Paulo: Atlas, 2009, p.106-108

199 BRASIL. Lei nº 9.307, de 23 de setembro de 1996. Dispõe sobre a arbitragem. Artigo 32. "É nula a sentença arbitral se: I – for nula a convenção de arbitragem; II – emanou de quem não podia ser árbitro; III – não contiver os requisitos do art. 26 desta lei; IV – for proferida fora dos limites da convenção de arbitragem; VI – comprovado que foi proferida por prevaricação, concussão ou corrupção passiva; VII – proferida fora do prazo, respeitado o disposto no art. 12, inciso III, desta lei; e VIII – forem desrespeitados os princípios de que trata o art. 21, § 2º,

Há um peso maior sob o ponto de vista pragmático a esse aspecto de eficácia, na medida em que resta atrelado à higidez do exercício da atividade jurisdicional. Com isso, condiciona-se, de um lado, tanto o exercício adequado do múnus de heterocomposição do órgão arbitral e o cumprimento teleológico de seu papel de pacificação, como, de outro, o interesse e a prerrogativa das partes litigantes em obter uma tutela jurisdicional hígida e exequível, para o que a adequada composição do devido processo legal mostra-se inafastável.

Resta mais fortemente evidenciada, aqui, a diferente polaridade normativa quando se considera a atividade do órgão jurisdicional e quando se leva em conta a autonomia das partes.

De um lado, a eficácia negativa cria um obstáculo a que a definição de regras pelos órgãos jurisdicionais (cada qual em sua alçada) aplique uma proteção mínima de igualdade calcada em uma acepção fraca de isonomia, ou que as distinções eventualmente aplicadas não venham adequadamente justificadas. De forma pragmática, há o impedimento de que as escolhas dos órgãos jurisdicionais na composição do devido processo legal no processo arbitral específico seja equivalente a renúncia de posições jurídico-processuais tuteladas por uma acepção ampla e forte do conceito de igualdade. Há um detalhe e uma idiossincrasia que diz respeito à superposição entre as escolhas procedimentais feitas pelo órgão arbitral, nos termos do §1º da Lei de Arbitragem, e o controle potencialmente a ser exercido pelo Poder Judiciário sobre a higidez procedimental por ocasião de demanda anulatória de sentença arbitral, a que se voltará oportunamente no último capítulo deste trabalho. De todo e qualquer modo, ainda sob o ponto de vista dos atores jurisdicionais envolvidos no processo arbitral, referida eficácia negativa restringe, em alguma medida, seu leque de escolhas de regras procedimentais e adiciona uma responsabilidade – com reflexo pragmático – nessa definição. O processo arbitral permite que se resguarde menos igualdade, porque comporta uma concepção mais fluida e flexível, mas impõe uma dinâmica específica de controle para essas escolhas.

Sob o ponto de vista das partes, a eficácia negativa da isonomia exerce, igualmente, uma função de limitação das regras procedimentais. Essa posição

desta lei." Artigo 33. "A parte interessada poderá pleitear ao órgão do Poder Judiciário competente a declaração de nulidade da sentença arbitral, nos casos previstos nesta lei."

de resguardo, entretanto, deve aqui ser avaliada a partir de uma acepção fraca, mínima, por assim dizer, do princípio. Apenas o núcleo inafastável do conteúdo normativo do princípio da isonomia, em sede arbitral, assume cogência que não pode ser afastada pelas partes. Todo o mais pode ser alvo de negociação sob o aspecto do procedimento definido.

Muito embora, consoante exposto, encontre-se diante de fenômeno jurídico único, a distinção teórica da isonomia a partir da perspectiva de sua eficácia e dos atores do processo permite verificar, inclusive, patamares de normatividade em torno dos quais são estabelecidos os critérios de controle do processo arbitral, o qual possui com isso escalas distintas.

2.2.3 O conteúdo normativo da isonomia em arbitragem

A questão fundamental, no manejo da isonomia como elemento integrante do devido processo legal, reside, portanto, em definir seu conteúdo normativo mínimo. Evidente que a estruturação teórica de parâmetros a partir dos quais se promova mais igualdade no processo tem um valor intrínseco inegável no desenvolvimento de modelos procedimentais mais paritários que, em alguma medida, podem se presumir mais justos. Não obstante, isso giraria o leme da pesquisa para a busca de estruturas heterocompositivas mais adequadas sob algum ponto de vista teórico, o que escapa do viés deste trabalho. Ademais, considera-se, aqui, a partir do quanto afirmado anteriormente, que o processo arbitral não se estrutura, como regra, a partir de uma visão maximizada da igualdade. É, pelo contrário, a transgressão do núcleo normativo mínimo desse princípio-regra que permite acionar os diferentes mecanismos de controle do processo a partir do filtro do devido processo legal. Mais igualdade será, em teoria, sempre melhor que menos igualdade. Entretanto, o processo arbitral não se ocupa disso em termos práticos, de modo que a busca do procedimento mais paritário possível é matéria que extrapola o modo de ser do processo arbitral.

A definição de conteúdo mínimo normativo, por outro lado, é matéria delicada na medida em que envolve sempre escolhas que serão, em maior ou menor grau, reflexo de preferências e concepções subjetivas acerca do processo justo. Entra, aqui, o papel do ônus argumentativo da justificação das escolhas sobre as circunstâncias que admitem estipulações de tratamento distinto. Em última análise, serão as percepções individuais acerca dos traços essenciais do procedimento que regerão proposições nesse sentido. O presente trabalho não foge dessa problemática, mas não tem a pretensão de encerrar proposições de cunho universal, e sim de discorrer de forma mais holística acerca da forma de manejo da isonomia.

Acresce ao grau de dificuldade o fato de a isonomia assumir ora viés normativo de princípio jurídico (em sentido dogmático), ora viés normativo de regra jurídica (em sentido deôntico de mandamento), o que altera a dinâmica e o vetor normativo. Não se pode ignorar que a isonomia é percebida, em seu aspecto de controle, a partir de perspectivas diferentes quando se está dentro ou fora do processo arbitral, assim como a partir dos atores responsáveis por sua aplicação (se as partes, se o órgão arbitral e, por fim, se o próprio poder judiciário). Por fim, há ainda que se ponderar que a igualdade processual assume nuances a partir do momento processual em que incide e do ato processual sobre o qual produz efeitos. O conteúdo mínimo da isonomia, nesse aspecto, altera-se a partir dessas variáveis.

Todas essas especificidades fazem com que a definição de um conteúdo mínimo que seja único e que abranja toda a complexidade normativa da isonomia revista, na realidade, missão de pouca utilidade prática para o manejo do instituto a partir do papel normativo que lhe é conferido na sistemática arbitral. De maior utilidade, sob esse aspecto, mostra-se compreender os diferentes momentos em que a isonomia impõe normatividade no processo arbitral e, a partir de critérios que permitam a compreensão da dinâmica de sua eficácia normativa, estabelecer seu espectro de proteção. Trata-se, com isso, de compreender que posições jurídicas admitem tratamento desigual, quais delas não admitem e quais delas eventualmente impõem referido tratamento.

O conteúdo mínimo, nesse aspecto, reveste a normatividade cogente, que possui um conteúdo maleável a partir das circunstâncias envolvidas no processo arbitral e nas posições assumidas pelos atores processuais. Essa concepção é plasmada, ademais, e isso nunca pode ser olvidado, a partir da disponibilidade dos direitos envolvidos em arbitragem. Trata-se de característica de direito material que, em alguma medida, arrefece a intensidade de proteção das garantias processuais. Não, é claro, a ponto de que se abra mão dessas garantias, sem o que não há processo heterocompositivo e tampouco exercício regular de atividade jurisdicional. Aí reside um aspecto importante. A disponibilidade do direito autoriza que se abra mão da lide e que sequer se exerça resistência à pretensão que se lhe é lançada, renunciando verdadeiramente à posição de direito material que pode dar origem ao processo. Essa disponibilidade, entretanto, não acompanha de forma irrestrita o processo heterocompositivo caso haja formação de lide, pois, ao se lançar mão da provocação jurisdicional, ocorre igualmente o acionamento de atividade com propriedades e características que extrapolam os interesses e as disponibilidades das partes.[200]

Não obstante, arbitragem é, inequivocamente, diferente. A inexistência de ritos predefinidos retrata característica que intencionalmente permite às partes o desenho procedimental, e, nesse aspecto específico, a disponibilidade dos direitos materiais é algo a ser considerado. Imagine-se convenções arbitrais que disciplinem acerca da limitação de meios de provas, prática relativamente comum.[201] Essa limitação não causa grandes controvérsias em termos de admissibilidade procedimental, a despeito de, uma vez surgido o conflito, das posições concretas em que se encontram as partes pode resultar que um dos polos fique em vantagem processual frente à contraparte. Trata-se, pelo contrário, da inserção de traços dessa disponibilidade no âmbito da flexibilidade das regras do jogo, de modo que integrem, em alguma medida, a matriz de riscos contratuais a partir dos quais as partes estabelecem o sinalagma genético – e prospectam o sinalagma funcional – de sua relação. Nesse sentido, por exemplo regras afeitas a alocação de custas de que resultem disparidade frente a uma lide concreta podem ser admissíveis, a despeito da possível desigualdade de posições processuais.

Nessa esteira, é como se, porque o direito é disponível, as partes pudessem, em alguma medida, assumir maiores riscos e ônus na conformação do mecanismo de acionamento jurisdicional, de modo que as próprias posições processuais assumem algum grau de disponibilidade.

A isonomia, em arbitragem, não pode ignorar essa realidade, em especial que os desenhos procedimentais estipulados integram um contexto contratual e que, portanto, no mais das vezes representam escolhas conscientes e pré-compromissos quanto à conformação do devido processo legal para aquela relação de direito material. Por esse motivo, a aplicação indiscriminada de

200 FICHTNER, José Antonio, MANNHEIMER, Sergio Nelson, MONTEIRO, André Luís. *Novos Temas de Arbitragem*. Rio de Janeiro: FGV, 2014, p.33-36.

201 FARIA, Marcela Kohlbach de. A produção de prova no procedimento arbitral. *Revista de Arbitragem e Mediação*, v. 32, 2012.

uma concepção de garantismo forte na tutela da igualdade processual em arbitragem pode, contrariamente, representar a deturpação da própria lógica do sistema. É na definição do limiar entre essa liberdade e essa disponibilidade e aquilo que o ordenamento deve tutelar de forma cogente que o olhar dos atores processuais deve estar atento.

A análise deverá ser, sempre, casuística, a partir do caso concreto – plano jurídico, inclusive, no qual ocorre o controle normativo operado pela isonomia. Isso não impede, entretanto, que alguns critérios sejam apontados de modo a guiar essa análise caso a caso.

O elemento central de qualquer discussão de isonomia processual reside na ideia de paridade de armas, conforme já se pontuou anteriormente. A maleabilidade da arbitragem põe em discussão, portanto, quais prerrogativas processuais são inafastáveis e quais delas podem ser derrogadas pelas partes.

Os mecanismos e os formatos procedimentais adotados serão tão variáveis quanto possam ser as próprias relações jurídicas de base, o que dificulta predefinir de maneira completa que regras podem ou não ser ajustadas pelas partes.

O ponto de partida investigativo, portanto, deve fugir de formatos de disputa e centrar-se na finalidade em torno da qual as prerrogativas processuais das partes gravitam: poder exercer influência efetiva sobre o convencimento dos julgadores. A dinâmica dialética do processo se presta, em última análise, a isso, a permitir que todos os polos tenham oportunidades equivalentes de atuar no juízo valorativo do órgão julgador, de modo a fazer com que suas razões jurídicas possam ser igualmente consideradas.

Dessa verificação tem-se um primeiro axioma de normatividade mínima e inafastável da isonomia. Diante de uma mesma posição jurídico-processual considerada e que integre, em tese, o campo de atuação de ambos os polos litigantes, a flexibilidade procedimental não pode permitir que seu exercício seja conferido a uma parte e negado de forma absoluta a outro. Sob essa perspectiva, não se questiona que prerrogativas possam ou não ser negociadas, mas sim a vedação à distinção de tratamento entre polos no contexto de uma única e mesma prerrogativa processual. O processo justo, como medida de adequação do exercício da tutela jurisdicional, impõe alguma equivalência no exercício de posições análogas, sem o que inexiste adversariedade efetiva.[202]

[202] PAIM, Gustavo Bohrer. O Direito ao Justo Processo. *Direito e Democracia*, v. 12, n. 2, 2012.

Considerada essa premissa, a partir do quanto previamente exposto, a definição do conteúdo mínimo de proteção da isonomia deve considerar, sobretudo, os atores envolvidos. Dessa forma, sob o prisma da diversidade de aspectos processuais em que a isonomia se pode fazer presente, pode-se agrupá-los a partir das características centrais dessas mesmas posições processuais, dentre as quais se destacam: (i) prerrogativas de acesso à tutela jurisdicional; (ii) prerrogativas de instrução probatória; (iii) prerrogativas de acesso à informação; (iv) prerrogativas de exercício do direito de defesa.

É do manejo entre essas variáveis que se pode estruturar alguns critérios de extração de conteúdo de proteção da isonomia em arbitragem. Não se pode, outrossim, deixar de lado o momento e as circunstâncias envolvidas na relação entre as partes, o que leva com que se proceda à análise da isonomia processual, em um olhar global, a partir: (i) da convenção arbitral analisada em sua totalidade; (ii) da relação fática existente entre as partes e às diferenças subjetivas idiossincráticas; (iii) de circunstâncias manifestadas no curso natural do processo.

Com respeito às prerrogativas de acesso à tutela jurisdicional, pode-se encontrar, por exemplo, disciplina na convenção arbitral relativamente à distribuição desigual de ônus econômicos – que em arbitragem possui ligação direta com o próprio acesso à jurisdição arbitral – ou mesmo à atribuição unilateral da prerrogativa do exercício do direito de ação por via arbitral – as denominadas cláusulas arbitrais unilaterais. A conjunção dessa disciplina negocial somada a circunstâncias fáticas adversas pode resultar na restrição de acesso à jurisdição arbitral para uma das contratantes.

A instrução probatória é mais intimamente ligada com o exercício da prerrogativa processual de atuar no convencimento do órgão arbitral. Pode haver, em teoria, cláusulas arbitrais disciplinando a prerrogativa de empregar determinados meios de prova ao longo do processo arbitral. A problemática, entretanto, surge sobretudo no tocante a restrições previamente acordadas que posteriormente se mostrem inadequadas – em termos da adequada instrução do feito – frente às circunstâncias concretas do caso. Pode haver, ainda, desbalanço entre a real possibilidade de cada um dos polos em lançar mão das posições autorizadas de produção de provas, vale dizer, uma disparidade de armas circunstancial e, no mais das vezes, ligada a questões econômicas envolvidas na realização de determinados tipos de prova.

As posições afeitas ao acesso à informação e mesmo ao exercício do direito de defesa estão mais intimamente ligadas à realidade fática do litígio e das circunstâncias concretas das partes, tendo em vista a inexistência, ao menos no plano normativo positivo, de mecanismos de compensação de desigualdades verificadas no curso do embate processual. Não representam, necessariamente, desigualdades estruturais da convenção arbitral, mas possíveis desequilíbrios verificados no curso do processo, em especial diante do desnível entre as posições das partes e suas capacidades financeiras de equipar-se de meios de defesa profissional que possam desequilibrar o processo.

O capítulo final deste trabalho ocupar-se-á de buscar uma estruturação de tratamento a partir da análise concreta de algumas circunstâncias, de modo a estabelecer parâmetros de aplicação da proteção da isonomia das partes em arbitragem. Dois elementos, entretanto, comportam uma sistematização em um plano mais abstrato e teórico, de modo que representam pontos de partida para a análise que se pretenderá realizar adiante. O primeiro diz respeito ao aspecto financeiro, assim como seu possível impacto ao longo de toda a dinâmica da igualdade das partes; o segundo, delineado anteriormente, diz respeito à diferença de normatividade da isonomia a partir da perspectiva subjetiva dos atores envolvidos.

2.2.3.1 O aspecto econômico da conformação da isonomia processual

O sistema arbitral inegavelmente oferece uma prestação jurisdicional diferenciada relativamente à jurisdição estatal. Há uma série de características das quais as partes contratantes podem se beneficiar: para além da flexibilidade procedimental, pode-se ainda mencionar a celeridade processual, atributo especialmente importante em sistemas judiciais marcados pela morosidade, a especialidade do órgão julgador composto para a resolução da demanda e a supressão de instâncias recursais de mérito.[203] Não se pode olvidar, entretan-

[203] Sobre as vantagens da arbitragem: MORAIS, José Luiz Bolzan de. *Mediação e Arbitragem*. Porto Alegre: Livraria do Advogado, 1999, p.213-214; REDFERN, Alan; HUNTER, Martin. *Law and Practice of International Commercial Arbitration*. 3. ed. Londres: Sweet & Maxweel, 1999, p.45-48; FRICK, Joachim G. *Arbitration and Complex International Contracts*. Londres: Kluwer Law International, 1999, p.07; SANTOS, Marcelo O. F. Figueiredo dos. *O Comércio Exterior e a Arbitragem*. São Paulo: Editora Resenha Tributária, 1986, p. 60-63; GUTT, M.

to, que o processo arbitral representa a prestação de um serviço particular. É jurisdição privada, acima de tudo, a despeito de suas características. E, sendo um serviço, há o respectivo preço para sua fruição. Sabidamente, há um mercado próprio, que estrutura a oferta da arbitragem de acordo com as especificidades desejadas pelas partes na resolução de seu conflito e na defesa de seus interesses. A despeito da possível larga oscilação dos valores envolvidos, a depender das variáveis do caso – se arbitragem institucional ou *ad hoc*, se em moeda nacional ou internacional, se com sede local ou estrangeira, entre diversos outros elementos –, há sempre um dispêndio envolvido de modo a se obter o serviço heterocompositivo privado.[204]

Nosso ordenamento jurídico não conhece a figura da arbitragem compulsória. Pelo contrário, arbitragem, aqui, é sempre voluntária e sempre fruto de consenso das partes em arbitrar. Este não é um trabalho sobre vigência e a força vinculativa da convenção arbitral, bastando, aqui, afirmar a premissa de que apenas o consenso inequívoco cria a obrigação de submeter determinado litígio à arbitragem, e que esse consenso, uma vez manifestado, é unilateralmente irretratável[205] – apenas pode ser desfeito por distrato, expresso ou tácito, ou caso reconhecido algum vício que macule a higidez do negócio jurídico que consubstancia a convenção arbitral. Em outros termos, apenas haverá arbitragem quando houver prévio acordo em arbitrar que se repute vigente no momento do exercício do direito de ação.[206]

Essa liberdade na escolha em arbitrar pressupõe, portanto, que as partes tenham ciência do caminho que decidem percorrer para a resolução de seus conflitos atuais ou eventuais. O sistema arbitral, a despeito de suas vantagens,

Étienne. *Limites et Inconvénients de l'Arbitrage.* Lê Reglement Dês Differends Commerciaux. Paris: Economica, 1984, p.87-89.

204 BLOOMBERG LAW. *A Primer on International Arbitrations Costs.* Professional Perspective. Bureau of National Affairs, 2019.

205 Tem-se nisso o efeito positivo da convenção arbitral e a possibilidade da execução específica da obrigação. Nesse aspecto, cf. GUERREIRO, Luis Fernando. *Convenção de arbitragem e processo arbitral.* São Paulo: Atlas, 2009, p. 121-124.

206 CARMONA, Carlos Alberto; DI VECCHIA NETO, Berardino. Ensaio sobre aspectos intertemporais da arbitragem em contratos de trato continuado. In: MOREIRA, Ana Luiza B. M. Pinto; BERGER, Renato (coord.). *Arbitragem e outros temas de direito privado:* estudos jurídicos em homenagem a José Emilio Nunes Pinto. São Paulo: Quartier Latin, 2021, p.103 e ss.

impõe também ônus às partes, sendo o financeiro um deles.[207] Outro, correlato, é a abdicação dos mecanismos estabelecidos no âmbito do processo judicial que garantem acesso à tutela jurisdicional mesmo diante de insuficiência financeira de uma ou de ambas as partes.[208] A lógica, aplicável unicamente à jurisdição estatal, é a de que as instituições estatais não podem se negar a prestar esse serviço essencial à pacificação das relações sociais quando provocadas – afinal, a Constituição Federal estabelece a garantia de acesso à jurisdição, que não pode ser afastada por qualquer lei, nos termos do artigo 5º, inciso XXXV.[209] Sintomático, portanto, que o consenso em arbitrar não possa ser presumido, devendo ser inequívoco (qualidade que pode acompanhar não apenas manifestação expressa de vontade, mas, igualmente, outros comportamentos filtrados e valorados pelo Direito como equivalentes a manifestação expressa de vontade), já que transporta as partes para um sistema apartado de heterocomposição.

Os ônus financeiros, portanto, bem como a inexistência de mecanismos de gratuidade da prestação jurisdicional privada, são elementos de prévio conhecimento das partes, ou ao menos de cujo conhecimento não podem se esquivar – na medida em que, precisamente, arbitragem é mecanismo voluntário. A análise sobre a viabilidade e a adequação da escolha da via arbitral não pode ignorar essa realidade, de modo que a presunção, nesse aspecto, é a de que qualquer regra de alocação de ônus financeiros previamente eleita pelas partes – expressamente disciplinada na convenção arbitral ou referenciada em regulamento arbitral aplicável – considera essa análise na matriz de riscos contratuais. A presunção, aqui, bem compreendida, é absoluta.

Note-se que não se está presumindo consenso em arbitrar, mas sim presumindo que, quando inequívoco o consenso em arbitrar, presume-se que há consenso sobre o fato de a obtenção de tutela jurisdicional privada envolver despesas que não são acobertadas por nenhum benefício de gratuidade estabelecido no ordenamento jurídico. Diz-se absoluta por um simples fato:

[207] CABRAL, Thiago Dias Delfino. *Impecuniosidade e arbitragem:* uma análise da ausência de recursos financeiros para a instauração do procedimento arbitral. São Paulo: Quartier Latin, 2019, p.58 e ss.

[208] A exemplo do quanto estabelecido nos artigos 98 a 102 do Código de Processo Civil.

[209] CINTRA, Antonio Carlos de Araújo; DINAMARCO, Cândido Rangel; GRINOVER, Ada Pellegrini. *Teoria Geral do Processo.* 27. ed. São Paulo: Malheiros, 2011, p.40.

nenhum elemento normativo inquina a existência, a validade ou a eficácia da convenção arbitral – e, por extensão, da obrigação em arbitrar – em hipótese de indisponibilidade de recursos necessários para deflagrar e custear o processo arbitral nos moldes pré-acordados. Tampouco há norma que permita unilateralmente alterar o procedimento previamente ajustado de modo a se adequar à realidade financeira dos contendentes ao momento do eventual litígio.

A escolha pela via arbitral encerra um risco potencial que não pode ser descuidado pelas contratantes, qual seja, o risco de que eventual indisponibilidade financeira para fazer frente ao pagamento desse serviço pode resultar na negativa de prestação jurisdicional. Ao menos no âmbito de arbitragens institucionais, o regulamento das principais câmaras de arbitragem estabelece provisões no sentido de permitir um litigante adiantar despesas que competiriam a outro litigante quando este encontrar-se inadimplente, de modo a assegurar o prosseguimento do feito. A regra, reitere-se, é quase sempre a mesma: sem o pagamento integral de valores devidos e o adiantamento integral das provisões cabíveis, o processo não se desenvolve.[210] Uma série de regulamentos de arbitragem estabelece, ademais, alguma forma de não conhecimento de pedidos feitos por parte em mora com os compromissos financeiros do processo, ainda que autorize outro polo litigante a adiantar as despesas que competiriam à parte inadimplente de modo a que se assegure o andamento do feito.[211] Mesmo diante da falta de regra expressa acerca do custeio, quando então a questão deverá ser regulada pelos árbitros, o custeio de despesas é matéria sempre inafastável da prestação do serviço de jurisdição privada.

A conjunção desses fatores, bem como da lógica subjacente à escolha da via arbitral, permite cogitar de imediato três situações: (i) a do demandante (em sede principal ou reconvencional) que não possui recursos para fazer

[210] *V.g.*, Regulamento de Arbitragem da ICC 2021, artigos 37(5) e 37(6); Regulamento de Arbitragem da HKIAC 2018, artigo 41(4); Regulamento de Arbitragem da LCIA 2020, artigos 24(6) e 24(8); Regulamento de Arbitragem do CAM-CCBC 2012, artigo 12.10; Tabela de Custas do Regulamento de Arbitragem CIESP/FIESP, artigos 6.3, 6.4 e 6.4; Regimento de Custas do Regulamento de Arbitragem da Câmara FGV 2016, artigo 16.

[211] *V.g.* Regulamento de Arbitragem da ICC 2021, artigos 37(6); Regulamento de Arbitragem do CAM-CCBC 2012, artigo 12.10.1.

frente aos valores iniciais que lhe competem e que, com isso, não dispõe de meios para exercer seu direito de ação; (ii) a do demandante que, a despeito de poder fazer frente aos valores que lhe cabem de acordo com as regras pré-ajustadas, conta com contraparte inadimplente e não possui, o demandante, recursos para adiantar as despesas integrais da arbitragem; (iii) a da parte que deixa de dispor de recursos para custear a integralidade dos valores que lhe cabem ao longo do processo. Independentemente de outras variáveis, o ponto importante de destaque é o de que o processo arbitral convive com a possibilidade de negativa de prestação jurisdicional por falta de pagamento de valores afeitos à condução do processo.

Não há que se tutelar, quando não haja norma expressa nesse sentido, um pretenso direito de acesso à tutela jurisdicional arbitral, o que permitiria inquinar os efeitos vinculativos naturais da convenção arbitral e autorizar a submissão do litígio à jurisdição estatal.[212] A prerrogativa de obtenção de tutela jurisdicional não está mais em jogo, como um direito absoluto, quando se opta pela via arbitral, justamente porque se abre mão voluntariamente da jurisdição estatal, com garantias de gratuidade, e opta-se pela jurisdição privada, em que tal gratuidade inexiste.

Não por acaso, está-se, sempre, diante de direitos disponíveis. Se a parte pode abrir mão do direito de resistir a pretensão exercida pela contraparte, pode abrir mão do acesso à tutela jurisdicional. Essa é a escolha potencial que vem subjacente à opção pela convenção arbitral. É diferente, óbvio, de abrir mão de garantias do processo, que são irrenunciáveis e entram em jogo uma vez que a tutela jurisdicional é provocada, acionada e propelida adequadamente. Em outros termos: o acesso à tutela jurisdicional é renunciável, porque integra a própria disponibilidade do direito; as garantias do processo, não – ao menos, não em sua integralidade.

Com isso, a impossibilidade de acesso à jurisdição privada por indisponibilidade de recursos não pode inquinar a vinculatividade da convenção arbitral e sua higidez, tampouco a derrogação à jurisdição estatal em termos de mérito do litígio, quando essa consequência não estiver disciplinada em

[212] A despeito da divergência da doutrina a respeito, cf. CABRAL, Thiago Dias Delfino. *Impecuniosidade e arbitragem:* uma análise da ausência de recursos financeiros para a instauração do procedimento arbitral. São Paulo: Quartier Latin, 2019, p. 117 e ss.

norma positivada.[213] O silêncio a esse respeito pelo legislador não representa lacuna normativa a ser preenchida por decisão pretoriana, mas sim o resguardo, em primazia, do *pacta sunt servanda* e da validade e força vinculante das obrigações. O sopesamento entre os valores normativos em jogo já foi feito, e a falta de norma que condicione a eficácia da convenção arbitral à efetiva possibilidade de acesso jurisdicional é resultado dessa escolha.

A despeito dessas ponderações, é inegável que a indisponibilidade (mormente imprevisível) de recursos econômicos, em especial quando não ocorra de forma equiparada entre todos os polos contratantes, pode acarretar desequilíbrios no efetivo exercício de prerrogativas processuais. Há uma quebra de isonomia processual potencial que é inerente a essa situação. A partir da ordem de ideias aqui desenvolvida, entretanto, tem-se como premissa deste trabalho que, como regra, qualquer quebra de igualdade, seja do exercício absoluto ou relativo de determinada prerrogativa processual (vale dizer, de exercê-la *tout court* ou de exercê-la de forma mais ou menos eficiente), que decorra de questões afeitas à capacidade econômica das partes não inquina o processo arbitral de falta de higidez por quebra de isonomia. Novamente, a escolha pelo processo arbitral, ainda quando a parte não previsse ou pudesse prever as circunstâncias econômicas deletérias que posteriormente sobrevenham à época da necessidade de se recorrer à tutela jurisdicional, traz nessa escolha a aceitação ínsita dos ônus decorrentes de se abrir mão da garantia de gratuidade do processo heterocompositivo. Esses desequilíbrios integram a dinâmica reputada natural no sistema arbitral e as regras do jogo, o que se mostra cabível diante da disponibilidade dos direitos envolvidos. As questões financeiras passam a integrar, dessa forma, a própria matriz de riscos contratuais e a conformação do sinalagma genético do negócio firmado, vale dizer, do consenso entre a comutatividade entre as prestações e contraprestações mutuamente ajustadas.

Isso se mostra especialmente aplicável quando as próprias partes tenham estabelecido em sua convenção arbitral, de forma expressa ou tácita (por referência a regulamentos institucionais), regras de alocação de ônus econômicos

213 Em sentido diverso, v. VALENÇA FILHO, Clávio. Arbitragem e falência: o mito da inarbitrabilidade superveniente e a legitimidade da massa para o processo arbitral. *Revista de Direito Empresarial*, v. 12, 2015.

afeitos ao desenvolvimento do processo arbitral. Há, no entanto, nuances na aplicabilidade da proposição quando se está diante de regras de alocação de ônus econômicos criadas pelo próprio órgão arbitral.

Conforme se delineou anteriormente, o conteúdo mínimo da isonomia processual em arbitragem sofre constrição ou alargamento normativo a partir dos atores envolvidos no desenvolvimento das regras procedimentais. Às partes é conferida maior liberdade na conformação das regras procedimentais na medida em que, até certo grau, podem renunciar a posições processuais. Ao órgão arbitral, entretanto, não compete estabelecer posições díspares que possam ser equiparadas a renúncia a uma posição de igualdade entre os litigantes. Nesse aspecto, as regras estabelecidas pelos árbitros apenas podem estabelecer uma distribuição igualitária – ainda que apenas em sede de antecipação de despesas – dos ônus econômicos necessários à fruição da atividade jurisdicional, pois não compete ao árbitro criar e alocar os riscos de impossibilidade fática do exercício dessas posições em razão de indisponibilidade financeira. Trata-se de risco que apenas a parte pode renunciar, pois impacta diretamente em sua prerrogativa de acesso à tutela jurisdicional.

2.2.3.2 Perspectiva das partes e dos árbitros e juízes: diferenças essenciais

Consoante se apontou, há uma diferença de estrutura no tocante à normatividade da isonomia processual quando se toma por referencial a posição das partes e aquela do julgador (essencialmente dos árbitros, mas também a do juiz togado eventualmente provocado por ocasião da ação do artigo 7º da Lei de Arbitragem). O conteúdo mínimo de proteção, nesse sentido, assume contornos diversos. O ponto de partida da análise de controle das regras processuais a partir dos critérios-filtro trazidos pela isonomia processual em arbitragem deve ser sempre a constatação de se estar diante de regras convencionadas diretamente pelas partes (de forma expressa ou tácita) ou de regras estipuladas por órgão jurisdicional. Nesse sentido, o influxo normativo da isonomia leva em consideração o elemento jurígeno da regra procedimental em relação à qual a igualdade processual é analisada.

No tocante às regras estabelecidas consensualmente pelas partes, milita uma presunção em favor da disponibilidade de prerrogativas processuais até o limite da garantia trazida pelo núcleo essencial da isonomia. Não há aqui, numa primeira análise, uma força normativa que imponha que sempre seja tutelada ou resguardada *mais* igualdade processual. Isso não significa que a promoção de mais igualdade deixe de servir de valor normativo que deva, em alguma medida, imbuir as partes na estruturação de seu procedimento, mas apenas que esse viés normativo da isonomia não assume, aqui, papel de critério de controle de regularidade procedimental. Ou seja, em relação àquilo que as partes definem em termos de regras procedimentais, *mais* igualdade pode ser *desejável*, porém não representa condição de higidez processual. Há, é claro, o requisito de observância da proteção nuclear da isonomia, o que entretanto passa ao largo de ponderações subjetivas que terceiros – que não as partes – possam ter a respeito de quais modelos processuais seriam mais convenientes ou adequados ao litígio.

A estruturação de regras pelas partes, com isso, assume uma natureza muito mais pragmática e contratual. A meta de processo justo, embora sabidamente indispensável, é transpassada pela ideia do procedimento adequado e flexível, com o que o atributo de justeza assume mais fortemente um caráter econômico-contratual dentro dos critérios aceitos de parte a parte em termos de comutatividade obrigacional do negócio subjacente. Nessa perspectiva, o referencial idealizado de processo igualitário – formal e substancialmente – abre espaço para aquilo que os contratantes reputam admissível às suas disputas adversariais. Há, aqui, uma acepção fraca do princípio da isonomia.

Por outro lado, a norma impõe aos órgãos jurisdicionais, nos espaços onde possam atuar para criar regras procedimentais, um escopo maximizado de tutela da isonomia processual. A flexibilidade, nesse ponto, deixa de ser um elemento central da estruturação do rito procedimental, na medida em que depende de consenso, o que equivale a dizer que é manifestação de prerrogativa processual exclusiva das partes. Isso não significa, por óbvio, que a flexibilidade típica do processo arbitral não possa ser levada em consideração pelo órgão jurisdicional ao definir regras para o procedimento, mas apenas que essa flexibilidade não serve de escudo para estabelecer regras que representem algum tipo de renúncia a posições processuais aplicáveis a partir de uma acepção forte da isonomia processual. O procedimento elaborado pelo detentor da jurisdição assume mais fortemente seu viés garantista, ainda quando se esteja em um ambiente em que a maleabilidade dos ritos seja admissível.

A diferença entre essas perspectivas permite concluir pela existência, em verdade, de uma mesma isonomia que ora assume uma acepção forte e outra uma acepção fraca, com núcleos normativos diversos. E, em ambas as hipóteses, o elemento nuclear da garantia é essencial e inafastável. A diferença reside no *quantum* de disponibilidade daquilo que resta, em tese e *in vitro*, acobertado pela igualdade para além de seu núcleo essencial de garantia. Isso impõe a percepção de que em um e outro caso, o influxo normativo da isonomia processual assume vetor diverso, ora impondo maior garantismo processual, ora abrindo espaço para tutelar e compatibilizar a flexibilidade procedimental típica à arbitragem. O manejo dessas diferenças, com isso, torna-se indispensável à própria compreensão da eficácia da isonomia sob a perspectiva de elemento inafastável à higidez processual e de controle do processo arbitral.

3. O CONTROLE DA ISONOMIA PROCESSUAL NA ARBITRAGEM

Não há dúvidas de que a isonomia processual desempenha papel importante sob o ponto de vista teleológico da pacificação de conflitos por meio de atividade jurisdicional. É parte integrante do devido processo legal e da ideia de processo justo, sem o que a própria noção de realização de justiça no caso concreto perde sentido. Sob o ponto de vista prático, entretanto, do efetivo desenvolvimento do processo em lides reais com o fim de resolvê-las de forma definitiva, a igualdade processual assume relevância por ser elemento de controle de higidez da atividade jurisdicional. É o que se extrai do artigo 32, VII, da Lei de Arbitragem, que impõe a observância dos preceitos de seu artigo 21, §2º.[214] O mandamento estabelece, por via reversa: e mediante sanção de nulidade[215], que a observância obrigatória da isonomia reveste condição de validade da tutela jurisdicional que se almeja por meio do processo.

[214] BRASIL. Lei nº 9.307, de 23 de setembro de 1996. Dispõe sobre a arbitragem. Artigo 32. "É nula a sentença arbitral se: [...] VIII - forem desrespeitados os princípios de que trata o art. 21, § 2º, desta Lei". Artigo 21, §2º. "Serão, sempre, respeitados no procedimento arbitral os princípios do contraditório, da igualdade das partes, da imparcialidade do árbitro e de seu livre convencimento."

[215] A doutrina discorre sobre estar-se diante, na realidade, de sanção de anulabilidade, e não de nulidade, pelo que haveria imprecisão do texto normativo. Nesse sentido, FONSECA, Rodrigo Garcia da. Reflexões sobre a sentença arbitral. *Revista de Arbitragem e Mediação*, v. 6, 2004, p.63. Não obstante, o presente trabalho adota a nomenclatura legal sem que isso represente qualquer posicionamento sobre a acuidade ou não da redação positivada; em sentido análogo, FARIA, Marcela Kohlbach de. Ação *Anulatória da Sentença Arbitral:* aspectos e limites. Brasília: Gazeta Jurídica, 2014, p.42 e ss.

Essa obrigatoriedade, de certo, tem de levar em conta as nuances de normatividade da isonomia, em especial diante das características específicas do processo arbitral. A compreensão das acepções fraca e forte de igualdade com base na fonte jurígena das regras procedimentais passa a ser fator de consideração no exercício desse controle. E, nesse contexto, o primeiro fator a levar em consideração são as instâncias de controle da isonomia.

3.1 As instâncias de controle da isonomia processual

A ideia de um controle da isonomia no processo arbitral pode sugerir, em um primeiro momento, estar-se diante exclusivamente do controle *judicial* da *quebra* de isonomia. Afinal, este é o modelo de controle objeto de regramento normativo explícito da Lei de Arbitragem ao reger as nulidades processuais e o controle externo, pelo judiciário, da atividade jurisdicional dos árbitros.

Bem compreendido, entretanto, o controle da isonomia processual é mais amplo, e envolve tanto um controle *preventivo* quanto um controle *repressivo*, estando este último nas mãos do poder judiciário, ao passo que o primeiro recai, como regra, sob a tutela tanto das partes quanto do próprio tribunal arbitral. O marco temporal da incidência de um e de outro reside no momento da prolação da tutela jurisdicional.[216] A coexistência entre os dois momentos de controle pode, sob um primeiro olhar, soar como supérflua ao se considerar que a ocorrência do primeiro não impede a superveniência do segundo, que a seu turno pode chancelar a nulidade do processo arbitral mesmo que demonstrada a ocorrência de um controle preventivo no curso do processo. Essa concepção reveste, na verdade, uma compreensão de algum modo equivocada do escopo e do papel a ser desempenhado pela instância de controle, conforme se verá oportunamente. Entender melhor a função desempenhada

[216] A nomenclatura aqui utilizada é emprestada da doutrina afeita ao controle de constitucionalidade de leis, na qual o controle de constitucionalidade prévio à promulgação das leis é denominado *preventivo*, e aquele que ocorre após esse momento é denominado *repressivo*. Note-se que não há uma identidade necessária – assim como não ocorre em sede de controle de constitucionalidade – entre essas modalidades e o *ator* responsável pelo respectivo controle, muito embora o controle *repressivo* seja, por definição, necessariamente jurisdicional – e, no caso da arbitragem, *judicial*. Nesse sentido, RAMOS, Elival da Silva. *Controle de constitucionalidade no Brasil:* perspectivas de evolução. São Paulo: Saraiva, 2010. p.62 e ss.

por cada uma dessas modalidades de controle é elemento essencial para a presente discussão.

De todo e qualquer modo, deve ser presente a ideia de que todo o sistema de controle – seja preventivo, seja repressivo – é estruturado a partir de uma concepção até certo ponto utilitarista pela qual o que se busca é garantir a superveniência de tutela jurisdicional arbitral hígida e apta a pacificar definitivamente o conflito subjacente. Nesse aspecto, o papel desempenhado por cada uma dessas instâncias é apreendido a partir das nuances da força normativa que a isonomia processual possui no âmbito arbitral.

3.1.1 O controle preventivo

O controle preventivo da higidez do processo arbitral sob a perspectiva da isonomia procedimental tem como atores principais as partes e os árbitros. Em hipóteses restritas, esse controle pode também competir à instância judicial.

Referido controle, até certo ponto, está mais fortemente ligado à ideia de promoção da igualdade, em um vetor normativo positivo de implementação desse valor – independentemente de se estar diante de uma acepção fraca ou forte da isonomia. Isso por tratar-se de mecanismo de adequação da isonomia aos parâmetros do ordenamento jurídico no curso do processo.[217] Não é, exatamente, um controle da *quebra* da isonomia, já voltado à retificação do processo inquinado de nulidade, mas um controle de afirmação de isonomia de modo a tutelar a retidão do processo, que resulte em provimento jurisdicional sem qualquer vício.[218]

Sob o ponto de vista das partes, esse controle está pautado, essencialmente, no interesse jurídico e econômico de que, acaso seja necessário lançar mão de via jurisdicional arbitral para resolver conflitos negociais, o provimento ao final lançado pelos árbitros não contenha vícios procedimentais que possam

[217] Similarmente, no sentido de ter "por objeto leis ou atos normativos que estão em processo de formação ou que, embora completos, ainda não foram oficialmente publicados". RAMOS, Elival da Silva. *Controle de Constitucionalidade no Brasil:* Perspectivas de Evolução. São Paulo: Saraiva, 2010, p. 62

[218] De modo análogo ao sistema de controle de constituicionalidade preventivo francês, que embora de cunho eminentemente político, visa a resguardar a higidez do ato resultante do processo legislativo. RAMOS, Elival da Silva. *Controle de Constitucionalidade no Brasil: Perspectivas de Evolução.* São Paulo: Saraiva, 2010, p.129 e ss.

comprometer todo o processo.[219] Isso se traduziria em custos de tempo e de recursos, ante a imposição do refazimento do iter processual, no todo ou em parte. Não se pode esquecer que a vigência de uma convenção arbitral cria verdadeira blindagem contra a ingerência do poder judiciário no tocante à resolução do mérito da disputa. A nulidade da sentença arbitral, nos termos do art. 32 da Lei de Arbitragem, não rompe com essa blindagem e não permite que o poder judiciário avoque para si, na mesma demanda anulatória, o papel de dirimir o mérito litigioso.[220] Com isso, a invalidade da sentença arbitral por vício decorrente de inobservância de isonomia processual coloca as partes na desconfortável situação em que, após passarem por todo o percurso processual, sua lide permanece sem pacificação como se processo algum tivesse havido. O bloqueio que impede que o poder judiciário acesse o mérito do litígio faz com que as partes tenham de se submeter a novo processo arbitral caso desejem obter tutela jurisdicional que resolva seu conflito – e, nesse sentido, o §2º do artigo 33 da Lei de Arbitragem.[221]

Trata-se de controle que existe não apenas no curso do processo arbitral, no desenvolver da atividade jurisdicional, mas desde o momento da feitura da convenção arbitral. A menos que se esteja diante de cláusula arbitrais vazias, quando então esse controle preventivo passa, em um primeiro momento, pela diagramação das partes na alocação das posições processuais ao definirem o rito procedimental. A flexibilidade ritualística, tônica da arbitragem,

[219] Nesse sentido, "a sentença arbitral só está sujeita a controle jurisdicional estatal por vícios que configurem *error in procedendo*, ficando excluídas as hipóteses de controle sobre eventual *error in iudicando*. Além disso, as hipóteses de invalidade devem se restringir àquelas previstas no art. 32 da LArb.". YARSHELL, Flávio Luiz. Ação Anulatória. In: LEVY, Daniel, PEREIRA, Guilherme S. J. (coord.). *Curso de Arbitragem*. São Paulo: Thomson Reuters Brasil, 2018, p.441. Realce original.

[220] É de se notar que mesmo quando haja nulidade de sentença arbitral por vício decorrente de nulidade da própria convenção arbitral (art. 32, I, da Lei de Arbitragem), ainda assim a resolução de mérito deve ser resubmetida a nova relação processual de conhecimento, mesmo que, agora, perante o poder judiciário diante do reconhecimento de inexistência de consenso válido em arbitrar.

[221] Nao há, com isso, devolução da causa ao poder judiciário, cf. CARMONA, Carlos Alberto. *Arbitragem e Processo:* Um comentário à Lei de Arbitragem. 3. ed. São Paulo: Atlas, 2009, p.423-424, em especial, p.424: "Se a nulidade afeta apenas o laudo, e não a convenção arbitral, devolve-se ao árbitro (ou aos árbitros) a causa para nova decisão; se a nulidade afeta a convenção de arbitragem [...], destrói-se a própria arbitragem, cabendo ao interessado, livremente, procurar a tutela judicial de seus direitos".

faz com que aqui a isonomia assuma uma acepção fraca de normatividade. Daí não se pode extrair que não se almeje *mais* igualdade em toda e qualquer hipótese, o que de certo é um valor latente do ordenamento jurídico, mas apenas que o sistema arbitral não confere essa proteção à igualdade. O objeto de preocupação do sistema de controle, não se pode olvidar, é de certo modo utilitarista: visa a proteger apenas os espaços normativos de que podem decorrer nulidades procedimentais.

Compete igualmente às partes a tutela da isonomia processual ao longo do litígio submetido a juízo arbitral.

De um lado, o controle é feito a partir da verificação do atendimento do desenho procedimental por elas estabelecido, de modo que os critérios de isonomia adotados pelas partes não sejam ignorados ou desatendidos. De outro lado, o controle é exercido igualmente sobre as regras criadas e determinadas pelo próprio tribunal arbitral nos espaços deixados pelas partes no tocante ao rito processual – conforme autorizado no art. 21, §1º, da Lei de Arbitragem.

Neste último caso, não podem as partes ignorar que se passa a manejar uma acepção forte do princípio da isonomia, de modo que mais que assegurar a observância do núcleo essencial da igualdade, as partes devem estar atentas a que os árbitros resguardem a isonomia de forma a não criar renúncias unilaterais a prerrogativas processuais não previamente acordadas entre as partes, e de modo a não criar desigualdades não justificadas. Muito embora regras criadas pelos árbitros em desatenção a essa acepção forte de igualdade possam beneficiar um dos polos litigantes, que sob o aspecto imediato da lide pode ver arrefecido seu interesse em exercer o controle procedimental, ainda assim a parte potencialmente beneficiada deve provocar o controle procedimental, sob pena de abrir-se espaço para posterior controle repressivo que coloque em risco todo o processo previamente desenvolvido – o que pode tornar inútil o benefício momentâneo que obteve no processo. Tendo em vista o objetivo último de que se obtenha um resultado útil do processo arbitral, esse controle das partes deve ser constante, deve estar atento às diferentes forças normativas da isonomia, mas sobretudo deve sempre levar em atenção um exercício reverso e futuro pelo qual se volta o olhar para um eventual controle judicial da regularidade processual.

Justamente em nome desse interesse, de obtenção de tutela jurisdicional hígida, é que muitas vezes as partes trasvestem sua prerrogativa de exercício do controle preventivo da isonomia processual como forma de verdadeiramente buscarem controlar o curso do processo, mediante ameaças aos árbitros de que tal ou qual conduta compromete a regularidade do feito. Em outros termos, tem-se que esses mecanismos de controle podem ser revertidos em tática de guerrilha arbitral, de modo a impedir ou obstaculizar o regular prosseguimento do processo e a condução adequada pelos árbitros.[222] Cabe aos árbitros, no manejo de seu papel de gerência processual, ponderar as circunstâncias envolvidas de modo a dar o tratamento correto ao controle exercido pelas partes atendendo àquelas que se adequem a seu real escopo e rejeite as demais que possuam mero escopo intimidatório da condução do processo.[223]

A segunda instância de controle da isonomia processual reside nos árbitros, que detêm o poder jurisdicional, sobre quem recai a expectativa de cumprimento adequado de seu múnus de modo a que se obtenha uma tutela jurisdicional hígida e apta a pacificar o conflito de direito material subjacente.[224]

Assim, o controle a ser exercido pelos árbitros reside eminentemente em duas instâncias: a primeira, no tocante à aplicação das regras procedimentais definidas pelas partes; a segunda, relativamente às regras que estipulem para a condução do procedimento. Em razão de lidar com regras procedimentais de base jurígena distintas, o tribunal arbitral deve necessariamente ser cioso do manejo da normatividade diferenciada do princípio-regra da isonomia.

No primeiro caso, ao aplicar e dar efetividade às regras procedimentais estabelecidas pelas partes, o tribunal arbitral deve levar em especial consideração seu garantismo minimalista. Com isso, o controle exercido não deve se prestar a invalidar ou a tornar ineficazes regras procedimentais pelo simples

[222] HORVATH, Günther J. (et al.). Categories of Guerrilha Tactics. In: HORVATH, Günther J.; WILSKE, Stephan. *Guerrilla Tactics in international arbitration.* Alphen aan den Rinj: Kluwer Law International, 2013, p.5, 15-16.

[223] Trata-se, em suma, de se evitar a paranoia do devido processo legal, cf. SLOANE, Simon; HAYWARD, Daniel; MCKEE, Rebecca. Due process and procedural irregularities: challenges. In: GAILLARD, Emmanuel; KAISER, Gordon E. (eds.). *The guide to challenging and enforcing arbitration awards.* Londres: Law Business Research, 2019, 59; BERGER, Klaus Peter; JENSEN, J. Ole. Due process paranoia and the procedural judgement rule: a safe harbour for procedural management decisions by international arbitrators. *Arbitration International,* v. 32, 2016, p.418 e ss.

[224] CLAY, Thomas. *L'arbitre.* Paris: Dalloz, 2001, p.157 e ss.

fato de não resguardarem *mais* igualdade *vis-à-vis* a concepção ideal de procedimento concebida pelos árbitros.

Não se pode olvidar o escopo global do parágrafo único do art. 8º da Lei de Arbitragem[225]. O artigo é comumente empregado em disputas sobre a existência, a validade e a eficácia da convenção de arbitragem *per se*, como condição de procedibilidade da jurisdição arbitral. Vale dizer, reveste no mais das vezes discussões sobre arbitrabilidade objetiva e/ou subjetiva de determinada demanda, afirmando-se a primazia (temporal) do juízo arbitral para amparar esse entendimento.[226] Referido dispositivo, bem compreendido, vai além. Ao determinar que compete ao juízo arbitral definir sobre os planos jurídicos da convenção arbitral como um todo, a norma claramente autoriza (e determina) que esse controle recaia igualmente sobre as regras procedimentais estabelecidas pelas partes. Em outros termos, não apenas a arbitrabilidade é relegada à análise dos árbitros a partir da ideia de competência autorreferencial, mas também a validade e a eficácia do rito acordado a partir da flexibilidade procedimental de que se que imbuem as partes contratantes.

A ideia de um controle preventivo da isonomia processual a ser exercido pelo tribunal arbitral frente ao rito estabelecido pelas partes é compatível, nesse aspecto, com a própria noção da competência-competência. Referida atividade, consoante se pontuou, entretanto, deve estar adstrita à função de controle, vale dizer, de um juízo de adequação do procedimento previamente ajustado com os parâmetros normativos de devido processo legal. O juízo de adequação, é necessário pontuar, não pode aqui possuir por referencial parâmetros de conveniência e de adequação frente ao desenho procedimental que os árbitros reputem que melhor serviria à resolução da lide. Contrariamente, o referencial sempre há de ser o limite de liberdade que as partes possuem ao lançar mão da flexibilidade procedimental.[227]

225 FONSECA, Rodrigo Garcia. O princípio competência-competência na arbitragem: uma perspectiva brasileira. *Revista de Arbitragem e Mediação*, v. 9, 2006, p. 281 e ss.

226 ALVES, Rafael Francisco. *A inadmissibilidade das medidas antiarbitragem no direito brasileiro*. São Paulo: Atlas, 2009, p. 180-181.

227 Sobre tais limites, ARROYO, Diego P.Fernández. Arbitrator's Procedural Powers: The Last Frontier of Party Autonomy? In: FERRARI, Franco. *Limits to Party Autonomy in International Commercial Arbitration*. Huntington: JurisNet, 2016, p.202-209; DINAMARCO, Cândido Rangel. *A Arbitragem na Teoria Geral do Processo*. São Paulo: Malheiros, 2013, p.54-56.

Para os órgãos jurisdicionais, manejar essa vicissitude pode ser especialmente difícil na medida em que se espera que o controle seja exercido a partir de um referencial diverso daquele que, como padrão, orgânica e funcionalmente é observado em termos de promoção de igualdade processual. Não parece haver dúvidas de que os árbitros e os juízes togados são vocacionados a garantir *mais* igualdade sempre que possível, e essa é a expectativa dos jurisdicionados. Inobstante, o controle preventivo das regras estabelecidas pelas partes deve ter por ponto de partida o olhar das próprias partes e uma acepção fraca, de garantia mínima, de igualdade. O objeto maior de tutela deixa de ser, nesse momento, a igualdade em toda sua potencialidade principiológica, mas sim aquilo que resulta da ponderação entre a isonomia e a flexibilidade procedimental, enquanto tônica do procedimento arbitral. Esta flexibilidade encerra não somente a prerrogativa de desenhar ritos procedimentais. Essa é a camada superficial e mais visível da liberdade contratual. Em uma camada normativa mais profunda reside a prerrogativa de estabelecer livremente a matriz de riscos contratuais, bem como a concepção de comutatividade obrigacional entre as partes, o que passa igualmente pela definição do rito heterocompositivo a ser seguido pelas partes em caso de insucesso da relação contratual.[228] É parcela integrante da concepção de *pacta sunt servanda*.[229]

[228] Nesse sentido, "a convenção é parte integrante do contrato e compõe o seu equilíbrio econômico financeiro." GAILLARD, Emmanuel; SAVAGE, John. *Fouchard Gaillard Goulman on International Comercial Arbitration*. Haia: Kluwer Law International, 1999, p. 273.

[229] O princípio do *pacta sunt servanda* denota a obrigatoriedade da convenção de arbitragem como cláusula contratual tida como lei entre as partes. A respeito do princípio, enuncia Anísio José de Oliveira: "[r]ealmente, uma vez observadas as exigências legais, querendo isto dizer, possuindo o contrato um teor válido, as partes não podem dele mais se depreender, tornando-se obrigatório sua observância. Há como que uma equiparação entre a lei e o contrato, no que concerne à sua força coercitiva. E efetivamente, refere S. Lopes, entre o contrato e lei observam-se certos pontos de perfeita correspondência, exceto na extensão de sua eficácia, pois, enquanto a lei é uma ordem geral, destinada a uma coletividade, o contrato tem efeitos limitados às próprias partes contratantes. Dessa equiparação do contrato à lei, nasceu o princípio: pacta sunt servanda." OLIVEIRA, Anísio José de. *A Teoria da Imprevisão nos Contratos*. 2. ed. São Paulo: Leud, 1991, p. 19. Sabe-se, é claro, que o princípio admite alguma relativização, mas em situações muito excepcionais e autorizadas em norma positivada. Por todos, a lição clássica: "A necessidade lógica de preservar de estranhas interferências a esfera da autonomia privada conduziu necessariamente ao robustecimento do princípio da intangibilidade do conteúdo dos contratos. No contexto normal desse princípio, não seria possível admitir que a superveniência dos acontecimentos determinantes da ruptura do equilíbrio das prestações

Se poderiam as partes ter disciplinado ou ajustado de forma diversa, mas não o fizeram, a escolha deve ser respeitada a menos que esbarre em regras cogentes no ordenamento. A possível abdicação de uma proteção maximizada de igualdade é parte inerente desse mecanismo, de modo que, onde fique evidente que as partes ajustaram *menos* igualdade, essa composição de prerrogativas processuais deve ser respeitada a menos que transgrida o núcleo essencial do princípio normativo em sua acepção fraca. Esse comprometimento do juízo arbitral, em vestir a posição das partes no exercício do controle preventivo, é componente indissociável do sucesso da arbitragem, enquanto mecanismo de composição de conflitos calcado na autonomia das partes ao mesmo tempo em que não se descuida da noção de devido processo legal e de processo justo. É a percepção de que o legislador permitiu às partes estabelecer as balizas daquilo que se deve reputar, em sua via heterocompositiva, como devido processo legal. A ingerência jurisdicional é mínima, a partir de uma acepção fraca de igualdade, e apenas para resguardar o núcleo essencial da isonomia de modo a assegurar a higidez do processo e uma tutela jurisdicional apta a pacificar o conflito de direito material subjacente.

O desafio surge, entretanto, na hipótese de o tribunal arbitral deparar-se com regras que afrontem o conteúdo mínimo de igualdade procedimental. Onde não haja espaço para buscar consenso entre as partes para alterar o regramento reputado inadequado pelo tribunal arbitral (frente a uma acepção fraca de igualdade, frise-se), o entendimento a partir da linha de ideias desenvolvida neste trabalho é o de que cabe ao juízo arbitral reconhecer a falta de validade ou de eficácia parcial da convenção arbitral no que diga

pudesse autorizar a intervenção do Estado, pelo órgão da sua magistratura, para restaurá-lo ou liberar a parte sacrificada. Cada qual que suporte os prejuízos supervenientes do contrato. Se aceitou condições contratuais extremamente desvantajosas, a presunção de que foram estipuladas livremente impede se socorra da autoridade judicial para obter a suavização, ou liberação. *Pacta sunt servanda.* Ao Direito é indiferente a situação a que fique reduzido para cumprir a palavra dada. Esse princípio mantém-se no Direito atual dos contratos com atenuações que lhe não mutilam a substância. As exceções preconizadas [...] não indicam que venham a ser abandonado, até porque sua função de segurança lhe garante a sobrevivência. [...] A mudança de orientação deve-se a acontecimentos extraordinários, que revelaram a injustiça da aplicação do princípio nos termos absolutos." GOMES, Orlando. *Contratos.* 6ª ed. Rio de Janeiro, Forense: 1977, p. 45. A Lei de Arbitragem, entretanto, não estabelece qualquer excepcionalidade nesse sentido.

respeito à provisão ou às provisões específicas.[230] O resultado será um vazio procedimental no tocante às regras reputadas inadequadas pelo tribunal, as quais devem então ser preenchidas pelos árbitros, como se estivessem diante da hipótese do §1º do art. 21 da Lei de Arbitragem.

Não se ignora, entretanto, que essa medida possa contrapor-se justamente ao fato de que também a convenção arbitral, com o rito eventualmente predefinido, compõe a matriz de riscos e o sinalagma genético do contrato subjacente. O reconhecimento de invalidade ou de ineficácia de parte ou, no limite, de todo o procedimento ajustado pelas partes, com a sua consequente redefinição pelo órgão arbitral (que, a seu turno, deverá partir de uma acepção forte de igualdade), pode com isso não apenas impactar na comutatividade obrigacional ajustada entre as partes, desequilibrando as posições contratuais de direito material, como também resvalar na própria caracterização do consenso em arbitrar. Está-se aqui, é claro, diante de situação em que não há acordo para modificação dessas regras reputadas inadequadas. Vale dizer, não pode ser ignorada a discussão, ao menos *in vitro*, de se teriam as partes aposto consenso em arbitrar caso soubessem que o rito procedimental ajustado seria parcial ou totalmente posto de lado a partir do controle preventivo do tribunal arbitral.

O posicionamento a ser seguido resulta da própria concepção que tem acerca do sistema arbitral. A linha adotada neste trabalho permite levar à conclusão de que, ainda quando ocorra o afastamento de todo o rito estabelecido pelas partes em razão de violação do núcleo essencial da isonomia processual, com as consequências naturais daí advindas, não haverá que se reputar, como regra e em consequência desse fato, inexistente, inválido ou ineficaz o consenso em arbitrar. Não se estará diante, portanto, de hipótese de afastamento integral da convenção arbitral e da vinculação que cria à jurisdição arbitral e à imunização contra a apreciação meritória pelo poder judiciário.

[230] No sentido de se reconhecer a competência dos árbitros em rever as regras das partes imbuídos dos escopos de sua função jurisdicional, v. BILLEMONT, Jean. *La liberté contractuelle à l'épreuve de l'arbitrage*. Paris: LGDJ. 2013, p. 417-419; 424-425. E, ainda, sobre a perspectiva internacional, reconhecendo a necessidade de se tutelar esse entendimento, v. KAUFMANN--KOHLER, Gabrielle. Qui contrôle l'arbitrage ? Autonomie des parties, pouvoirs des arbitres et principe d'efficacité. In : *Liber Amicorum Claude Reymond – autour de l'arbitrage*. Paris: Éditions du Juris-Classeur, 2004, p.153-165, em especial p.159-163.

O enfrentamento aqui defendido parte essencialmente de duas premissas.

A primeira, da regra interpretativa que se convencionou denominar *favor arbitralis*[231], a partir do qual se desenvolve a ideia de que, sempre que haja dúvida sobre a existência de consenso em arbitrar, a presunção deverá militar em favor da caracterização desse *animus* em submeter o litígio à jurisdição privada. Trata-se, é claro, de mera presunção, o que não elide a necessidade de que se constate a existência de consenso inequívoco em arbitrar. Não se está a *presumir* consenso a partir dessa doutrina. É a qualificação dos fatos existentes que passa pelo filtro do *favor arbitralis* de modo a estabelecer a gama de circunstâncias aptas a caracterizar como consenso inequívoco as circunstâncias concretas.[232] A partir dessa concepção, tem-se que, ainda que se esteja diante de hipótese de afastamento das regras procedimentais estabelecidas pelas partes, a presunção milita em favor de caracterizar ainda

231 O princípio do *favor arbitralis* tem variadas concepções na doutrina nacional e internacional, em referência à presunção de arbitrabilidade do conflito. Nessa esteira, a concepção nacional põe que "presumir a arbitrabilidade é aceitá-lá enquanto a inarbitrabilidade não vier a ser demonstrada" cf. DINAMARCO, Cândido Rangel. *A Arbitragem na Teoria Geral do Processo.* São Paulo: Malheiros, 2013, p. 93-94. Sob a concepção estrangeira, por sua vez, "in principle, national courts should aim always to give effect to the agreement to arbitrate and the resultant award, as well as the effects of this approach." cf. LEW, Julian D. M. Achieving the Dream: Autonomous Arbitration. *Arbitration International*, v. 22, n. 2, 2006, p. 195.

232 Nesse sentido já se apresentou o seguinte entendimento: "Mas é [a arbitragem] jurisdição diferente, porque surge com contornos próprios (e apenas em função de – e nos exatos limites do – consenso) e traz uma exceção à jurisdição estatal. Esta sim, a jurisdição estatal, é o modelo principal do ordenamento jurídico, que, ao contrário da arbitral, existe de forma perene e abstrata em relação à infinidade de potenciais litígios, e nesse sentido possui uma força expansiva que a faz a ocupar todo o espaço do ordenamento onde não haja inequívoca exclusão de sua incidência. Isso leva à conclusão de que apenas o consenso inequívoco cria uma bolha de jurisdição arbitral, que se mostra impenetrável, em termos de resolução de mérito, à jurisdição estatal. Natural, portanto, que em arbitragem não se possa presumir consenso, na medida em que a presunção, em termos de visão sistêmica do ordenamento jurídico, milita em favor da jurisdição estatal – esta sim, presumivelmente pujante sobre todos os possíveis litígios. Isso em nada conflita com a ideia do *favor arbitralis*, é indispensável realçar. Essa doutrina, que deve ser sempre defendida (mas adequadamente defendida), não se presta a presumir consenso, mas sim estabelecer critérios que permitam constatar, precisamente, consenso inequívoco, mesmo quando não seja expresso, dado ser elemento indispensável à jurisdição arbitral." CARMONA, Carlos Alberto; DI VECCHIA NETO, Berardino. Ensaio sobre aspectos intertemporais da arbitragem em contratos de trato continuado. In: MOREIRA, Ana Luiza B. M. Pinto; BERGER, Renato (coord.). *Arbitragem e outros temas de direito privado:* estudos jurídicos em homenagem a José Emilio Nunes Pinto. São Paulo: Quartier Latin, 2021, p. 95-96.

existente o consenso inequívoco em arbitrar, ainda que com base em regras diferentes – que, se não acordadas entre as partes, serão fixadas pelo juízo arbitral. Subsiste, portanto, a intenção latente em dirimir conflitos via jurisdição privada. A exceção existirá quando referida presunção (reitere-se, não da caracterização de consenso em arbitrar, mas da existência de consenso inequívoco a despeito do afastamento das regras previamente estabelecidas) for afastada a partir de elemento probatório que demonstre, de forma clara, que a intenção das partes era a de atrelar seu desígnio de arbitrar à estrita observância do rito especificamente por elas desenhado. Nesse caso, as próprias partes estabelecem o critério a ser aplicável para a caracterização do consenso inequívoco em arbitrar, de modo que a presunção perde razão de ser quando presentes as circunstâncias fáticas que desfaçam o *animus* específico de subtrair a resolução do litígio da jurisdição estatal.

A segunda, do entendimento de que as partes estão previamente cientes, porque inseridas no ordenamento jurídico e, portanto, submetidas aos efeitos naturais da Lei de Arbitragem, de que a observância dos preceitos do devido processo legal – e por extensão, da isonomia processual – reveste questão mandatória em sede arbitral, da qual não podem dispor ao definir um rito procedimental a ser seguido.[233] Há aqui uma presunção, que se pode dizer absoluta visto que ninguém pode se escusar do conhecimento de norma positivada, de que as partes assumem os riscos inerentes ao sistema de controles da higidez processual arbitral ao estabelecerem suas próprias regras, o que a seu turno leva à prévia ciência de que algumas ou a totalidade das disposições ritualísticas poderão ser afastadas pelas instâncias jurisdicionais de controle. Ao optarem pela via arbitral de resolução de conflitos e ao lançarem mão da flexibilidade procedimental, as partes assumem os riscos inerentes ao exercício dessa prerrogativa. Ainda quando se possa afirmar que a diagramação escolhida pelas partes ao rito heterocompositivo integre a matriz de riscos contratual e a estrutura do sinalagma genético do negócio jurídico, reside aí também a possibilidade latente de afastamento da estrutura previamente desejada quando seu acatamento possa levar à quebra da regularidade do

[233] ALVES, Rafael Francisco. O devido processo legal na arbitragem. In: JOBIM, Eduardo; MACHADO, Rafael Bicca (coord.). *Arbitragem no Brasil:* Aspectos Jurídicos Relevantes. São Paulo: Quartier Latin, 2008, p.387-391.

processo como um todo, em comprometimento da efetividade da tutela jurisdicional ao final pretendida.

Na escala de valores a serem tutelados dentro da sistemática arbitral, a maleabilidade procedimental leva a uma proteção reduzida da isonomia processual. Isso coloca, de certo modo, a liberdade contratual como valor normativo com maior peso na ponderação principiológica da qual se extrai a respectiva regra para tratamento da questão. Não obstante, essa mesma liberdade contratual, quando exposta ao risco de comprometimento da própria higidez do processo em sua totalidade, cede ao valor normativo pelo qual se tutela a efetividade e a retidão da tutela jurisdicional pretendida.[234] Daí porque possuem os árbitros a competência – mais, o poder e o dever – de afastar regras ajustadas pelas partes que conflitem com o núcleo essencial da isonomia processual de modo a tutelar o interesse maior de cumprimento do escopo jurisdicional de pacificação adequada dos conflitos por meio do processo justo[235] – ainda que a própria noção de justeza procedimental seja flexível, há, no cerne, um núcleo a ser sempre assegurado, precisamente o conteúdo mínimo do devido processo legal arbitral.[236]

A segunda forma de controle preventivo exercido pelo órgão arbitral volta-se ao preenchimento dos espaços procedimentais a serem regrados pelos próprios árbitros, a partir do quanto autoriza o art. 21, §1º, da Lei de Arbitragem.

Ocorre, nesse momento, uma alteração do vetor normativo a ser atribuído à igualdade processual, que passa a ser tutelada e resguardada em uma acepção forte que, de forma geral, possui núcleo próprio e que impõe sempre que se atribua *mais* igualdade às partes. Não se pode perder de vista haver, sempre, uma barreira de razoabilidade à força expansiva que o princípio exerce nesse

[234] Nesse sentido, há mesmo que se falar em um dever dos árbitros em respeitar o devido processo legal e em resguardar a efetividade da tutela jurisdicional, cf. ARROYO, Diego P.Fernández. Arbitrator's Procedural Powers: The Last Frontier of Party Autonomy? In: FERRARI, Franco. *Limits to Party Autonomy in International Commercial Arbitration.* Huntington: JurisNet, 2016, p.207-209, em especial: "

[235] KURKELA, Matti S.; TURUNEN, SANTTU. *Due process in international commercial arbitration.* 2. ed. Nova York: Oxford University Press, 2010, p.78-79.

[236] Na lição clássica de Charles Jarrosson, "La volonté des parties trouve sa limite dans ce qui fait l'essence du pouvoir jurisdictionnel". JARROSSON, Charles. Qui tiens les rênes de l'arbitrage? Volonté des parties et autorité de l'arbitre. *Revue de l'arbitrage,* 1999, p. 619; e, ainda, CLAY, Thomas. *L'arbitre.* Paris: Dalloz, 2001 p.620-624.

aspecto, este último representado pela própria concepção dos árbitros relativamente a seus juízos de conveniência e de adequação de procedimento frente ao litígio que se lhes é apresentado.

O controle preventivo levado a efeito pelos árbitros, quando do estabelecimento de regras para o procedimento, caracteriza-se por uma atuação de viés afirmativo e de efetivação da igualdade em uma acepção forte,[237] na medida em que o juízo arbitral é responsável pela garantia da realização dessa igualdade, do ponto de vista formal e material, no procedimento que lhe cabe desenhar total ou parcialmente.

Não se pode a partir disso extrair que compita aos árbitros, ao estabelecer regras procedimentais, dar absoluta primazia à igualdade processual. Há, certamente, outros valores processuais que entram em consideração na composição do procedimento que se reputa mais adequado à lide concretamente apresentada. Com isso, o desenho processual estabelecido refletirá, sempre, um juízo subjetivo de adequação. A igualdade deve ser avaliada de forma endoprocessual, vale dizer, considerando as regras efetivamente estabelecidas, e não de forma exoprocessual, como se estivesse sob o crivo de critérios abstratos de isonomia e de metas principiológicas descoladas da realidade do caso. Vale notar que, a despeito de se estar diante de uma acepção forte de igualdade, que dialoga com uma garantia maximizada desse princípio, não há que se falar na existência de um ônus no sentido de que o procedimento criado pelos árbitros atinja um patamar utópico justiça, como se este fosse um critério objetivo de aferição e de controle.

Tampouco há qualquer compromisso do juízo arbitral – no sentido de revestir um dever de conduta – em garantir e assegurar, em todo e qualquer caso, a equivalência de armas entre as partes de forma absoluta. Não se pode ignorar que há limitações que são inerentes à realidade do litígio e das partes, a exemplo de disparidades econômicas entre os litigantes, que quedam fora das prerrogativas sujeitas a balanceamento a partir de regras procedimentais. Quer-se com isso dizer que a despeito de a isonomia a ser assegurada pelo

[237] Consoante expõe Selma Ferreira Lemes, "a flexibilidade é uma característica indispensável a um bom árbitro. Ele deve ter a iniciativa, a habilidade e o objetivo de seguir uma linha, estabelecer o ritmo do procedimento. A flexibilidade do procedimento e a diligência do árbitro caminham juntas". LEMES, Selma Ferreira. *O Papel do Árbitro*. Disponível em: http://selmalemes.adv.br/artigos/artigo_juri11.pdf.

juízo arbitral com base nas regras procedimentais por este criadas tenha de partir de uma acepção forte de igualdade, a lógica subjacente ao sistema arbitral permite que se conviva com a impossibilidade de se estabelecer, sempre, uma efetiva igualdade material. O que se resguarda é o núcleo dessa acepção forte, e não a totalidade da potência normativa do princípio da isonomia. Basta reforçar o quanto já afirmado no sentido de que, ao optarem pela via arbitral, as partes abrem mão de mecanismos de compensação de desequilíbrios entre elas os quais tenham por cerne disparidades econômico-financeiras.

Disso decorrem duas consequências em termos de controle preventivo exercido pelos árbitros. A primeira, de que não podem, por conseguinte, as partes arguir questões que tenham esse cerne para pretender inquinar a regularidade do processo caso daí advenha algum tipo de desigualdade formal ou material entre as partes no curso do procedimento. A segunda, de que, sob o ponto de vista dos árbitros, e para fins de atendimento dos ditames da isonomia processual, a superação de eventuais disparidades daí resultantes não se mostra como questão juridicamente tutelada no núcleo da isonomia em sua acepção forte. Vale dizer, sob o ponto de vista da eficácia prospectiva e programática da norma, será sempre desejável que desigualdades resultantes de diferenças econômicas entre as partes sejam superadas a partir das regras procedimentais estabelecidas pelos árbitros. A nuance, entretanto, reside no fato de que o insucesso na equiparação das prerrogativas processuais das partes sob o ponto de vista material, e em razão de questões econômicas, não representa quebra de isonomia no sistema arbitral apta a viabilizar o controle posterior de nulidade processual por via judicial.

Pode parecer haver uma contradição entre a afirmação, de um lado, de que a acepção forte da isonomia, a ser empregada no controle preventivo dos árbitros quando da criação de regras procedimentais, possui força normativa que impõe a maximização da igualdade e, de outro, a afirmação de que não compete aos árbitros, para fins de assegurar a higidez do processo, estabelecer a isonomia processual em seu grau maximizado. A contradição, entretanto, é apenas aparente, pois em verdade as afirmações lidam com planos distintos da eficácia do princípio-regra da isonomia processual.

A ideia de igualdade processual, vista como princípio integrante do devido processo legal (aqui, na acepção constitucionalista), possui inequivocamente uma eficácia com tendência expansiva, de modo que pretende ocupar todo o espaço disponível nas relações jurídicas. Vem daí sua natureza de mandamento de otimização, no sentido de que deve ser realizado na maior e melhor medida possível.[238] Não decorre disso, entretanto, que seja consequência natural do princípio jurídico o reconhecimento de que a sua não realização em grau máximo equivalha, *per se*, a um insucesso nessa mesma efetivação, na medida em que sempre haverá que se considerar a ocorrência de ponderações com outros princípios jurídicos aplicáveis, bem como os ditames da regra da proporcionalidade. O princípio pode se realizar mesmo quando não aplicado em seu grau mais agudo. A máxima realização, na maior medida possível, do princípio jurídico é uma meta normativa cuja não concreção não incorre nas sanções aplicáveis ao puro e simples desatendimento desse mesmo princípio como um todo. Haverá, sempre, de se proceder a uma análise calcada na razoabilidade.[239]

Nesse sentido, a não realização, em grau máximo, da isonomia no processo a partir das regras estabelecidas pelos árbitros não resulta em nulidade procedimental e tampouco permite deflagrar o controle judicial do processo arbitral, pelo fato de ela não ser (a pretensa máxima realização da isonomia) o objeto de tutela normativa para fins de devido processo legal. Ademais, a definição do que seria esse grau máximo abriria espaço para tantos subjetivismos que deturparia toda a lógica do sistema de controle. Isso representaria ignorar as nuances da força normativa dos princípios e sua real efetividade.

O desafio reside, nesse aspecto, em definir o âmbito de proteção do núcleo da isonomia processual, em sua acepção forte, quando se esteja diante de regras procedimentais estabelecidas pelos árbitros.

O critério deve partir do diálogo desse princípio com os outros valores normativos tutelados pelo tribunal arbitral ao estabelecer o rito processual. O legislador, consoante já se pontuou, optou por não estabelecer critérios específicos aplicáveis ao devido processo legal em arbitragem, como o faz no âmbito do processo judicial. A própria conformação da ideia de processo

[238] SILVA, Virgílio Afonso da. *Direitos Fundamentais:* conteúdo essencial, restrições e eficácia. 2. ed. São Paulo: Malheiros, 2010, p.46.

[239] A razoabilidade, como princípio basilar constitucional, "traduz-se na exigência de compatibilidade entre o meio empregado pelo legislador e os fins visados, bem como a aferição da legitimidade dos fins." AFONSO DA SILVA, Virgílio. O Proporcional e o Razoável. *Revista dos Tribunais*, v. 91, n. 798, 2002, p.32.

justo, portanto, naquilo que não for estabelecido pelas partes, recai na mão dos árbitros. O controle preventivo da isonomia deve estar inserido no âmbito da estrutura procedimental reputada adequada pelos árbitros em termos de efetivação do devido processo legal como um todo, o que envolve, *v.g.*, as noções de contraditório, de ampla defesa, de duração razoável e de condução eficiente do processo. A isonomia, a despeito de sua autonomia conceitual, não se realiza em si mesma, mas a partir das prerrogativas processuais que colocam o processo em movimento e que se voltam mais diretamente a outros princípios normativos com os quais a isonomia dialoga.[240]

Aqui desempenha papel fundamental a ideia do ônus argumentativo, que se presta a justificar e a legitimar as escolhas de ponderação principiológica feitas pelo órgão arbitral e que cria uma proteção, em termos de regularidade e adequação, contra pretensões de nulidade processual. Assim, ainda que se pudesse argumentar haver formas procedimentais que garantam *mais* isonomia no caso concreto, isso não acarreta necessariamente na quebra da higidez processual, tendo em vista a blindagem que recobrem as escolhas do tribunal arbitral sempre que este se desincumba do ônus argumentativo de justificar suas escolhas – o que presume, é claro, a insurgência de qualquer das partes contra o rito estabelecido.

Acompanha essa ordem de ideias o reconhecimento de que há de se conferir primazia à conformação dada pelo órgão arbitral na definição do procedimento. Ainda que haja desenhos procedimentais potencialmente melhores e/ou mais eficientes, a definição, sempre subjetiva, foi relegada total ou parcialmente ao juízo arbitral relativamente àquilo que representa o processo adequado. E isso, em princípio, basta. É sobre essa estrutura, portanto, que a isonomia, em sua acepção forte, passa a atribuir proteção.

O objeto de tutela da regularidade procedimental, nesse caso, pode ser condensado em duas premissas centrais, que em verdade delineiam o núcleo da isonomia em sua acepção forte.

[240] Nesse sentido: "Vale dizer que a aplicação da igualdade depende de um *critério diferenciador* e de um *fim* a ser alcançado. [...] Como postulado, sua violação reconduz a uma violação de alguma norma jurídica. Os sujeitos devem ser considerados iguais em liberdade, propriedade, dignidade. A violação da igualdade implica a violação de algum princípio fundamental." ÁVILA, Humberto. *Teoria dos Princípios:* da definição à aplicação dos princípios jurídicos. 4. ed. São Paulo: Malheiros, 2005, p.102. Realce original.

No contexto do regramento procedimental, os árbitros não podem ensejar, sob o ponto de vista formal, situações que coloquem qualquer das partes em vantagem de oportunidade em relação à outra. Trata-se, aqui, de isonomia em seu aspecto formal, tendo em vista a estrutura heterocompositiva estabelecida pelos árbitros. Essa baliza deve, é claro, ser compatibilizada com a noção de que há prerrogativas processuais inerentes a cada polo contendente e outras que são comuns a todos os litigantes. Ilustra bem a linha de ideias previamente colocada imaginar que o procedimento pode contar com submissão simultânea de manifestações dos polos litigantes ou então com apresentação alternada de manifestações, assim como pode contemplar duas, três ou mais rodadas de manifestações. O princípio da isonomia, em si mesmo, considerando seu objeto de tutela em sua acepção forte, não determina qualquer escolha a esse respeito, mas indica que, qualquer que seja a estrutura adotada, deve haver o oferecimento de oportunidades equivalentes para as partes.[241]

Do ponto de vista da igualdade material, o tribunal arbitral deve assegurar, tanto quanto possível, que os litigantes integrem o processo em uma relação de paridade de meios de participar de sua dinâmica dialética. Trata-se de um passo além da previsão de oportunidades formalmente semelhantes, importando também que o exercício dessas oportunidades seja viabilizado de modo a que as partes possam, de forma igualitária, adequadamente desincumbir-se de seus ônus processuais para a formação do convencimento dos árbitros.[242] O compromisso do tribunal arbitral, no contexto do atendimento dos ditames da isonomia processual, é em suma o de não criar diferenciações que criem um desequilíbrio na potencial participação equivalente das partes e o de, quando possível, implementar medidas que reequilibrem a real capacidade das partes no contexto do processo sob julgamento. Não deve, com isso, estabelecer regras que possam representar uma renúncia não voluntária a uma prerrogativa processual pela parte. Importante notar que se está diante

[241] PINSOLLE, Philippe; Kreindler, Richard H. Les limites du rôle de la volonté des parties dans la conduite de l'instance arbitrale. *Revue de l'Arbitrage*, 2003, p. 59.

[242] "The core of fair arbitration is the fairness of the procedure itself, including equality of arms (i.e., no party should be at a disadvantage vis-à-vis the other(s)), reasonable opportunity to present one's case, and the principle and rule of audiatur altera pars. This means that access to arbitration is not enough, as the procedure itself has to be also fair." KURKELA, Matti S.; TURUNEN, SANTTU. *Due process in international commercial arbitration*. 2. ed. Nova York: Oxford University Press, 2010, p.185.

de algo que se assemelha a uma obrigação de meios e não de resultado. Em outras palavras significa que, oportunizada e tutelada essa igualdade real de participação, sua não efetivação no caso concreto por uma ou ambas as partes é matéria que escapa da proteção da isonomia.[243]

Vale dizer, a higidez do processo não está vinculada à constatação de que, no caso concreto, as partes exerceram suas prerrogativas processuais de forma materialmente igualitária, mas que tiveram a oportunidade de fazê-lo. Cumpre ainda destacar que, diante da inexistência de mecanismos normativos de compensação de desequilíbrios econômicos entre as partes na jurisdição arbitral, o estabelecimento de regras pelos árbitros que permitam de algum modo arrefecer o impacto dessas diferenças na real capacidade de participação no processo é sempre algo desejável, mas representa questão que reside fora da tutela da isonomia no processo arbitral.

Também neste tópico, é de essencial relevância a percepção do objeto de proteção da acepção forte da isonomia e o papel do ônus argumentativo na definição das regras procedimentais, bem como da blindagem que isso traz às escolhas feitas pelo tribunal arbitral, ainda quando se possa arguir que outros desenhos ritualísticos pudessem assegurar mais igualdade material.

A última das instâncias de controle preventivo é a jurisdição estatal. Esta se encontra, inequivocamente, mais fortemente ligada a um controle repressivo por ocasião de eventual demanda anulatória de sentença arbitral, consoante se verá a seguir. Não obstante, há ao menos duas hipóteses em que o juiz togado pode vir a ser provocado a atuar, direta ou indiretamente, no controle da isonomia antes do encerramento do processo arbitral e da superveniência de uma sentença passível de controle judicial.[244]

[243] PINSOLLE, Philippe; Kreindler, Richard H. Les limites du rôle de la volonté des parties dans la conduite de l'instance arbitrale. *Revue de l'Arbitrage*, 2003, p.58 : "Il n'implique pas qu'une partie ait fait usage de la faculté qui lui est ainsi offerte. Le risque d'une annulation semble donc pouvoir être écarté, pour autant que les arbitres aient pris le soin d'entendre les parties avant de décider de la mesure d'instruction contestée".

[244] Anote-se, de todo modo, que essas hipóteses não são as únicas em que o juízo estatal pode agir no âmbito de um processo arbitral antes da prolação da sentença arbitral, bastando igualmente mencionar as hipóteses de demandas acautelatórias pré-arbitrais e de cumprimento de cartas arbitrais, que, entretanto, não lidam com a questão da isonomia na forma tratada neste trabalho. PITOMBO, Eleonora Coelho. Arbitragem e Poder Judiciário: Aspectos Relevantes. In: GUILHERME, Luiz Fernando (coord.). *Aspectos Práticos da Arbitragem*. São Paulo: Quartier Latin, 2006.

A primeira dessas hipóteses reside na circunstância prevista no artigo 7º da Lei de Arbitragem[245]. O mecanismo ali disposto volta-se ao propósito específico de permitir e viabilizar a produção de efeitos – ainda que sob resistência de uma das partes – do consenso inequívoco em arbitrar quando a cláusula arbitral não contenha elementos suficientes que permitam a instituição do juízo arbitral. A razão de ser do dispositivo reside em especial no fato de que, à época da promulgação da Lei de Arbitragem, havia forte resistência, calcada na própria lógica então vigente da codificação processual civilista, à ideia de se pleitear a execução específica de cláusula arbitral vazia ou incompleta, haja vista que essa medida imporia que o pré-contrato (o compromisso previamente assumido) possuísse todos os elementos do contrato definitivo, o que claramente não ocorria nessas hipóteses.[246]

Em virtude de seu escopo específico, parece igualmente plausível afirmar que essa ação não se volta a permitir que o juiz togado preencha todo e qualquer o vazio ou incompletude da cláusula arbitral. Pelo contrário, a intenção é

[245] BRASIL. Lei nº 9.307, de 23 de setembro de 1996. Dispõe sobre a arbitragem. Artigo 7º. "Existindo cláusula compromissória e havendo resistência quanto à instituição da arbitragem, poderá a parte interessada requerer a citação da outra parte para comparecer em juízo a fim de lavrar-se o compromisso, designando o juiz audiência especial para tal fim. § 1º O autor indicará, com precisão, o objeto da arbitragem, instruindo o pedido com o documento que contiver a cláusula compromissória."

[246] "Assim, para que uma clausula compromissória – tida, até o advento da Lei 9.307/96, como mero pré-contrato de compromisso – pudesse permitir propositura de demanda objetivando sentença substitutiva da declaração de vontade da parte resistente, seria necessário que contivesse todos os elementos essenciais do compromisso, a saber, a qualificação das partes, dos árbitros (ou do órgão responsável por sua indicação), o objeto do litígio e declaração de responsabilidade pelas despesas com a arbitragem. O maior embaraço que se poderia visualizar para o manejo daquela demanda residia na indicação do objeto do litígio 'com todas as suas especificações, inclusivamente o valor' (como fazia questão de frisar o inciso III do art. 1.074 do Código de Processo Civil). Tal dificuldade não seria insuperável [...]. A questão da possibilidade ou não da execução específica de cláusulas compromissórias nunca saiu do campo acadêmico, não tendo sido tratada por nossos tribunais. Restava firme, porém, sob a égide do Código de Processo Civil, que a cláusula incompleta ou a cláusula arbitral vazia não comportariam em hipótese alguma a execução específica, de sorte que a promessa vaga de resolver uma disputa através da arbitragem não permitiria tutela específica, eis que, nesta hipótese, não encontraria o juiz parâmetro algum para dar ao (então) pré-contrato (cláusula compromissória) os efeitos do contrato definitivo (compromisso)." CARMONA, Carlos Alberto. *Arbitragem e Processo*: Um comentário à Lei de Arbitragem. 3. ed. São Paulo: Atlas, 2009, p.154-155.

a de viabilizar o cumprimento específico do dever de arbitrar – e de permitir a produção natural de efeitos de uma convenção arbitral – ante a existência de consenso inequívoco em submeter determinado litígio ao juízo arbitral.[247] Daí porque, como bem aponta Carlos Alberto Carmona, esta demanda apenas tem espaço onde a convenção arbitral na forma estabelecida pelas partes não permita, *per se*, instituir o juízo arbitral, o que ocorrerá, por exemplo, quando não houver prévia indicação do número de árbitros, da forma de sua nomeação, ou do mecanismo aplicável em caso de resistência de uma das partes quando sua participação for necessária à composição do órgão arbitral. Não por acaso, despropositada a demanda do artigo 7º em cláusulas arbitrais que, a despeito de trazerem uma aparência de incompletude em sua redação expressa, fazem referência a regulamentos institucionais de câmaras de arbitragem que estabelecem mecanismos para instauração do juízo arbitral.[248]

A compreensão do escopo da demanda de que trata o mencionado artigo da Lei de Arbitragem é importante para a delimitação do papel que o juiz pode ali desempenhar – e, com isso, do controle preventivo de isonomia que pode nesse momento realizar. O poder judiciário está adstrito à função de viabilizar a instituição da jurisdição arbitral. Os parágrafos do artigo 7º, portanto, que disciplinam o rito da ação e os poderes do magistrado, devem ser lidos sob essa perspectiva.

A consequência é que não compete à jurisdição estatal fixar o procedimento a ser seguido na arbitragem que se pretende instituir. Esta função é precípua dos árbitros quando houver silêncio das partes, nos termos do já mencionado artigo 21, §1º, da Lei de Arbitragem. Compete ao juiz togado apenas dar execução específica ao dever de arbitrar quando se possa constatar

[247] Evidente que as partes podem eventualmente pretender discutir sobre a caracterização ou não de consenso inequívoco apto a criar obrigação em arbitrar, mas isso é matéria que escapa ao escopo do referido artigo 7º. Nesta demanda específica, o juízo arbitral deve limitar-se a constatar a existência, *primo ictu oculi*, de um acordo que contemple a jurisdição arbitral e, nesse caso, viabilizar sua constituição para que então as questões ligadas à existência, validade e eficácia dessa mesma convenção arbitral seja dirimida pelo juízo arbitral. A respeito da relativização da regra competência-competência: ALVES, Rafael Francisco. *A inadmissibilidade das medidas antiarbitragem no direito brasileiro*. São Paulo: Atlas, 2009, p.190 e ss.

[248] CARMONA, Carlos Alberto. *Arbitragem e Processo:* Um comentário à Lei de Arbitragem. 3. ed. São Paulo: Atlas, 2009, p. 156. No mesmo sentido, PITOMBO, Eleonora Coelho. Arbitragem e Poder Judiciário: Aspectos Relevantes. In: GUILHERME, Luiz Fernando (coord.). *Aspectos Práticos da Arbitragem*. São Paulo: Quartier Latin, 2006, p.113-115.

a existência dessa obrigação, o que poderá se desenrolar por dois caminhos: quer as partes estabeleceram regras quanto à formação do tribunal arbitral, mas estas regras são incompletas para fins de instauração da arbitragem (imagine-se uma convenção arbitral sem vinculação a qualquer regulamento institucional e que apenas discipline que serão três árbitros a compor o tribunal arbitral, sem, contudo, estabelecer a forma de sua nomeação); quer as partes não estabeleceram qualquer regra para fins de constituição do órgão arbitral.

No primeiro caso, o juízo arbitral deverá, tanto quanto possível, respeitar as escolhas previamente ajustadas pelas partes, o que está em consonância com a ideia de que se deve tutelar em primazia a prerrogativa das partes em estabelecer as regras que entendem adequadas à heterocomposição de seu litígio por via arbitral. A exceção reside no §6º do artigo 7º, que prevê a possibilidade de o juiz togado definir, como entender mais adequado, a regra a ser seguida a esse respeito diante da inércia do réu, o que pode levar à desconsideração de regras pré-definidas pelas partes em matéria de composição do juízo arbitral.[249] No segundo, ao órgão judicial caberá estabelecer diretamente as regras para instituição do tribunal arbitral.

O controle preventivo da isonomia, nessas hipóteses, ocorre também em duplo patamar. O primeiro, em relação às regras eventualmente estabelecidas pelas partes; o segundo, no tocante às regras a serem eventualmente fixadas pelo próprio juiz.

Todas as linhas de ideias previamente apresentada em relação às acepções fraca e forte do princípio da isonomia devem ser igualmente transpostas para a hipótese do artigo 7º da Lei de Arbitragem, o que impõe ao órgão judicial a sensibilidade no manejo das nuances da força normativa da igualdade processual.

O ponto de partida deverá, sempre, ser o de dar tutela e primazia às escolhas das partes, em especial no que diga respeito ao número de árbitros e à forma de sua nomeação, na medida em que essas escolhas integram o

[249] A despeito de o §6º do artigo 7º da Lei de Arbitragem condicionar sua aplicação ao simples não comparecimento do réu na audiência designada, uma interpretação sistemática e teleológica da norma permite concluir que a premissa deve ser, em verdade, a de que haja absoluta inércia do réu no processo – vale dizer, ausência de contestação somado ao não comparecimento em audiência. Nesse sentido, CARMONA, Carlos Alberto. *Arbitragem e Processo: Um comentário à Lei de Arbitragem*. 3. ed. São Paulo: Atlas, 2009, p.162-163.

sinalagma genético e as matrizes de riscos contratuais consensualmente ajustados. O controle aqui é mínimo, lembrando sempre que as partes possuem um espectro de liberdade e de disponibilidade de prerrogativas processuais. Isso não pode permitir, entretanto, que o juiz togado possa dar tutela a regras previamente estabelecidas de composição do órgão arbitral que firam o núcleo essencial da isonomia processual em sua acepção fraca, em relação ao qual as partes não possuem liberdade de disposição. Aí reside a importância do controle preventivo dessas regras, que deve permitir também ao juiz togado, de forma análoga à atuação dos órgãos arbitrais, afastar a regra estabelecida pelas partes nesses casos – ainda que não se esteja diante da hipótese do §6º do artigo 7º da Lei de Arbitragem.

Esse controle é ainda essencial não apenas no que diz respeito à estrutura estabelecida pelas partes, mas também ao seu cumprimento, que não pode dar espaço a situações que firam a isonomia em seu núcleo essencial. Ilustra bem essa situação a propositura de demanda judicial para instauração de juízo arbitral a partir de cláusula arbitral que, apesar de prever a formação de tribunal composto por três árbitros, cabendo a cada polo nomear um coárbitro, e aos coárbitros nomearem a presidência, conta com litigantes com interesses diversos em um mesmo polo e não estabelece como se proceder quando um dos polos falha na nomeação do árbitro que lhe compete indicar. Imagine-se então que haja resistência do polo multiparte na instauração da arbitragem, de modo que deixe de nomear árbitro, tendo por outro lado o autor nomeado árbitro conforme autorizado na convenção arbitral. A cláusula, abstratamente observada, não estabelece qualquer critério que fira uma noção mínima de igualdade. Na situação hipotética descrita, o controle preventivo a ser exercido pelo juízo estatal determina que a regra estabelecida pelas partes seja parcialmente afastada, de modo a impedir que apenas um dos polos nomeie árbitro. Na prática, entretanto, a regra fere a premissa de concessão de igualdade de oportunidades no tocante a uma mesma prerrogativa processual. Em atenção à primazia das escolhas das partes, parece recomendável que o órgão judicial mantenha aplicáveis disposições que digam respeito ao número de membros do painel arbitral. Deverá nesse caso, entretanto, proceder diretamente à indicação de todos seus membros, em prejuízo do interesse do autor de fazer valer sua posição processual previamente estabelecida nesse sentido.

Há de se levar em consideração que a atuação do órgão judicial, nesta fase da relação processual, não chancela qualquer tipo de proteção à regularidade do processo arbitral que irá a partir daí se desenrolar. Em outras palavras, não é porque a instauração do juízo arbitral deu-se com participação do poder judiciário que essa mesma instauração ver-se-á revestida de uma blindagem e de um atestado de adequação frente ao devido processo legal arbitral. A análise de quebra de isonomia dá-se diante dos fatos ligados à relação jurídica subjacente e às prerrogativas processuais das partes. Não sofre, assim, impacto em razão de o comportamento ter ocorrido sob guarida do poder judiciário. Nesse sentido, eventual participação equivocada do juiz togado nesse procedimento de instauração arbitral não apenas pode inquinar o processo por quebra de isonomia que impacta na higidez do processo, como igualmente sujeita a sentença arbitral porventura ao final proferida ao controle repressivo pelo próprio poder judiciário em sede de demanda anulatória.

O segundo patamar de controle preventivo do juízo estatal tem por base regras que tenham eventualmente de ser estabelecidas pelo órgão judicial para suprir o vazio ou a incompletude da convenção arbitral naquilo que seja essencial, necessário e indispensável à instauração do juízo arbitral. Trata-se basicamente de definir o número de árbitros e a metodologia de escolha de seus membros, para o que deverá ser sempre oportunizada a equivalente possibilidade de participação das partes. A nuance reside em que a demanda do artigo 7º deve sempre resultar, a menos quando indeferida a pretensão do autor, na efetiva instauração do juízo arbitral.

A segunda hipótese de participação, em tese, da jurisdição estatal no controle preventivo da isonomia do processo arbitral não está prevista na Lei de Arbitragem e, a rigor, é excepcional e, por assim dizer, anômala. Trata-se da situação, já vivenciada na realidade brasileira, em que a parte que se vê prejudicada em alguma prerrogativa do devido processo legal – dentre os quais a isonomia processual – impetra mandado de segurança – no poder judiciário, portanto – contra determinação do órgão arbitral que aplica uma regra previamente estabelecida pelas partes ou que cria regra procedimental específica contra cujos efeitos a parte se insurja.[250]

[250] Um caso referência no assunto é trazido no MS nº *053.10.017261-2*, da 13ª Vara Cível da Fazenda Pública da Comarca de São Paulo. Trata-se de mandado de segurança impetrado

Trata-se de situação que se diz anômala porque, a rigor, não é absolutamente incompatível com o ordenamento jurídico[251], mas ao mesmo tempo contraria a lógica da sistemática arbitral – e, não por acaso, sequer resta prevista de forma expressa em norma positivada. A adequação da medida se justificaria no próprio cabimento do mandado de segurança, previsto na Constituição Federal e em lei ordinária, para proteger o jurisdicionado contra ato que viole direito líquido e certo.

Entende-se aqui pela inadequação dessa via como mecanismo para pretensa correção de quebra de isonomia no processo arbitral. Ainda que, como acima pontuado, não haja uma incompatibilidade expressa do cabimento do mandado de segurança nessa hipótese, a lógica subjacente ao sistema arbitral e à convivência entre as jurisdições pública e privada leva a essa incompatibilidade.[252]

É elemento inerente à jurisdicionalidade da atividade dos árbitros o fato de que lhes cabe, em primazia e exclusividade, dirigir o procedimento heterocompositivo que lhes é submetido. Esse múnus não está sujeito a qualquer tipo de controle externo preventivo no curso do processo arbitral. E sequer poderia estar, pois do contrário essa atividade jurisdicional estaria, sempre, condicionada a avais e revisões do poder judiciário quando este fosse provocado, o que tornaria a jurisdição arbitral subordinada à estatal. O judiciário não exerce qualquer tipo de revisão da atividade arbitral, apenas controle, o qual tem no processo apenas seu objeto mediato, visto que para que haja controle faz-se necessário que haja, em todo e qualquer caso, uma sentença arbitral. Inexiste, portanto, controle sobre processo durante seu curso, mas

pela Companhia do Metropolitano de São Paulo – Metrô, no contexto de litígio arbitral em curso e em fase de liquidação, contra decisão interlocutória do tribunal arbitral que indeferia a produção de prova pericial de engenharia pleiteada. Inicialmente foi deferido o *writ* para determinar a realização da prova pleiteada, em decisão posteriormente revertida pelo Tribunal de Justiça do Estado de São Paulo em sede de agravo de instrumento. BRASIL. TJSP. Mandado de Segurança. *MS nº 053.10.017261-2*. 13ª Vara Cível da Fazenda Pública da Comarca de São Paulo.

251 DINAMARCO, Cândido Rangel. *A Arbitragem na Teoria Geral do Processo*. São Paulo: Malheiros, 2013, p. 233-235.

252 ANDRADE, Gustavo Fernandes. Descabimento de mandado de segurança impetrado contra sentença de tribunal arbitral – Comentários à ApCiv 0120145-96.2011.8.26.0100 do TJSP. *Revista de Arbitragem e Mediação*, v. 33, 2012.

apenas enquanto sucessão de atos processuais quando já consubstanciados em uma sentença.[253]

Não se questiona que em processo judicial esse controle do devido processo legal possa ser exercido no curso do procedimento. Há recursos específicos para revisão (e não apenas controle) de atos processuais judiciais antes da prolação de eventual sentença. Entretanto, ao optarem pela arbitragem, as partes igualmente abrem mão dessa sistemática de controle, e inserem-se em contexto no qual a condução e a gerência do processo são feitas exclusivamente pelo juízo arbitral. A má condução do procedimento que leve a quebra de isonomia no curso do processo caracteriza circunstância indesejada, em especial porque inquina de vício a tutela ao final proferida. Entretanto, cabe pontuar se tratar de risco inerente à prática arbitral, com a qual as partes anuem ao aderir a esse sistema de heterocomposição. O controle judicial é apenas *a posteriori*, como medida essencial à manutenção da autonomia do sistema arbitral.[254]

Nesse aspecto, é sintomático que a única participação do poder judiciário prevista na Lei de Arbitragem em que se vislumbra a possibilidade de ocorrência de um controle preventivo do devido processo legal esteja atrelada a um momento anterior à constituição do tribunal arbitral, qual seja, a mencionada demanda do artigo 7º.

O mundo dos fatos, entretanto, nem sempre se vincula àquilo que juridicamente se mostra mais adequado. Daí porque deve-se também tratar rapidamente do posicionamento a ser adotado pelo juízo estatal caso entenda cabível a impetração de mandado de segurança contra decisão de tribunal arbitral no curso do processo que aplique regra que viole a isonomia processual.

O órgão judicial deve pautar-se na ideia já delineada de que as regras procedimentais estabelecidas pelas partes e aquelas criadas pelo órgão arbitral possuem vetores normativos diversos em termos do objeto de sua proteção

[253] BARBOSA, Flávio Spaccaquerche; VERONA, Carlo. Sentença Parcial. Mandado de Segurança. Interferência do Poder Judiciário na Instrução do Procedimento Arbitral. *Revista Brasileira de Arbitragem*, v. 27, 2010, p.120-212; ANDRADE, Gustavo Fernandes. Descabimento de mandado de segurança impetrado contra sentença de tribunal arbitral – Comentários à ApCiv 0120145-96.2011.8.26.0100 do TJSP. *Revista de Arbitragem e Mediação*, v. 33, 2012, p.402 e ss.

[254] APRIGLIANO, Ricardo de Carvalho. *Ordem pública e processo:* o tratamento das questões de ordem pública no direito processual civil. São Paulo: Atlas, 2011, p.48.

em termos de isonomia processual. A atuação judicial não se presta, em nenhuma hipótese, a criar âmbitos de proteção que não se adequem ao papel que a norma exerce na relação jurídica processual.

Nesse aspecto, ao órgão judicial não compete (assim como tampouco ao órgão arbitral no exercício de seu controle preventivo) reorganizar os limites do consenso previamente ajustados entre as partes na fixação de regras procedimentais, se alguma das partes entender-se prejudicada por sua aplicação, em termos de igualdade processual, e não obtenha guarida dos árbitros nesse entendimento. A liberdade contratual deve ser a tônica das regras procedimentais naquilo que não desrespeitem o núcleo essencial do princípio da isonomia.

De outro lado, estando-se diante de regras estabelecidas pelos árbitros, o órgão judicial deve ainda assim resguardar a primazia da jurisdição arbitral na definição dos contornos do devido processo legal no procedimento sob análise e, consequentemente, na conformação dos princípios jurídicos aplicáveis e de sua normatividade expansiva e garantista. Nos termos do quanto já ponderado, muito embora o rito procedimental estabelecido pelo juízo arbitral tenha de assegurar a isonomia em sua acepção forte, com sua tendência expansiva, o objeto de proteção não é o atingimento de uma igualdade máxima e absoluta. A tutela da isonomia opera-se no contexto das oportunidades formais e materiais asseguradas às partes dentro da concepção geral de processo que decorre dos juízos de adequação e conveniência do órgão arbitral ao exercer sua atividade jurisdicional. Ainda que o juízo estatal tenha concepções diversas sobre como o procedimento poderia se desenvolver de forma mais eficiente ou com maior proteção à isonomia, esse juízo comparativo não deve nunca se prestar a tutelar a pretensão de controle preventivo, em via judicial, dos atos processuais tomados pelos árbitros.

Feitas essas ponderações, tem-se que o único escopo de atuação que restaria à jurisdição arbitral assemelha-se àquele em que, excepcionalmente, admite-se também ao juízo estatal decidir sobre a existência de consenso inequívoco em arbitrar – em prejuízo, portanto, à regra de competência estabelecida no artigo 8º da Lei de Arbitragem: nas raríssimas hipóteses em que a violação ao princípio da isonomia no curso do processo arbitral seja em tal grau e proporção que sua constatação seja, *per se*, evidente e inquestionável, o que apenas ocorrerá quando houver flagrante e inquestionável violação ao núcleo essencial do princípio da isonomia. Essa hipótese de cabimento, assim como aquela em que o juiz togado afasta a arbitragem antes do pronunciamento do juízo arbitral sobre os efeitos da convenção arbitral, pode assumir alguma plausibilidade tendo em vista tratar de situações teratológicas nas quais aguardar o curso regular e normal do sistema de controles arbitrais equivaleria a submeter as partes a ônus econômicos e temporais que se mostrariam desarrazoados.[255] Sempre, entretanto, que for necessário acessar a alegada quebra de igualdade a partir de ponderações e juízos subjetivos de adequação procedimental, essa possibilidade estará afastada.

3.1.2 O controle repressivo

O controle repressivo é o mecanismo de verificação de regularidade do processo arbitral por excelência, que então passa pelo crivo do poder judiciário. Considerando a imunização do mérito dos litígios submetidos à arbitragem contra ingerência judicial, o instrumento previsto pelo legislador no artigo 33 da Lei de Arbitragem foi a forma de se tutelar ao menos uma instância de controle da regularidade do processo.[256] Trata-se, portanto, de instância que se presta a chancelar ou a rechaçar que o processo arbitral tenha seguido os parâmetros adequados de justeza, se o devido processo legal foi observado. As hipóteses taxativas[257] do artigo 32 da Lei de Arbitragem inquinam de nulidade[258] a sentença arbitral e traduzem, sem exceção, alguma quebra do devido

[255] TEPEDINO, Gustavo. Invalidade da cláusula compromissória e seu controle (também) pela jurisdição estatal. In: JOBIM, Eduardo; MACHADO, Rafael Bicca (coord.). *Arbitragem no Brasil:* Aspectos Jurídicos Relevantes. São Paulo: Quartier Latin, 2008, p.249 e ss. E, ainda, ALVES, Rafael Francisco. *A inadmissibilidade das medidas antiarbitragem no direito brasileiro.* São Paulo: Atlas, 2009, p.190-204, em especial 200-202.

[256] VICENTE, Fabrizzio Matteucci. *Arbitragem e Nulidades:* Uma Proposta de Sistematização. São Paulo, 2010. 244 p. Tese de Doutorado – Faculdade de Direito – Universidade de São Paulo, p.109 e ss.

[257] Há quem admita hipóteses mais amplas de ataque à sentença arbitral a partir de critérios outros que não expressamente apontados no referido artigo 32 da Lei de Arbitragem. Nesse sentido, CARMONA, Carlos Alberto. *Arbitragem e Processo:* Um comentário à Lei de Arbitragem. 3. ed. São Paulo: Atlas, 2009, p.411 e ss.; e, ainda, VERÇOSA, Fabiane. *A aplicação errônea do Direito pelo árbitro:* uma análise à luz do Direito Brasileiro e Estrangeiro. Curitiba: CRV, 2015, p.189 e ss.

[258] O presente trabalho não adentrará a discussão acerca de se tratar de vício de nulidade ou anulabilidade, adotando-se, aqui de forma indistinta, ação ou demanda de "nulidade" e

processo legal e do ideal de processo justo – sendo, em última análise, ligadas ao juízo natural, ao exercício adequado da jurisdição, à eficiência processual, ao contraditório, à imparcialidade, dentre outros elementos.

A nulidade da sentença arbitral é, com isso, o resultado natural da falta de higidez do processo em determinada etapa do seu iter. A forma de controle repressivo estabelecido pelo legislador, que se dá sobre o provimento jurisdicional exarado, é mais um indicativo de que se busca tutelar a autonomia do processo arbitral durante seu curso, de modo que as questões que não forem a contento resolvidas endoprocessualmente durante a arbitragem possam ser submetidas ao controle externo somente após a consumação do ato jurisdicional de que resulta o processo – a sentença.

A nomenclatura aqui empregada traz um indicativo conotativo da atividade a ser exercida pelo órgão judicial. Trata-se de controle, não de revisão. O controle repressivo do processo arbitral [rectius: da sentença arbitral] representa mecanismo em que devem ser feitos juízos comparativos de adequação, e apenas isso. A comparação é feita entre a sentença arbitral impugnada – e, por extensão, a partir de qualquer ato processual de que ela seja resultado direto ou indireto – e os critérios-filtro normativos de regularidade procedimental, trazidos no artigo 32 da Lei de Arbitragem. O controle está longe de caracterizar uma atividade automatizada, e não se ignora que a própria concepção do conteúdo desses parâmetros demanda um elemento interpretativo do órgão julgador sobre o conteúdo da norma. Basta imaginar que uma ação anulatória calcada na nulidade da convenção de arbitragem presume que haja concepções distintas sobre os requisitos de existência, validade e eficácia da cláusula arbitral, pois do contrário não haveria razão de se admitir que a decisão previamente tomada a esse respeito pelo órgão arbitral – expressa ou implicitamente ao exercer a atividade jurisdicional no caso concreto – fosse submetida a novo juízo valorativo a respeito – agora pela jurisdição estatal.

"pretensão anulatória". Sobre o tema, por todos, v. DINAMARCO, Cândido. *A Arbitragem na Teoria Geral do Processo*. São Paulo: Malheiros, 2013, p. 244-246.

A nuance dessa distinção reside essencialmente no fato de que a demanda do artigo 33 da Lei de Arbitragem não viabiliza qualquer correção no processo arbitral ou na sentença arbitral.[259] Não há qualquer forma de retificação ou de correção da pretensa nulidade. O controle, pelo contrário, é obstativo: ele chancela a falta de higidez da sentença arbitral e afasta os efeitos naturais da decisão jurisdicional no todo ou em parte, a depender do caso. O resultado de um controle repressivo que reconhece uma falha no curso do processo arbitral acarreta, com isso, ônus importantes às partes em termos de efetividade do processo prévio a que se submeteram, dos custos de tempo, de recursos e de oportunidade envolvidos. Reposiciona, portanto, as partes no *status quo ante* no tocante à existência da lide e à necessidade de reapresentação da questão a novo processo heterocompositivo caso persista a necessidade e o interesse em sua pacificação. Tem-se, com isso, verdadeiro reconhecimento de imprestabilidade total ou parcial do processo prévio frente a seus escopos jurisdicionais e a frustração imediata das partes e mediata do sistema jurídico em termos de que do processo resulte uma tutela jurisdicional útil e eficaz.[260] Daí resulta que, conquanto o controle repressivo desempenhe função essencial de resguardo da tutela do processo adequado e justo, a utilização do poder nele encerrado pelos órgãos judiciais deve ser imbuído de extrema cautela, em especial para não tutelar pretensões anulatórias que simplesmente transvistam a irresignação da parte com o resultado do mérito do litígio no código comunicacional das nulidades processuais. Cabe à jurisdição estatal, nesse aspecto, impedir que o controle seja metamorfoseado em uma instância de revisão indireta a partir do desfazimento de um processo arbitral para que a parte irresignada obtenha nova decisão de mérito sobre a lide.[261]

[259] WLADECK, Felipe Scripes. Meios de Controle Judicial da Sentença Arbitral Nacional. São Paulo, 2013. 425 p. Dissertação de Mestrado – Faculdade de Direito – Universidade de São Paulo, p. 279: "[...] não se destina a modificar uma situação jurídica nem a obter uma prestação de direito material do sujeito demandado, mas apenas a declarar uma realidade que se verifica no mundo fático-jurídico".

[260] CLAY, Thomas. *L'arbitre*. Paris: Dalloz, 2001, p. 637 e ss.

[261] PINTO, José Emilio Nunes. Anulação de sentença arbitral infra petita, extra petita ou ultra petita. In: JOBIM, Eduardo; MACHADO, Rafael Bicca (coord.), *Arbitragem no Brasil:* Aspectos Jurídicos Relevantes. São Paulo: Quartier Latin, 2008, p.254: "Portanto, há de se concluir que, a despeito de estarem devidamente reguladas no texto legal, as oportunidades para interferência do Poder Judiciário na arbitragem são pontuais e por exceção. Ademais, vale dizer que a arbitragem, na forma concebida, deve, em regra e desde que obedecidos estritamente os

Entretanto, cabe aqui a ressalva de que o ordenamento jurídico admite o convívio, embora excepcional e indesejado, com o processo injusto. A retidão processual, embora seja um objetivo latente do sistema, reveste sobretudo um interesse da parte em se ver submetida ao processo adequado para a resolução de seu litígio, que deve se desincumbir do ônus de demonstrar que a sentença é viciada. Assim, embora prazo decadencial estabelecido no §1º do artigo 33 da Lei de Arbitragem não sane verdadeiramente eventuais vícios existentes, resolve o anseio do sistema jurídico no sentido de que haja uma pacificação definitiva dos litígios submetidos à atividade jurisdicional ao aplacar o direito de pretender o desfazimento da sentença.[262]

Se, como ponto de partida, deve-se originalmente esperar cautela no exercício da atividade de controle pelo poder judiciário frente ao processo arbitral, esse cuidado deve ser ainda mais reforçado quando a parte lance mão da isonomia como referencial normativo de higidez processual. Para essa conclusão, basta lançar o olhar para as hipóteses de nulidade elencadas no artigo 32 da Lei de Arbitragem. Os seis primeiros incisos do dispositivo lidam com questões que, em maior ou menor grau, possuem algum parâmetro normativo mais ou menos estruturado a partir do qual se pode estabelecer o

ditames legais, esta estar imune à intervenção do Poder Judiciário. [...] Por essa razão, há que se impedir a proliferação de medidas judiciais no âmbito da arbitragem, especialmente em relação à anulação da sentença arbitral por parte daquele que viu frustrada a sua postulação de ter reconhecido direito contestado pela parte contrária. Vale lembrar que essa tentativa de anulação da sentença arbitral à vista de uma decisão de mérito contrária à pretensão de uma das partes está presente em todas as jurisdições, em maior ou menor intensidade. A contrariedade dos que se defrontam com uma decisão de mérito adversa tem dado azo a que busquem na tentativa de anulação do procedimento arbitral um meio de reverter uma posição de inconformismo."

[262] Embora escape ao objeto deste trabalho, é importante a discussão sobre o escopo de eventuais embargos à execução de sentença arbitral apresentados quando já transcorridos o prazo decadencial estabelecido no §1º do artigo 33 da Lei de Arbitragem sem que uma demanda anulatória tenha sido apresentada pelo embargante, bem como sobre o descabimento de ação rescisória contra sentença arbitral. Nesse sentido, cf. ARMELIN, Donaldo. Notas sobre a Ação Rescisória em Matéria Arbitral. *Revista de Mediação e Arbitragem*, v. 1, 2004. Em sentido diverso especificamente quanto ao escopo da impugnação ao cumprimento de sentença arbitral, entendendo que após o prazo decadencial para propositura da demanda anulatória apenas restringem-se à matéria da execução cf. CARMONA, Carlos Alberto. *Arbitragem e Processo:* Um comentário à Lei de Arbitragem. 3. ed. São Paulo: Atlas, 2009, p. 430-431. Em sentido diverso, quanto à admissibilidade de ação rescisória, v. VALENÇA FILHO, Clávio. *Poder Judiciário e a sentença arbitral*. Curitiba: Juruá, 2008, p. 147-148.

referencial de controle. A nulidade de convenção arbitral, a capacidade para ser árbitro, os requisitos obrigatórios da sentença arbitral, os limites da convenção arbitral, a ocorrência de ato equiparável a crime contra a administração pública e o desatendimento do prazo estabelecido para prolação da sentença arbitral – todos esses critérios lidam com circunstâncias que, ainda quando não objetivas ou quando abram espaço para discussões sobre o conteúdo da norma, calcam-se em outros critérios normativos previamente definidos. Basta imaginar que, ainda que se possa discutir e divergir sobre se determinado ato negocial é nulo, existem critérios normativos, sobre a validade dos atos jurídicos em geral, que servem de ponto de partida para o debate e para as conclusões do órgão judicial no exercício do controle. O mesmo se constata a respeito da interpretação dos limites de arbitrabilidade da convenção arbitral, que levará a discussão para os critérios normativos afeitos à eficácia e à extensão das declarações de vontade jurídico-negociais.

Contexto distinto reside na última hipótese prevista no artigo 32 da Lei de Arbitragem, que lida com o vício processual – da sentença arbitral – resultante da violação dos "princípios de que trata o art. 21, §2º, desta Lei", vale dizer, do devido processo legal arbitral, no qual a isonomia é textualmente mencionada.

Conforme previamente apontado no início deste trabalho, lida-se ali com um critério normativo de conteúdo polissêmico e ampla carga normativa, o que por si só abre espaços para subjetivos interpretativos e coloca, na mão da própria instância de controle, a definição da intensidade e da rigidez dos critérios referenciais de verificação de regularidade processual. Essas características assumem uma tônica ainda mais sensível no âmbito arbitral, vez que não se fala em referencial normativo – positivado pelo legislador – que estabeleça balizas sobre o conteúdo dos princípios corolários do devido processo legal na arbitragem. A inexistência de ritos procedimentais pré-definidos pelo legislador, justamente um elemento atrativo do processo arbitral, traz por revés, sobre esse aspecto específico, a indefinição daquilo que se deva considerar como atentatório aos princípios elencados no artigo 21 da Lei de Arbitragem. Basta recordar o exemplo trazido a respeito do conteúdo do contraditório atualmente vigente no Código de Processo Civil, que amplia o espectro normativo exigível deste princípio em termos de regularidade do processo quando comparado com a realidade do Código de Processo Civil revogado. Em ambos os casos, o contraditório é atendido, mas em graus distintos de exigência. A inexistência desses parâmetros no processo arbitral[263] abre um espaço amplo para a atividade exegética e integrativa do juízo estatal no exercício do controle da higidez do processo arbitral pela quebra do devido processo legal e, em especial, pela quebra da isonomia. Fica evidente também neste ponto a caracterização de uma autorreferenciabilidade de competência na medida em que é o poder judiciário que definirá o conteúdo que entende pertinente ao inciso VI do artigo 32 da Lei de Arbitragem, de modo que a partir daí dará espaço para a construção e a sedimentação de uma instância de controle que dialogue mais ou menos com a autonomia do órgão arbitral na condução do processo.

Se a premissa – que se aceita aqui como adequada – é a de que a estruturação de um sistema jurisdicional privado com pretensa autonomia e código comunicacional próprio visa a estabelecer uma jurisdição que seja paralela e complementar à estatal, não sendo subordinada a esta, a consequência é a de que, como um todo, o ordenamento jurídico deve tutelar a ideia de que se verifica uma primazia do órgão arbitral na definição da conformação do devido processo legal.[264] A intervenção judicial, nesse aspecto, deve ser ciosa dessa lógica sistêmica, desse vazio normativo intencional deixado pelo legislador, e proceder a um controle mínimo. O desafio pode residir, em grande medida, no fato de que, a despeito de se pretender um controle mínimo, os paradigmas de isonomia empregados pelo órgão judicial, em razão de sua teleologia jurisdicional voltada ao processo justo, deveriam pautar-se, como regra,

[263] Não sem motivo a construção doutrinária em torno do *iura novit curia* em arbitragem. A esse respeito, reforçando que a despeito de ser recomendável a maximização do contraditório, a violação nesse caso dificilmente levaria à anulação da sentença arbitral, v. BARALDI, Eliana Buonocore. *Iura novit curia em arbitragem internacional.* São Paulo, 2016. 172 p. Dissertação de Mestrado – Faculdade de Direito – Universidade de São Paulo, p.57 e ss. Ainda sobre o tema, dando conta inclusive de hipóteses em que o controle judicial impôs sua observância ao processo arbitral, v. VISCONTE, Debora. Iura novit curia e o contraditório. In: CARMONA, Carlos Alberto, LEMES, Selma Ferreira, MARTINS, Pedro Batista (coords.). *20 anos da lei de arbitragem:* homenagem a Petrônio R. Muniz. São Paulo: Atlas, 2017, p. 48 e ss. Ressalva-se a situação francesa em que o controle do processo arbitral pode afastar a aplicação do princípio, cf. SERAGLINI, Christophe; ORTSCHEIDT, JÉRÔME. *Droit de l'arbitrage interne et international.* Paris: Montchrestien, 2013, p.887-888.

[264] CREMADES, Bernardo. The Use and Abuse of "Due Process" in International Arbitration. *Revista de Arbitragem e Mediação*, v. 52, 2017, p.283-296.

em uma acepção forte, maximizada e expansiva de igualdade. Essa linha de ideias, entretanto, merece um olhar com maior acuidade.

A demanda anulatória de sentença arbitral representa o último dos estágios de controle do processo, de modo que lida com o resultado final de concepções de justeza e adequação heterocompositiva que aglutinam em um processo único tanto as escolhas feitas pelas partes quanto aquelas feitas pelo tribunal arbitral (e, excepcionalmente, do próprio poder judiciário). A correta concepção dessa instância de controle repressivo coloca a jurisdição estatal não como uma instância de reavaliação do processo arbitral a partir de critérios próprios e aplicáveis aos processos judiciais ordinários pautados na codificação processual civilista, mas sim como um observador no sentido de verificar se os atores processuais da arbitragem – partes e árbitros – exerceram seus ônus e prerrogativas de acordo com as premissas específicas que pautam a atuação de cada um deles. É apenas sob essa premissa que se extirpa da demanda anulatória uma pretensão revisional pelo órgão judicial e se chancela seu real papel de supervisão e controle. A revisão importa em uma valoração sobre aquilo que se acha melhor, mais pertinente, mais adequado ou mais eficaz frente a um estado de coisas, sem que haja, necessariamente, uma vinculação à lógica interna do próprio objeto de revisão; o controle, a seu turno, não é exercido apenas sobre o resultado do processo, mas sobre o cumprimento das regras do jogo do qual a sentença resulta.

O desafio reside, precisamente, no fato de o juízo estatal ter de exercer seu controle não a partir do código comunicacional a que está habituado, mas a partir do olhar do sistema arbitral. Trata-se de um controle exoprocessual, mas com fundamento na premissa endoprocessual da arbitragem. É controle externo, embora assente em um código comunicacional interno da arbitragem e não da jurisdição estatal

Dessa linha de ideias resulta um controle que se denomina mínimo apenas sob o aspecto de calcar-se nos elementos internos do sistema e respeitar suas idiossincrasias, tornando inócuas – no sentido de não caracterizarem critérios de controle e tampouco objeto de tutela desse controle – percepções da instância judicial sobre a melhor forma de se conduzir um processo, ou de se tutelar um princípio derivado do devido processo legal. É mínimo em seu aspecto de intervenção externa, mas é completo sob o aspecto da amplitude de sua investigação. O ponto de tensão e o desafio residem, portanto, na convivência entre dois sistemas diversos, assim como na tendência de o poder judiciário em atuar a partir de seu próprio código comunicacional.

A doutrina *favor arbitralis*, já mencionada, condensa, ainda que em outro discurso, essa mesma linha de ideias. Trata-se, ao fim e ao cabo, de recomendar uma interpretação que privilegie o código interno da arbitragem, o que reforça sua autonomia sistêmica e sua independência em termos de jurisdição. O poder judiciário brasileiro, nesse aspecto, e ainda que em outras matérias afeitas à seara arbitral, já deu fortes indícios de privilegiar a arbitragem a partir desse ideal.[265]

O controle repressivo, diferentemente do preventivo, não possui duplo aspecto, um dos quais seria prospectivo de criação de normas. Ele é *ex post facto*, pois lida com a realidade concretizada no processo, a partir do qual resultou a sentença impugnada, sendo, nesse aspecto, puramente retrospectivo.

Sob o olhar específico da isonomia processual em arbitragem, o juízo estatal, ao ser chamado a atuar em demanda anulatória, deve idealmente levar em consideração que a construção do devido processo legal arbitral faz-se caso a caso, a partir de uma coparticipação das partes e dos árbitros. Mais que isso, deve considerar que o referencial de controle é, precisamente, o devido processo legal adotado para o caso concreto. O juízo de adequação, portanto, verifica se a construção adotada e a conformação dada ao princípio da igualdade atendem aos próprios referenciais e às balizas internas do sistema arbitral. Do contrário, estar-se-ia a tutelar a surpresa no processo, na medida em que os participantes ficariam sujeitos a balizas de regularidade que extrapolariam a própria dinâmica das regras internas do processo a que se vinculam.

No manejo desse critério de controle da higidez do processo arbitral, faz-se necessário, portanto, que o poder judiciário tenha uma visão global de todas as camadas de normatividade do princípio da isonomia no curso do processo arbitral. Isso impõe a consideração das nuances dos vetores normativos a partir de suas acepções de isonomia fraca e forte – o que leva em consideração essencialmente a fonte jurígena das regras estabelecidas e aplicadas no processo arbitral.

265 DINAMARCO, Cândido. *A Arbitragem na Teoria Geral do Processo*. São Paulo: Malheiros, 2013, p.93-97.

Nesse sentido, compete ao juízo estatal avaliar se as regras criadas pelas partes se acomodam dentro do espectro de proteção mínimo da isonomia aplicável a essa hipótese e se tutelam o núcleo essencial desse princípio nesse contexto. Aqui, o órgão judicial deve estar atento em especial a não buscar dar uma conformação principiológica que se distancie da dinâmica do sistema arbitral, assim como da liberdade e da flexibilidade que o próprio ordenamento atribui às partes. O passo seguinte reside na verificação das regras estabelecidas pelo órgão arbitral em seu controle preventivo – nos vazios e nas lacunas deixadas pelas partes ou supervenientes a partir do afastamento de regras previamente pactuadas pelo próprio tribunal arbitral quando do exercício de seu controle. Aqui, a dinâmica é diversa na medida em que o papel do órgão de controle é o de verificar se juízo arbitral conferiu ao princípio da igualdade a tutela devida a partir de sua acepção forte. E nisso reside o maior desafio da autocontenção judicial a partir de uma concepção teleológica de sua função de controle.

Não cabe ao juízo estatal ponderar se as escolhas ritualísticas do tribunal arbitral são, em sua concepção, as mais adequadas ou as que promovem a isonomia em seu grau máximo. Consoante anteriormente pontuado, não são esses atributos o objeto de proteção da isonomia em sua acepção forte no sistema arbitral. O papel do poder judiciário é o de verificar se, na conformação do devido processo legal no caso concreto que lhe foi submetido, o órgão arbitral, ao criar suas próprias regras procedimentais, deu a devida aplicação ao aspecto expansivo e garantidor da isonomia, o que se verifica pelo atendimento dos dois postulados de que se tratou previamente: a concessão de oportunidades de modo formalmente equivalente e a não determinação de regras que representem a renúncia de prerrogativas processuais que coloquem uma parte em situação de desvantagem material frente à outra. Reside aí a avaliação de observância do núcleo da isonomia em sua acepção forte.

Essa verificação certamente passará por circunstâncias que chancelam algum tipo de desigualdade quando comparada a parâmetros diversos de devido processo legal. O controle, nesse aspecto, apesar de externo, deve se dar a partir das regras internas do jogo arbitral. Isso significa que a avaliação dessas possíveis desigualdades, quando não violem os postulados que vinculam a criação de regras pelo órgão arbitral, perpassa pela análise, por parte do juízo estatal, de eventual desincumbência do tribunal arbitral do ônus argumentativo de justificar adequadamente o tratamento dado às partes e então impugnado em sede anulatória. Isso reforça a ideia de que o princípio da isonomia não impede que haja tratamentos desiguais, mas impede que essa desigualdade seja arbitrária, de modo que sujeita o tribunal arbitral à justificação – expressa ou implícita – da adequação da regra frente ao conceito de devido processo legal construído internamente naquele procedimento.

Isso leva à conclusão de que, a menos que tenha havido violação do núcleo essencial da isonomia, seja pelas regras consensuadas pelas partes ou pelo tribunal arbitral, o controle judicial deve dialogar com os critérios internamente construídos de devido processo legal no âmbito do processo arbitral, o que lhe possibilita verificar a ocorrência de quebra interna à higidez do processo.

3.2 A judicialização da quebra da isonomia processual em arbitragem

A despeito da construção legal visando a dotar o processo arbitral de autonomia frente ao sistema heterocompositivo estatal, em reforço de seu caráter jurisdicional, o processo judicial permanece sendo a manifestação de poder jurisdicional por excelência. É a representação do próprio Estado com sua pujança sobre os jurisdicionados, traduzindo o refúgio último da obtenção da justiça. A mecânica de controle repressivo do processo arbitral, nesse aspecto, muito embora possa revelar em um primeiro momento alguma forma – limitada e nem sempre necessária – de condicionamento da eficácia da sentença arbitral a referendo do poder judiciário, acaba também por servir de elemento de reforço da autonomia arbitral quando se chancela a higidez processual dentro dos parâmetros pretendidos pelo legislador. Existe uma mensagem subjacente no sentido de que o processo arbitral também é seara em que se realiza a justiça no caso concreto, e a possibilidade de controle se converte em uma conjunção da necessidade de se resguardar a tutela do processo, inderrogável em arbitragem, e de viabilizar um ponto de coesão e unificação para o próprio sistema arbitral e seus ideais de devido processo legal – que assumem relevância ante a independência e autonomia entre os juízos arbitrais individualmente considerados e a liberdade de cada qual na aplicação de concepções próprias de igualdade processual.

Não obstante, a provocação da instância de controle externa ao processo arbitral representa, em certa medida, um contraponto à expectativa natural de que o litígio se encerre, em termos de finalização e de continência, dentro da própria arbitragem. Embora de inegável relevância, tem-se ali a antítese da expectativa da autossuficiência e da autonomia absoluta da jurisdição arbitral. E daí pode decorrer a frustração de um dos objetivos almejados quando se opta pela via arbitral, qual seja, a celeridade (ao menos comparativamente à atuação do poder judiciário) na resolução da lide. É certo que a propositura de demanda anulatória, conforme prevista no artigo 33 da Lei de Arbitragem, não traz, como efeito natural, a suspensão da eficácia da sentença arbitral impugnada, mas, nem por isso, essa suspensão deixa de ser tutela provisória cautelarmente possível no contexto da provocação do controle repressivo judicial.[266] Mais que isso, independentemente de haver ou não suspensão da eficácia do provimento jurisdicional arbitral, a judicialização do processo arbitral dilata no tempo a indefinição da crise de certeza que motivou a propositura da demanda arbitral. Ainda que o mérito jamais possa ser revisto em sede de demanda anulatória, há a possibilidade latente de desfazimento total ou parcial da sentença arbitral, reposicionando as partes no *status quo ante* ao processo arbitral.[267]

Desse contexto decorre, portanto, a importância de se analisar a existência de limites ao exercício da pretensão de controle do processo arbitral pelas partes.

3.2.1 Toda quebra de isonomia processual é passível de controle judicial?

A Lei de Arbitragem não estabelece rito procedimental particular à ação anulatória de sentença arbitral, submetendo-a, nos termos de seu artigo 33, §1º, às regras do procedimento comum estabelecidos no Código de Processo Civil. Não há, nesse aspecto, requisitos específicos condicionantes à admissibilidade dessa demanda. A conclusão natural que daí se extrai é a de que, potencialmente, toda e qualquer pretensa e alegada quebra de isonomia processual permite o acionamento do poder judiciário. Não há requisitos, por exemplo,

[266] ALVES, Rafael Francisco. Nulidade de Sentença Arbitral. Impossibilidade de Apreciação do Mérito da Sentença Arbitral pelo Judiciário. *Revista Brasileira de Arbitragem*, v. 14, p. 137-144.
[267] VALENÇA FILHO, Clávio. *Poder Judiciário e a sentença arbitral*. Curitiba: Juruá, 2008, p.99 e ss.

de verossimilhança ou de fumaça de bom direito para fins de admissibilidade da demanda. Pelo contrário, a parte interessada está sujeita aos requisitos dos artigos 17 e 330 do Código de Processo Civil, de aplicação geral em sede de processo judicial.

Essa visão coaduna-se com a importância dada, no ordenamento jurídico, à tutela da regularidade processual como requisito indispensável à higidez da atividade jurisdicional ao passo que igualmente se comunica com uma concepção ampla da tutela constitucional dada a inafastabilidade da apreciação jurisdicional de toda e qualquer lesão ou ameaça a direito, o que é especialmente relevante na medida em que, com a prolação da sentença arbitral final, que é o resultado do processo, cessa a jurisdição arbitral, nos termos do artigo 29 da Lei de Arbitragem.

Considerando que sob um aspecto sistêmico o mecanismo de controle judicial, quando bem empregado pelo poder judiciário, presta-se também a dar uma legitimidade ao exercício da jurisdição privada, a admissão irrestrita de ações fundadas no artigo 32, VII, da Lei de Arbitragem, pode trazer como resultado o fortalecimento das bases do sistema arbitral e de sua autonomia.

Não se ignora, entretanto, que essa abertura da legislação em termos de admissibilidade da demanda anulatória dê espaço ao uso do controle judicial em desvio de finalidade.

Com isso, tendo em vista a irrecorribilidade das decisões de mérito proferidas em sede arbitral, bem como a blindagem do acesso ao mérito do litígio pelo poder judiciário, à parte irresignada com a decisão chancelada em uma sentença arbitral não socorre nenhuma forma de revisitação da decisão ou de revaloração probatória. Sintomático, nesse mesmo sentido, que a prática arbitral mostre que as partes invariavelmente lancem mão do artigo 30 da Lei de Arbitragem para, sob o pretexto de ver sanada alguma omissão, obscuridade, dúvida e/ou contradição constante da sentença arbitral, apresentar verdadeiro recurso sobre o mérito do litígio. Pretendem, com isso, atribuir efeitos infringentes ao pedido aclaratório de modo a alterar a decisão de mérito sobre a qual se insurgem.[268] Superada a fase de esclarecimentos, entretanto,

[268] "[...] isso sem mencionar a circunstância de, em algumas oportunidades, se servirem [as partes] dos embargos arbitrais como se estes tivessem sido cunhados com o objetivo de permitir a revisão ampla da decisao de mérito adversa. Na realidade, não há espaço para se admitir, nos embargos arbitrais, a pretendida revisão ampla. Esta estará balizada, apenas e

a demanda anulatória apresenta-se como um último recurso da parte que se insurja contra o mérito da decisão.

Dispensável dizer que a ação anulatória de que a trata a Lei de Arbitragem não se presta a esse propósito. Entretanto, a tutela ampla do processo justo concedida pela hipótese de quebra de isonomia (e do devido processo como um todo) não permite que aprioristicamente sejam estabelecidas distinções entre o emprego adequado e o errático da demanda anulatória. Acentua o problema a característica previamente apontada no sentido de que o inciso VII do artigo 32 da Lei de Arbitragem lida com critérios normativos de controle sem predefinição de conteúdo no âmbito arbitral. Essa fluidez viabiliza que pretensões que no fundo revistam o desacordo da parte com a decisão de mérito sejam trasvestidas de alegações de quebra da igualdade no curso do processo em violação ao devido processo legal. Isso faz com que, em tese, sempre seja possível arguir alguma quebra de tratamento isonômico no âmbito do processo, mesmo porque alguma desigualdade (mesmo que justificada e legitimada) é parte integrante e indissociável da própria realização da isonomia. Esse traço, que representa um revés inerente à lógica normativa do princípio jurídico, viabiliza, no limite, que a parte com interesse em dilatar o cumprimento forçado de eventual decisão de mérito que lhe seja desfavorável lance mão de subterfúgios no curso do processo, levantando acusações de quebra de isonomia que se sabe infundadas de modo a construir, de antemão, uma tese para uma futura demanda anulatória caso esta se mostre favorável a seus interesses.

A parte insurgente sabe, se minimamente conhecedora do funcionamento da arbitragem, que em nenhuma hipótese conseguirá, em demanda fundada em violação de isonomia no processo, uma revisão de mérito em sede judicial. Não obstante, o emprego indevido da demanda anulatória permite, se não o desfazimento da sentença e a consequente oportunidade de ver a lide julgada novamente em seu mérito por outro juízo arbitral, ao menos um caminho

tão-somente, pelo limite estreito contido nas hipóteses previstas no artigo 30 da Lei, e só nesses casos, a saber: erro material, obscuridade, dúvida ou contradição, além, é claro, de pronunciamento quanto a ponto omitido e sobre o qual deveria o árbitro haver-se manifestado." PINTO, José Emilio Nunes. Anulação de sentença arbitral infra petita, extra petita ou ultra petita. In: JOBIM, Eduardo; MACHADO, Rafael Bicca (coord.). *Arbitragem no Brasil:* Aspectos Jurídicos Relevantes. São Paulo: Quartier Latin, 2008, p.254.

para a obstrução parcial dos efeitos da sentença atacada ou, ainda, uma dilação temporal da resolução definitiva da lide – em contrariedade à celeridade esperada em arbitragem.

Poderia se pensar na aplicabilidade das hipóteses de improcedência liminar, de plano, da demanda, conforme autorizado e regulamentado no artigo 332 do Código de Processo Civil. Para tanto, contudo, para além da constatação da dispensa de instrução probatória para a resolução da questão arguida, mostra-se imperioso que haja sedimentação jurisprudencial sobre a matéria especificamente tratada pelo autor em sua ação anulatória, demandando, portanto, que se possa fazer a subsunção da questão levantada e a constatação de que contraria entendimento previamente firmado. Embora não se possa dizer estar-se diante de situação de impossível ocorrência em sede de ação anulatória por violação do artigo 32, VII, da Lei de Arbitragem, fato é que duas características próprias à arbitragem indicam uma tendência à rarefação da identificação das hipóteses que autorizam o expediente de improcedência liminar: a primeira é o sigilo que recobre grande parte dos processos arbitrais, e que em razão do artigo 189, IV, do Código de Processo Civil, pode se estender à demanda anulatória, dificultando a construção de uma jurisprudência que possa se pautar em um universo amplo de casos; a segunda é o desafio, teórico, de construir jurisprudência consolidada com base na interpretação de um conceito com força normativa tão ampla e diversa e que potencialmente se manifesta de forma heterogênea e com nuances nos mais diversos procedimentos arbitrais.

O fato de não haver condicionantes que limitem o escopo da provocação do poder judiciário para verificação de quebra da isonomia processual coloca o peso do exercício adequado desse múnus no próprio poder judiciário. As circunstâncias anômalas acima mencionadas são resultantes da abertura necessária que se dá ao sistema de controle, mas cuja prática e ocorrência inequivocamente devem ser reprimidas no âmbito da própria demanda anulatória. Compete ao poder judiciário, com isso, frear as tentativas de emprego da demanda do artigo 33 da Lei de Arbitragem fora de seu escopo precípuo de controle a partir de argumentos de quebra de isonomia e que se prestem – unicamente – a contornar uma limitação sistêmica e previamente aceita pela parte no sentido da restrição das possibilidades de revisão da decisão de mérito proferida pelo juízo arbitral.

3.2.2 A quebra de isonomia processual e a separabilidade da tutela jurisdicional.

Questão essencial à compreensão da isonomia, vista como elemento indissociável da higidez do processo, versa sobre extensão de seus efeitos no afastamento da sentença arbitral. Constatada a quebra da isonomia, esta leva necessariamente ao desfazimento da totalidade do processo?

O regramento da Lei de Arbitragem não traz qualquer disciplina acerca dos efeitos dos vícios arrolados em seu artigo 32. É a doutrina quem se ocupa da questão, criando hipóteses de resguardo parcial da eficácia da sentença arbitral quando essa manutenção seja compatível com o tipo de vício atacado.[269]

Ante a inexistência de um tratamento legal expresso a essa problemática, não há, a rigor, uma resposta correta à indagação no que diz respeito à violação de isonomia processual. Há, no entanto, o enfrentamento que se apresenta como mais adequado sob o ponto de vista da exegese da eficácia normativa do princípio integrante ao devido processo legal.

A atribuição de eficácia obstativa absoluta à quebra de isonomia processual, sem qualquer consideração a seus efeitos no caso concreto, de certo é passível de justificação a partir de uma ideia maximizada da tutela do processo justo. Dentro do preceito deôntico da norma pelo qual o devido processo legal é condição de higidez da sentença arbitral, a ausência de gradação do impacto da quebra de isonomia para fins de afastamento da eficácia do processo traz em si um aspecto totalizante que potencializa a eficácia da norma. Ou a isonomia é atendida ou não é, *tour court.* Resulta daí a intensificação da eficácia negativa e positiva da própria isonomia, e o reforço dos sistemas preventivos de controle como medida necessária a assegurar a retidão do processo. O efeito natural esperado da maior gravidade da sanção seria a maior cautela dos atores do processo no atendimento das prescrições da norma de isonomia.

Outro olhar, entretanto, merece atenção. Sem que se descuide da absoluta irrenunciabilidade da igualdade no processo arbitral, não se pode esquecer que a sanção por vício da sentença arbitral, embora medida necessária ao

[269] ARMELIN, Donaldo. Notas sobre a Ação Rescisória em Matéria Arbitral. *Revista de Mediação e Arbitragem,* v. 1, 2004, p.13-14; LEMES, Selma Ferreira. A sentença arbitral. *Revista de Mediação e Arbitragem,* v. 4, 2005, p.29-31.

resguardo do exercício adequado da atividade jurisdicional, rompe com a legítima expectativa das partes litigantes de que haja a pacificação definitiva de seu conflito. A imprestabilidade da sentença arbitral decorrente do reconhecimento dos vícios indicados no artigo 32 da Lei de Arbitragem remete as partes ao estado de incerteza em que se encontravam antes do processo. Some-se a isso o fato de que a inexistência de cumulação de atividade revisória da instância de controle judicial impõe potencialmente que as partes se submetam novamente a uma relação processual para a obtenção da tutela com eficácia adequada, o que invariavelmente acarreta ônus em termos de recursos econômicos e temporais.

A jurisdição arbitral, embora teleologicamente comungue dos mesmos objetivos que a jurisdição estatal, é ainda assim um serviço privado. Há expectativa legítima das partes envolvidas em ganhos de eficiência, seja qualitativa e/ou quantitativa, e de obtenção do resultado final apto ao propósito a que se presta, vale dizer, à resolução definitiva da crise de certeza. Não por acaso, as partes investem no mais das vezes somas significativas para usufruir desse serviço, que não são reavidas em caso de desfazimento do processo arbitral por vício procedimental. Adicione-se a isso o fato de estarem as partes discorrendo exclusivamente sobre direitos disponíveis, em relação aos quais poderiam livremente dispor e se autocompor sem lançar mão de qualquer mecanismo heterocompositivo.

Essas circunstâncias por óbvio não se prestam a afastar a relevância do processo justo em termos condicionante à eficácia da tutela jurisdicional arbitral. Pelo contrário, já foram apresentados ao longo deste trabalho diversos argumentos que reforçam o aspecto indisponível desse predicado. Não obstante, essas mesmas circunstâncias colocam em jogo outro valor na ponderação dos efeitos obstrutivos do princípio da isonomia, que com este deve ser compatibilizado, qual seja, a eficiência processual.

A conjugação desses elementos antevê na inutilização total do processo que antecedeu a decisão atacada, independentemente das circunstâncias do caso concreto, uma medida extrema que desconsidera a possibilidade, em tese, de aproveitamento ainda que parcial da tutela jurisdicional. Nessa possibilidade reside a deferência à normatividade necessária do princípio da isonomia ao passo que não desatende o escopo teleológico da atividade jurisdicional de pacificação de conflitos, tampouco a legítima expectativa das partes em ter uma prestação adequada e útil do serviço contratado. A ideia de separabilidade dos efeitos da sentença atacada de modo a potencialmente salvaguardar parcela da tutela jurisdicional que não se veja atingida pela quebra de isonomia assume, nesse aspecto, relevância e plausibilidade teórica e prática.

Trata-se de situação análoga às hipóteses, *v.g.*, dos incisos II e IV do artigo 32 da Lei de Arbitragem, quando extrapolados os limites de arbitrabilidade subjetiva e objetiva da cláusula arbitral. Na hipótese de se reconhecer ser "nula a convenção de arbitragem" relativamente a apenas um dos litigantes em arbitragens multipartes, por exemplo, a sentença arbitral pode permanecer inalterada em relação aos demais.[270] No mesmo sentido, caso a decisão do juízo arbitral extrapole o recorte objetivo de sua competência traçado pelo consenso das partes, a chancela de vício processual pode restringir-se apenas à parcela da tutela jurisdicional que não aderir aos limites objetivos da lide.[271]

Não se ignora que as hipóteses acima indicadas tratam de critérios normativos que, ainda quando passíveis de debate e entendimentos divergentes, contam com delimitação de sentido mais clara – arbitrabilidade, consenso, verificação dos limites da convenção arbitral e aferição da extensão da sentença arbitral, por exemplo. A proposição, transposta para o campo das discussões mais abstratas do espectro de normatividade de princípios e metaprincípios ligados ao devido processo legal, pode soar mais acadêmica que factível. Contudo, o fato de – eventualmente – ter sua aplicação atrelada a hipóteses muito restritas e limitadas não retira sua importância.

Ressalte-se a quebra da isonomia no processo pode causar não apenas efeitos imediatos, afeitos ao exercício de uma prerrogativa específica em que se repute desrespeitados seus preceitos, mas igualmente mediatos, quando impacta, ainda que de forma menos perceptível, o exercício de outras posições processuais futuras ou correlatas. A ideia de separabilidade não lida, portanto, com a utopia de resguardo de parcela da sentença atacada que se

[270] Sobre a salvaguarda da sentença arbitral na parte adstrita à arbitrabilidade, v. VALENÇA FILHO, Clávio. *Poder Judiciário e a sentença arbitral.* Curitiba: Juruá, 2008, p.109-113.

[271] "Apesar da ausência de regulamentação, não se pode dizer que a Lei não aceite a ideia da nulidade parcial do laudo, pois o art. 38, IV, ao tratar dos motivos que podem levar à negação da homologação da sentença arbitral estrangeira, refere-se ao problema, dispondo que será negada a oficialização se a decisão entrangeira for proferida fora dos limites da convenção arbitral, desde que não se possa separar a parte excedente." CARMONA, Carlos Alberto. *Arbitragem e Processo:* Um comentário à Lei de Arbitragem. 3. ed. São Paulo: Atlas, 2009, p.425.

possa reputar absolutamente desconectada dos efeitos da quebra da isonomia, porque, em análise última, referida medição seria de tal modo impossível de se realizar, o que tornaria, na prática, a ideia inaplicável. Pelo contrário, funda-se em um cálculo de razoabilidade que, embora admita que a quebra pontual de isonomia sempre poderá resvalar de forma latente no exercício de outras posições processuais, entende que em algumas situações esse impacto queda fora do escopo de proteção do princípio da igualdade em razão de não se poder traçar uma relação mínima de antecedência e consequência entre o vício processual e determinada tutela jurisdicional proferida no contexto da sentença atacada. Essa visão, entende-se aqui, conjuga o necessário resguardo do processo justo, objeto central do princípio da isonomia, com outros valores jurídico-processuais igualmente relevantes e ligados à garantia de obtenção, com celeridade e eficiência, de tutela hetorocompositiva útil.

A viabilidade dessa medida depende, não há dúvidas, da análise casuística da lide, do processo e da sentença. Depende, sobretudo, da análise do caminho processual que decorre diretamente da aplicação de provisão ritualística que viola a isonomia processual, em uma verificação que se assemelha, *mutatis mutandis*, à teoria da árvore envenenada da produção de prova reputada ilícita[272]. A ideia de separabilidade, embora permita a contenção dos efeitos obstativos decorrentes da quebra da igualdade processual, não pode tergiversar com a constatação de que todos os atos processuais e deliberações decorrentes diretamente da ruptura da igualdade são acometidos por vício insuperável.

Com isso, essa mesma ideia gravita, sempre, em torno dos espaços da decisão atacada quando essa relação direta de antecedência e sucessão não seja evidente. Nesses espaços de menor clareza é que se mostra, ao menos em tese, possível resguardar uma parcela saudável da sentença atacada. Dois requisitos, entretanto, mostram-se necessários para que se essa possibilidade se opere: *(i)* que seja possível identificar provimentos jurisdicionais em relação aos quais se possa constatar, de forma inequívoca, não serem resultado de valoração jurisdicional que pudesse ser influenciada pelo exercício da posição

272 Sob o aspecto da invalidação dos atos dependentes do vício original. Sobre a doutrina processualista penal a respeito, v. PACELLI, Eugênio. Parecer – Denúncia anônima, instauração de investigação, ilicitude da prova e nulidades. In: PACELLI, Eugênio; CORDEIRO, Nefi; REIS JUNIOR, Sebastião dos. *Direito Penal e Processual Penal Contemporâneos*. São Paulo: Atlas, 2019, p.265-267.

processual desatendida; e *(ii)* que seja possível manter a coesão lógico-jurídica do restante da sentença ao se extirpar a parcela atingida diretamente pela quebra da isonomia processual.

Essa ordem de ideias pode soar descolada da prática ao se imaginar quebras de isonomia que atinjam a jurisdição arbitral de forma mais estrutural, a exemplo de quebra na composição do tribunal arbitral ou ainda da diagramação do contraditório entre as partes vista sob um aspecto global. Aqui, a inobservância da igualdade processual torna impossível segregar da sentença parcelas de exercício de atividade jurisdicional que não sejam resultado do vício processual.

Situação diversa pode ocorrer, entretanto, quando o vício atinja a produção de uma prova específica no contexto de um litígio que lide com uma infinidade de questões, as quais ou sejam independentes entre si ou possuam relação lógico-jurídica, mas na qual a isonomia seja desrespeitada apenas em relação à produção de prova das questões subsequentes. Pode-se exemplificar a partir de uma lide em que se dispute sobre a culpa na ruptura de uma relação jurídico-negocial e a quantificação dos prejuízos daí decorrentes. A quebra de isonomia pode ocorrer no tocante à instrução probatória exclusivamente afeita ao *quantum debeatur*, sem que se possa antever qualquer regra processual violadora da isonomia processual no tocante à discussão sobre culpa e definição do *an debeatur*. A separabilidade das matérias objeto de tutela jurisdicional permite, nesse caso, o resguardo de parcela da decisão sem que se imponha às partes a necessidade de submissão de toda a lide a nova relação processual.[273]

Ilustra igualmente bem a plausibilidade dessa ordem de ideias a possibilidade, hoje expressamente prevista na Lei de Arbitragem em seu artigo 23, §1º, de prolação de sentenças arbitrais parciais, e a previsão de que o prazo decadencial para ataque à decisão arbitral é contado a partir da prolação de cada uma das sentenças pelo tribunal arbitral. O tratamento não isonômico pode estar restrito a etapas subsequentes do processo arbitral, de modo que se permite que sejam preservadas as fases precedentes e as decisões ora proferidas.

[273] Em sentido análogo, embora sob outra perspectiva, v. CARMONA, Carlos Alberto. *Arbitragem e Processo:* Um comentário à Lei de Arbitragem. 3. ed. São Paulo: Atlas, 2009, p.432.

Essa lógica de tratamento da questão pode, ainda, mitigar a utilização indevida da demanda anulatória. A potencial delimitação do espaço de incidência da quebra de isonomia processual e o resguardo da eficácia de parcela da sentença arbitral atacada impõem às partes o ônus de indicar, de forma mais precisa, a ocorrência de quebra de isonomia e acarretam a ciência prévia de que do eventual reconhecimento do vício processual não decorrerá, em todo e qualquer caso, o desfazimento de todo o processo arbitral. Em um contexto geral, isso pode desestimular o emprego da demanda anulatória com o precípuo objetivo de se obter novo julgamento sobre toda a lide.

Muito embora haja valores normativos processuais que justifiquem e legitimem a preservação parcial de sentença arbitral decorrente de processo inquinado por ruptura da igualdade das partes, não se pode perder de vista que o resguardo do processo justo e da regularidade procedimental é o preceito jurídico que se sobreleva, em especial no âmbito arbitral em que se abre mão de vias revisionais das decisões. A separabilidade acima apontada, com isso, apenas possui espaço onde se possa de forma clara e inequívoca identificar espaços de jurisdicionalidade não impactados pelo vício processual. Com isso, quando se esteja diante de hipóteses com pouca clareza ou que residam em zonas cinzentas quanto ao impacto e aos efeitos quebra da igualdade processual no processo deliberativo do juízo arbitral, a presunção deve militar pela impossibilidade de salvaguarda da parcela da sentença que recaia nesses espaços, o que garante ao devido processo legal, neste caso, uma tutela mais protetiva.

O dimensionamento dessas condicionantes, assim como dos efeitos do reconhecimento da violação à isonomia processual no curso da arbitragem será feita pelo poder judiciário e deverá conjugar tanto um aspecto protetivo do devido processual quanto o ideal de autocontenção no exercício desse controle.

3.2.3 Quebra de isonomia, sentenças parciais e decadência

A realidade das sentenças parciais, apesar de reforçar a concepção teórica de que a ruptura da isonomia não compromete, necessariamente, a integralidade do processo arbitral, em outro espectro traz um questionamento adicional relativo às hipóteses em que referido vício acometa estruturalmente todo o processo.

O vício decorrente de quebra de isonomia incidente sobre a formação do juízo arbitral oferece um bom ponto de partida para o problema. A dúvida reside em saber se, proferida uma sentença arbitral parcial, não atacada no prazo legal pela parte que se veja prejudicada por referido vício processual e dele tivesse ou pudesse ter ciência anterior, pode o mesmo vício ser arguido em demanda anulatória proposta contra sentenças arbitrais prolatadas posteriormente no contexto da mesma relação processual.

Independentemente da discussão que se possa apresentar a respeito da natureza jurídica dos vícios elencados na legislação arbitral e da demanda de controle prevista – se de nulidade ou anulabilidade –, parece adequado afirmar que vícios que rompam com o ideal de processo justo e devido processo legal não são passíveis de convalidação. As previsões espalhadas pelo ordenamento jurídico no tocante à estipulação de prazos limites para que se possa provocar mecanismos de correção (de revisão ou de controle) não se prestam, a rigor, a convalidar a violação ao devido processo legal. Antes, trata-se de medida que visa a compatibilizar a tutela ao processo justo com a necessidade de pacificação definitiva dos conflitos sob a perspectiva da segurança jurídica.[274] A imutabilidade da decisão, a despeito de potencial vício, é o reconhecimento de que o escopo de pacificação da atividade jurisdicional deve possuir um marco temporal a partir do qual o próprio ordenamento jurídico admite conviver com o processo injusto e mesmo com o processo inválido. Trata-se de elemento inerente à necessidade de resolução definitiva da lide.[275]

Bem compreendido, o prazo decadencial, conforme estabelecido na Lei de Arbitragem, não incide sobre o direito subjacente ao processo justo, mas sim sobre o direito de obter tutela judicial que retire a eficácia natural da sentença arbitral atacada. O direito que decai, com isso, é o de provocar o controle sobre a sentença arbitral especificamente considerada, e não o direito ao processo justo tutelado nos artigos 32 e 33 da Lei de Arbitragem. Não por acaso, não

[274] CINTRA, Antonio Carlos de Araújo; DINAMARCO, Cândido Rangel; GRINOVER, Ada Pellegrini. *Teoria Geral do Processo.* 27. ed. São Paulo: Malheiros, 2011, p.375-376.

[275] MEDINA, José Miguel Garcia; WAMBIER, Teresa Arruda Alvim. *O dogma da coisa julgada*: hipóteses de relativização. São Paulo: Revista dos Tribunais, 2003; THEODORO JÚNIOR, Humberto; FARIA, Juliana Cordeiro de. A Coisa Julgada Inconstitucional e os Instrumentos Processuais para seu Controle. In: THEODORO JÚNIOR, Humberto; FARIA, Juliana Cordeiro de; NASCIMENTO, Carlos Valder do (coord.). *Coisa Julgada Inconstitucional*: um convite à reflexão. Rio de Janeiro: América Jurídica, 2003.

se está diante de prazo prescricional que atinja, abstratamente considerada, a pretensão de discutir a caracterização ou não de determinado vício processual de que a sentença arbitral seja consequência. Pelo contrário, apenas tornam-se perenes os efeitos naturais do ato jurisdicional consubstanciado em sentença como consequência da extinção – por decurso de tempo – do direito de questionar a eficácia da própria sentença.

A consequência para arbitragens que contenham duas ou mais etapas, cada qual encerrada em uma sentença própria, é a de que vícios caracterizados em uma das etapas e cujos efeitos se projetem para as fases subsequentes do processo não são convalidados caso a primeira das sentenças proferidas, sob seus efeitos, não venha a ser impugnada no prazo legal.

Pense-se na hipótese da formação de tribunal arbitral em violação à isonomia. A não impugnação da primeira sentença arbitral não atribuiria status de legalidade à instauração do juízo arbitral. Apenas se tornariam imutáveis os provimentos constantes desta primeira sentença arbitral, a despeito da inobservância dos ditames do devido processo legal. A consequência é a de que as etapas subsequentes permanecem passíveis de ataque com base nesse mesmo argumento, dado que o vício não deixa de existir e tampouco de projetar seus efeitos ao longo de todo o processo.[276] Proferida nova sentença arbitral em fase posterior do processo, esta poderá ser objeto de controle a partir deste mesmo argumento. Não se ignora que a abertura do sistema de controle judicial a essa possibilidade pode também dar espaço a seu emprego pelas partes de forma descolada de seu escopo real, vez que podem se silenciar sobre possíveis falhas de isonomia que inquinem a higidez do processo quando uma sentença parcial lhes seja favorável, mas argui-las em uma etapa subsequente do processo caso o resultado posterior lhes seja indesejado. Trata-se, no entanto, de revés inerente à cogência e à irrenunciabilidade do direito ao processo justo e à ideia de convalidação de circunstâncias que firam o devido processo legal.

Situação bastante diversa é aquela em que determinada parte, diante de uma sentença parcial, apresenta demanda anulatória calcada em alegada

[276] Em sentido semelhante, defendendo a inocorrência de efeitos translativos em casos como este, v. CARMONA, Carlos Alberto. *Arbitragem e Processo:* Um comentário à Lei de Arbitragem. 3. ed. São Paulo: Atlas, 2009, p.431.

quebra de isonomia processual e vê sua pretensão rejeitada pela instância de controle. A decisão do juízo estatal a respeito do fato que supostamente representaria ruptura de isonomia acoberta-o de absoluta validade a partir dos efeitos da coisa julgada, e nos limites desta. Isso significa que, caso esse mesmo fato revista circunstância que, em tese, projeta seus efeitos para outras fases do processo, não poderá ele ser arguido como elemento de impugnação das sentenças posteriormente proferidas pelo juízo arbitral, na medida em que a questão já foi apreciada e referendada pelo poder judiciário.[277]

3.3 Isonomia processual e a homologação de sentenças arbitrais estrangeiras

Um último aspecto do emprego da isonomia processual para fins de controle de regularidade do processo merece atenção. Trata-se do procedimento para homologação de sentenças arbitrais estrangeiras, regulamentado nos artigos 34 a 40 da Lei de Arbitragem.

A legislação arbitral brasileira não traz distinção de tratamento entre arbitragens domésticas e internacionais, apenas distingue, no plano de eficácia da decisão jurisdicional, sentenças proferidas em território nacional e sentenças proferidas em território estrangeiro, nos termos do parágrafo único do artigo 34.[278] A sede, aqui, desempenha a função distintiva para o fim de se saber se os provimentos exarados pelo juízo arbitral produzem ou não efeitos jurisdicionais imediatos em nosso sistema jurídico e, no limite, se podem ou não ser imediatamente submetidos a procedimento de cumprimento forçado a partir da colaboração do poder judiciário – dotado de poder coercitivo. Nesse aspecto, o artigo 35 da Lei de Arbitragem estabelece que "[p]ara ser reconhecida ou executada no Brasil, a sentença arbitral estrangeira está sujeita, unicamente, à homologação do Superior Tribunal de Justiça". Requer-se, com isso, um ato jurisdicional de internalização da sentença estrangeira.

[277] Está-se, aqui, diante das consequências da coisa julgada. Nesse sentido, v. CINTRA, Antonio Carlos de Araújo; DINAMARCO, Cândido Rangel; GRINOVER, Ada Pellegrini. *Teoria Geral do Processo*. 27. ed. São Paulo: Malheiros, 2011, 332-339.

[278] VALENÇA FILHO, Clávio. *Poder Judiciário e a sentença arbitral*. Curitiba: Juruá, 2008, p.98.

O procedimento de homologação segue um conjunto mais ou menos homogêneo de regras dispostas na convenção de Nova York sobre o reconhecimento e a execução de sentenças arbitrais estrangeiras ("Convenção de Nova York"), internalizada em nosso ordenamento jurídico a partir do Decreto nº 4311/2002, na Lei de Arbitragem, nos artigos 216-A a 216-N do regimento interno do Superior Tribunal de Justiça ("RISTJ") e, subsidiariamente, nos artigos 960 a 965 do Código de Processo Civil. Diz-se isso especialmente no tocante aos requisitos indispensáveis para que uma sentença arbitral estrangeira seja reconhecida e exequível em território nacional, ou, contrariamente, às circunstâncias que autorizam negar-lhe os efeitos próprios de um ato jurisdicional pátrio.

A isonomia processual não vem disciplinada de forma expressa em nenhum desses regramentos, mas também não é temática estranha ao processo de homologação. Não se pode olvidar que o direito à igualdade representa elemento normativo que incide sobre outras posições jurídicas. A desigualdade ocorre em relação ao exercício de outra prerrogativa. Nesse sentido, tanto a Convenção de Nova York quanto a Lei de Arbitragem, por exemplo, arrolam como hipótese de recusa de reconhecimento de sentença arbitral estrangeira a impossibilidade, da parte contra a qual se pretende opor a sentença estrangeira, de apresentar adequadamente seu caso, o que pode ocorrer inequivocamente em razão da violação de um tratamento isonômico.

Não obstante possa a quebra de isonomia ser um elemento que permita a configuração de hipóteses tratadas nos textos normativos que cuidam da homologação de sentença arbitral estrangeira, a inexistência de previsão expressa quanto à sua inafastabilidade faz com que ela seja, em um primeiro momento, manejada de forma acessória. Vale dizer, a igualdade é aferida no âmbito interno de posições jurídicas expressamente tuteladas na norma, e onde haja espaço para tanto.

Isso leva à perquirição sobre se a isonomia assume também a categoria de *standard* de controle autônomo, de modo que possa ser arguida de forma descolada das hipóteses expressamente estabelecidas nos textos normativos aplicáveis à homologação de sentenças arbitrais. Isso leva-nos à análise do critério de controle de retaguarda do sistema, a ordem pública.

3.3.1 Isonomia processual e ordem pública

A Convenção de Nova York, a Lei de Arbitragem e o RISTJ preveem, de forma comum, a denegação de reconhecimento e execução a sentenças arbitrais estrangeiras na hipótese de violação de ordem pública. A primeira faz menção (artigo V.2.b) à "ordem pública daquele país" – *i.e.*, no qual se pretende o reconhecimento e execução; a segunda (artigo 39, II), à "ordem pública nacional"; ao passo que o último faz uma referência indistinta (artigo 216-F) à violação da "ordem pública".

O conceito de ordem pública, assim como o de devido processo legal, encerra um conceito polivalente para o qual o ordenamento jurídico não apresenta conteúdo normativo preciso.[279] É um dos conceitos guarda-chuva, e não por acaso repousa, ao menos no RISTJ, no mesmo dispositivo em que se faz menção à dignidade da pessoa humana e à soberania nacional.

Por sua amplitude normativa, é comum que o próprio Superior Tribunal de Justiça trate as discussões levantadas pelas partes relativamente à concessão ou não de *exequatur* no seio da violação à ordem pública.[280-281] Esse sobressalto argumentativo de certo modo representa o desvio de propósito antevisto pelo legislador no emprego deste valor normativo. A rigor, todas as circunstâncias impeditivas da homologação, sejam elencadas na Convenção de Nova York, na Lei de Arbitragem ou no RISTJ, traduzem regras concebidas dentro da noção de ordem pública. A especificação de hipóteses, ao longo dos instrumentos

279 APRIGLIANO, Ricardo de Carvalho. *Ordem pública e processo:* o tratamento das questões de ordem pública no direito processual civil. São Paulo: Atlas, 2011, p.53 e ss. p.5-13. Quanto à evolução do conceito em sede de arbitragem internacional, v. BARROCAS, Manuel Pereira. A ordem pública na arbitragem. *Spain Arbitration Review*, v. 2015, n. 22, 2015, p.10 e ss.

280 *V.g.*, BRASIL. STJ. Sentença Estrangeira Contestada. *SEC nº 8.847/EX.* Rel. Ministro João Otávio de Noronha, Corte Especial: "Sentença arbitral estrangeira que não viola a soberania nacional, os bons costumes e a ordem pública e que observa os pressupostos legais indispensáveis ao deferimento do pleito deve ser homologada".

281 Sintomático, também, que a ordem pública seja matéria sempre presente em ensaios sobre homologação de sentença arbitral. Nesse sentido, v.g., WALD, Arnoldo. A homologação de sentença arbitral estrangeira. *Revista de Arbitragem e Mediação*, v. 56, 2018; UYEDA, Massami. Da homologação de sentença arbitral estrangeira no Brasil e a ordem pública nacional. *Revista de Arbitragem e Mediação*, v. 56, 2018; MOREIRA, João Ilhão. O não reconhecimento de sentenças arbitrais internacionais no fórum de execução por violação da ordem pública. *Revista de Arbitragem e Mediação*, v. 41, 2014.

normativos, pelo contrário, indica tentativa de delimitação do conteúdo da ordem pública juridicamente relevante para fins de homologação da sentença arbitral estrangeira, de modo que é, no plano destes critérios-filtro expressamente elencados, que o juízo estatal deve se ater em um primeiro momento ao lidar com a questão. A sublimação da discussão para o plano principiológico do conceito de ordem pública demanda maior cautela em razão do viés normativo estruturalmente aberto deste valor jurídico. A opção em prevê-la como critério-filtro do ordenamento impõe que lhe seja dado tratamento de *ultima ratio*, podendo ser invocada apenas quando não se possa subsumir a discussão às hipóteses fáticas expressamente estipuladas a esse respeito.[282]

Não se ignora que a construção daquilo que integra o conceito de ordem pública diante de situações que extrapolem as hipóteses concretas negativas de homologação pode abrir espaço para subjetivos. O âmbito de tutela deste valor normativo para a finalidade aqui discutida depende, ao fim e ao cabo, de uma série de variáveis a respeito da noção do intérprete acerca, *v.g.*, do escopo da função jurisdicional, do papel da instância de controle de homologação, do núcleo essencial dos princípios jurídicos e do papel dos metaprincípios no ordenamento. No plano zetético, da abertura jurisfolosófica, a conformação da ideia de ordem pública e de seu conteúdo demandaria uma pesquisa exclusivamente dedicada a isso, de modo que extrapola os limites deste trabalho. Aqui, pelo contrário, a despeito de se saber desta abertura valorativa, a preocupação recai sobre um aspecto muito específico, o de saber se a isonomia processual, em todo e qualquer caso, integrará, como valor normativo autônomo, o conceito de ordem pública tutelado para fins de homologação de sentença arbitral estrangeira.

A resposta a que se chega neste trabalho é afirmativa. E parece razoável concluir nesse sentido a partir de um ponto de vista dogmático interno ao próprio ordenamento jurídico. As hipóteses elencadas nos atos normativos positivados que disciplinam a matéria, a despeito de subsumirem-se ao conceito de ordem pública, tutelam sob um aspecto mais imediato um único e mesmo valor: o processo adequado, isto é, o processo justo. É a violação ao

[282] DI VECCHIA NETO, Berardino. Sentença arbitral estrangeira – Homologação – Inobservância da prerrogativa de imparcialidade do árbitro que ofende a ordem pública nacional, autorizando o exame da matéria pela Corte Superior. *Revista de Arbitragem e Mediação*, n. 56, p. 341.

devido processo legal – ao menos em alguma medida – que impede a homologação de sentenças arbitrais estrangeiras.[283] As circunstâncias disciplinadas revestem regras consectárias de princípios que compõem o ideal de processo justo. Com isso, resta evidente a proteção, *v.g.*, ao conceito de juiz natural em toda a sua extensão – desde a adequada instituição do juízo arbitral até a arbitrabilidade da demanda –, de contraditório e ampla defesa, bem como de observância ao princípio da adstrição.

Extrai-se, a partir daí, que o cerne dos critérios-filtro expressamente erigidos para controlar a atribuição de eficácia às sentenças arbitrais estrangeiras dialoga com o conceito de devido processo legal e de processo justo. Não se está a dizer que o conteúdo normativo de ordem pública seja ou esteja adstrito ao ideal de processo adequado para os fins aqui discutidos, mas apenas que alguma noção de devido processo legal integra, inegavelmente, este mesmo conteúdo normativo de ordem pública.[284]

Já se teve a oportunidade de apontar que o devido processo legal admite uma infinidade de conformações a partir do rito procedimental definido. Pode-se até mesmo antever na definição de hipóteses expressas para a não internalização da decisão estrangeira uma forma de delineamento inicial das premissas do devido processo legal a ser tutelado no controle de decisões estrangeiras. Não obstante, e independentemente de previsão expressa nesse sentido, a isonomia é parte indissociável de qualquer processo que se pretenda contar com o atributo de justeza. Não há devido processo legal sem que a igualdade seja um elemento de tutela e de proteção.[285] Na linha

[283] VICENTE, Fabrizzio Matteucci. *Arbitragem e Nulidades:* Uma Proposta de Sistematização. São Paulo, 2010. 244 p. Tese de Doutorado – Faculdade de Direito – Universidade de São Paulo, p.194.

[284] BERNARDINI, Piero. The scope of review in annulment proceedings. In: BRAY, Devin; BRAY, Heather L. *International arbitration and public policy*. New York: LLC, 2014, p.173-174. Em sentido análogo, e sob uma perspectiva indicativa de diversas jurisdições, ainda que cada qual com uma percepção distinta quanto à efetiva tutela do devido processo legal, v. MAURER, Anton G. *Public policy exception under the New York Convention*. Nova York: LLC, 2012, p.73 e ss.; E, ainda, KREINDLER, Richard. Standards of procedural international public policy. In: BRAY, Devin; BRAY, Heather L. *International arbitration and public policy*. New York: LLC, 2014, p.13.

[285] Conforme a lição clássica, e por todos, "[o] direito de ação e de defesa liga-se teleologicamente ao princípio da isonomia. A igualdade perante a lei é premissa para a afirmação perante o juiz." GRINOVER, Ada Pellegrini. *Os princípios constitucionais e o Código de Processo Civil*. São Paulo: Bushatsky, 1975, p.25

do quanto se afirmou até agora, pode-se admitir desenhos procedimentais que resguardem mais ou menos igualdade, que apliquem uma acepção forte ou fraca de isonomia, que atribuam mais ou menos liberdade às partes para abrir mão de prerrogativas processuais, mas simplesmente não se concebe um processo em que o devido processo legal seja imperativo sem que um mínimo de igualdade seja objeto de proteção. Há um núcleo essencial ao princípio da igualdade que, sendo parte essencial e inderrogável do devido processo legal, integra *ipso facto* a noção de ordem pública protegida em sede de homologação de sentença arbitral estrangeira.

A conclusão que se extrai é a de que a quebra da isonomia processual pode figurar como um conceito-filtro autônomo ao controle homologatório de sentenças estrangeiras, vale dizer, desvinculado das hipóteses expressas para denegação de *exequatur* e integrado diretamente ao núcleo de proteção da ordem pública. A consequência prática é a de que situações não expressamente previstas pelo legislador, mas que contemplem quebra injustificada de igualdade processual podem prestar-se, também, a impedir a internalização de uma sentença arbitral estrangeira. Basta para tanto imaginar a quebra de isonomia nas regras escolhidas pelas partes no tocante à composição e à instauração do tribunal arbitral. A Convenção de Nova York e a Lei de Arbitragem, por exemplo, apenas determinam de forma expressa a não homologação quando a instauração do tribunal arbitral esteja em desacordo com as regras determinadas na convenção arbitral, nada disciplinando sobre eventuais limites a essas mesmas regras. É o conceito de ordem pública, a partir da proteção da igualdade, que viabiliza a não internalização da sentença arbitral quando, a despeito de a instituição do juízo arbitral ter ocorrido de acordo com a cláusula de arbitragem, esta não tutele a igualdade que nosso ordenamento repute indispensável ao desenvolvimento do processo justo.

Essa constatação, entretanto, não resolve a questão, mas apenas adiciona outro critério de conteúdo volátil no âmbito da ordem púbica. Indispensável compreender o *quantum* de igualdade resta que protegido na homologação de sentenças estrangeiras. Para as arbitragens internas, a isonomia processual é manejada em suas acepções fraca e forte, a depender da fonte das regras procedimentais e do controle que se exerce sobre a regularidade procedimental. Resta saber se para as arbitragens estrangeiras os critérios aplicáveis são os mesmos.

Um ponto de partida é dado pela doutrina ao discorrer sobre a extensão normativa da ordem pública tutelada no procedimento de homologação de sentença arbitral estrangeira. A despeito dos dispositivos normativos mencionarem a ordem pública nacional como referencial de controle, reconhece-se que os critérios de aferição de adequação devem ser extraídos da ordem pública internacional, de conteúdo mais restrito.[286] Para tanto, deve-se partir da valorização da arbitragem, bem como das ideias de validação e atribuição de eficácia a sentenças estrangeiras, as quais devem, de algum modo, caminhar junto com a criação de um espaço de convivência entre sistemas processuais diversos, dos quais as sentenças estrangeiras são resultado. Esse espaço de convivência, a seu turno, é viabilizado a partir da noção de que o mecanismo de controle não se presta a realizar uma verificação afirmativa de perfeita compatibilidade entre a sentença estrangeira e a noção interna de devido processo legal, de processo justo e de ordem pública. Isso significaria empregar os princípios também em seus vieses mais garantistas, em rejeição precisamente à acomodação das diferenças entre sistemas processuais diversos. Pelo contrário, o escopo do procedimento homologatório deve o ser apenas o de verificar incompatibilidades absolutas da decisão estrangeira com o nosso ordenamento, independentemente da valoração de que outras formas de processo possam ser internamente reputadas mais adequadas ou resguardem melhor o devido processo legal. As afirmações parecerem duas faces de uma mesma moeda, mas na realidade não o são. O vetor de controle é de intensidade mínima, no intuito de vetar a incorporação de decisões que violem o núcleo essencial dos valores do direito interno, dentre os quais a isonomia processual.

Ilustra bem essa ordem de ideias a exigência, na Lei de Arbitragem, de que a decisão arbitral conte com relatório e fundamentação, o que não

[286] APRIGLIANO, Ricardo de Carvalho. *Ordem pública e processo:* o tratamento das questões de ordem pública no direito processual civil. São Paulo: Atlas, 2011, p.53 e ss.: "por ordem pública internacional não se deve entender preceitos de direito internacional ou valores de justiça e moral que sejam compartilhados pelas nações (conceito que vem referido na doutrina como ordem pública transnacional, ou verdadeiramente internacional), mas apenas o conjunto de valores e preceitos fundamentais que um determinado país adote em suas relações internacionais. [...] Este conceito, como visto, é necessariamente mais restrito do que a ordem pública nacional, e o princípio mais geral de favorecimento da arbitragem impõe que seja ele o sentido a ser adotado no contexto do reconhecimento das sentenças estrangeiras."

necessariamente ocorrerá em todas as jurisdições estrangeiras. Daí não se pode extrair que nossa noção de ordem pública necessariamente incorpore essas exigências para fins de devido processo legal ou então que a fundamentação contenha tais ou quais requisitos, como o faz o Código de Processo Civil. Isso porque esses requisitos não parecem encerrar o núcleo essencial do processo justo, embora possam dotar o processo de *mais* justeza. Quer-se dizer, muito embora a fundamentação seja elemento de controle do exercício da atividade jurisdicional, não decorre daí que uma decisão sem fundamentação expressa ou com uma fundamentação sucinta seja resultado de falha no devido processo legal, em especial no âmbito arbitral onde a celeridade pode ser um elemento especialmente relevante para as partes.[287] Conquanto pudesse ser uma sentença arbitral passível de ataque, caso prolatada em território nacional, uma sentença com essas mesmas características, sendo estrangeira, pode ser aceita em nosso ordenamento em razão da abertura sistêmica para essas diferenças e da verificação de que garantias que estejam fora do núcleo essencial do devido processo legal deixam de receber tutela no juízo de homologação.[288]

O mesmo raciocínio deve aplicar-se à isonomia quando considerada como controle-filtro autônomo sob a égide da ordem pública. O objeto de tutela por

[287] *V.g.*, o regulamento para arbitragens comerciais da American Arbitration Association estabelece, em seu artigo 46.b, que o árbitro não precisa fundamentar sua decisão, a menos que as partes tenham assim solicitado previamente à constituição do juízo arbitral. No original: "The arbitrator need not render a reasoned award unless the parties request such an award in writing prior to appointment of the arbitrator or unless the arbitrator determines that a reasoned award is appropriate."

[288] Nesse sentido já decidiu o Superior Tribunal de Justiça. (STJ). Sentença Estrangeira Contestada. SEC nº 5692-EX. Rel. Ministro João Otávio de Noronha, Corte Especial, julgado em 20/08/2014. Referida decisão, entretanto, demonstra evolução jurisprudencial relativamente a posicionamento anterior do órgão. Nesse sentido, e comentando decisão proferida no âmbito da SEC nº 879-US, rel. Min. Luiz Fux, j. em 02.08.2006, aponta Ricardo Aprigliano que, "[s]ob uma perspectiva puramente teórica, o dever de motivação deveria ser considerado um aspecto não tão essencial ao devido processo legal sob esta perspectiva da ordem pública internacional, aceitando-se com maior facilidade as circunstâncias próprias dos outros ordenamentos, que porventura sejam menos rigorosos quanto a esta exigência. Neste particular, a despeito de sua postura moderna e de prestigiar sentenças estrangeiras, respeitando a autoridade dos julgados provenientes de outros países, a jurisprudência brasileira optou por impor um requisito típico de sua ordem pública interna." APRIGLIANO, Ricardo de Carvalho. *Ordem pública e processo:* o tratamento das questões de ordem pública no direito processual civil. São Paulo: Atlas, 2011, p.61.

parte do órgão de controle deverá ser, sempre, a igualdade processual em sua força mínima, de modo que apenas o núcleo essencial desse valor, sem o qual a própria noção de igualdade se perde, deve servir de paradigma para a verificação de eventuais incompatibilidades da sentença estrangeira. Emprega-se, em última análise, apenas a isonomia processual em sua acepção fraca, independentemente da natureza e ou da origem das regras procedimentais que se discuta. Isso importa em reconhecer uma atividade de controle, pela instância judicial, mais branda que aquela empregada no controle judicial das sentenças arbitrais nacionais. Esse expediente justifica-se diante do ideal de desterritorialização das sentenças arbitrais para fins de seu reconhecimento e execução, o que reforça igualmente sua autonomia enquanto sistema apartado da jurisdição estatal. Estando-se diante de processo desenvolvido sob outra jurisdição, com regras próprias atinentes à sede e a suas determinações mandatórias, a ideia subjacente é a de não criar entraves adicionais à internalização em nosso ordenamento quando não se vislumbre incompatibilidade com o cerne dos valores protegidos sob a égide da ordem pública.[289]

3.3.2 O juízo de delibação

O processo de homologação de sentenças arbitrais estrangeiras reveste, grosso modo, um mecanismo de verificação da aderência desta decisão ao ordenamento jurídico em que se pretende vê-la reconhecida e/ou executada judicialmente. O órgão de controle leva a cabo um juízo de compatibilidade

[289] "A esse respeito, constatámos que, não obstante a ordem pública interna ser constituída por normas e princípios jurídicos que formam os quadros fundamentais do sistema, não podendo ser derrogados pela vontade dos indivíduos, a verdade, porém, é que, em numerosas situações em que está em causa a aplicação de lei estrangeira, esses mesmos princípios deixam de operar (ou operam de uma forma mais limitada). Vimos, por um lado, quando está em causa a aplicação da lei estrangeira [...] tem de existir uma maior tolerância para com as regras do sistema jurídico estrangeiro, assentando o Direito Internacional Privado, justamente, no princípio do respeito pela diversidade de regulamentação e no reconhecimento da diferença entre as várias ordens jurídicas. [...] Dito isto, estamos já em condições de compreender que ordem pública interna e internacional se distinguem, também (pelo menos em teoria, como concluiremos no final) pelo seu *conteúdo*, apresentando esta última um conteúdo mais restrito que a ordem pública interna." MONTEIRO, António Pedro Pinto. Da ordem pública no processo arbitral. In: *Estudos em Homenagem ao Prof. Doutor José Lebre de Freitas*, v. 2, Coimbra: coimbra Editora, 2013, p.615-616.

e adequação, de forma semelhante com a que ocorre em demandas anulatórias de sentença arbitral, embora cada processo conte com nuances próprias relativamente aos critérios-filtro utilizados e à forma de seu manejo.

O rito homologatório envolve o que se denomina de juízo de delibação, pelo que se reconhece haver autonomia do juízo homologatório frente à decisão homologanda, de modo que o primeiro não se ocupa de revisitar o conteúdo da decisão, mas tão somente de verificar se estão ali presentes todos os requisitos para a atribuição de eficácia no âmbito do nosso ordenamento – é sobre esse aspecto que a dialética do processo se desenvolve no processo homologatório.[290-291]

Os critérios de controle para a internalização da sentença arbitral estrangeira representam, com isso, um recorte horizontal do potencial espectro de cognição do órgão judicial, indicando as únicas questões que recebem tutela jurídica para fins de obstar a pretensão de ver reconhecida e executada uma decisão estrangeira em nosso ordenamento. Disso não decorre que a cognição, horizontalmente limitada, seja também verticalmente restrita. A cognição a ser levada a efeito pelo Superior Tribunal Arbitral não é, aprioristicamente, sumária, podendo ser tão profunda quanto permitam os próprios critérios-filtro do ordenamento. Nesse sentido, é exauriente. No tocante a alguns parâmetros de controle, o juízo de compatibilidade e adequação transparece alguma superficialidade, mas isso é fator que decorre do próprio requisito homologatório sob discussão, a exemplo da verificação sobre se houve citação válida. No tocante a outros, entretanto, a atividade interpretativa e integrativa de sentido do órgão judicial mostra-se mais evidente, quando, por exemplo, tenha de lidar com critérios normativos de maior abertura valorativa, sendo a ordem pública demonstração disso. Na avaliação da compatibilidade entre uma decisão estrangeira e a ordem pública, a cognição do Superior Tribunal de Justiça é verticalmente tão exauriente quanto o órgão judicial entender que deva ser – e aqui, mais uma vez, tem-se a questão da autorreferenciabilidade de competência. A limitação, nesse aspecto, não é normativa, mas decorre

290 ABBUD, André de Albuquerque Cavalcanti. *Homologação de sentenças arbitrais estrangeiras*. São Paulo: Atlas, 2008. p. 78 e ss.

291 DI VECCHIA NETO, Berardino. Sentença arbitral estrangeira – Homologação – Inobservância da prerrogativa de imparcialidade do árbitro que ofende a ordem pública nacional, autorizando o exame da matéria pela Corte Superior. *Revista de Arbitragem e Mediação*, n. 56, p.337.

da adequada compreensão do escopo do juízo de delibação e teleologia desta atividade jurisdicional.[292]

Os processos homologatórios envolvendo discussões principiológicas são, portanto, os que apresentam maiores desafios. Na linha do que já foi discutido previamente neste trabalho, a elasticidade semântica dos princípios permite que uma infinidade de questões seja revestida em seu código comunicacional, viabilizando que também as outras hipóteses – com maior concretude conceitual – estabelecidas na norma sejam sublimadas ao campo principiológico. No campo da ordem pública, a pluralidade de princípios que dela podem ser derivados causa um potencial alargamento dos critérios de controle, e a isonomia é exemplo disso. Trata-se de consequência natural do sistema de controle estruturado, que não pode ser ignorado.

Essa constatação tem de ser compatibilizada com o próprio objetivo do juízo de delibação. Assim como ocorre no âmbito da demanda anulatória, também no processo homologatório há, em algum grau, a intangibilidade do mérito da decisão pelo órgão arbitral, mas com nuances. Enquanto no controle interno de decisões arbitrais nacionais o mérito mostra-se irrelevante para fins de controle de higidez do processo arbitral (de modo que o sistema convive com más decisões), o juízo de delibação ao manejar com a ideia de ordem pública (e, por que não, de dignidade da pessoa humana) lida com critérios-filtro também de conteúdo de direito material.[293] Isso não transmuta o Superior Tribunal de Justiça em instância revisora, mas permite que toda a decisão, do ponto de vista meritório e procedimental, seja submetida ao crivo de controle. Precisamente porque o ordenamento atribui um espaço virtualmente ilimitado para o juízo de delibação é que seu exercício deve ser limitado ao aspecto mínimo dos preceitos envolvidos na aferição da adequação sistêmica, pois, do contrário, desconstruir-se-ia toda a lógica subjacente e os objetivos pretendidos na estruturação de uma via de internalização calcada na premissa de alargamento da autonomia e da efetividade da instância arbitral.

[292] DI VECCHIA NETO, Berardino, Sentença arbitral estrangeira – Homologação – Inobservância da prerrogativa de imparcialidade do árbitro que ofende a ordem pública nacional, autorizando o exame da matéria pela Corte Superior. *Revista de Arbitragem e Mediação*, n. 56, p.337.

[293] BERNARDINI, Piero. The scope of review in annulment proceedings. In: BRAY, Devin; BRAY, Heather L. *International arbitration and public policy*. New York: LLC, 2014, p.181-182.

Transposto esse raciocínio para o emprego da igualdade como critério com autonomia normativa para obstar a internalização de decisão estrangeira, duas ponderações devem ser feitas.

A primeira é a de que não se ignora que, em sua potencialidade, a igualdade pode aqui ser empregada também sob um aspecto afeito à decisão de mérito. A igualdade que integra a ordem pública não está necessariamente adstrita à isonomia processual, e isso abre espaço para toda uma extensa e nova problemática sobre seu conteúdo normativo, que extrapola o campo deste trabalho.[294]

A segunda é a que, no que diz respeito especificamente à isonomia processual, seu emprego pelo Superior Tribunal de Justiça deverá ser, sempre, em uma acepção fraca, que abra maior espaço de conformação a outros valores jurídicos. Tem-se aqui uma diferenciação frente ao controle em sede de demanda anulatória de sentença arbitral, na qual o órgão judicial deve manejar diferentes vetores normativos da igualdade a partir dos espaços de atuação de cada um dos atores processuais envolvidos. Em processo de homologação de sentença arbitral, o papel do órgão judicial não é estabelecer e aplicar parâmetros de dever-ser diversos, mesmo porque não lhe compete compreender os limites e os propósitos que o princípio da isonomia exerce sob a influência da lei da sede da arbitragem estrangeira, mas sim de aplicar o filtro de compatibilização de nosso ordenamento. Este, a seu turno, é único, a partir de uma concepção de igualdade que, neste caso, apenas visa a rejeitar aquilo que seja incompatível com a noção de igualdade mínima imposta pelo sistema pátrio.

294 ALMEIDA, Ricardo Ramalho. *Arbitragem comercial internacional e ordem pública*. Rio de Janeiro: Renovar, 2005, p.259 e ss.

4. ANÁLISE PROPSPECTIVA DA ISONOMIA PROCESSUAL EM ARBITRAGEM

Na linha do que se apresentou neste trabalho, muito embora a isonomia represente um critério-filtro autônomo do ordenamento para fins de controle da regularidade da arbitragem, sob o ponto de vista prático traduz um modo de ser na realização de prerrogativas processuais das partes no curso da lide. A isonomia opera no âmbito interno de outras posições jurídicas, e é no seio destas que a análise da observância dos ditames desse princípio-regra ocorre em um primeiro momento.

A compreensão da incidência normativa da isonomia processual é peça de inegável importância para a análise do instituto e de seus efeitos jurídicos, em especial para permitir direcionar os partícipes do processo no intuito de se obter uma tutela jurisdiciona hígida. Mas este é apenas um aspecto da problemática, em seu plano analítico da dinâmica normativa do princípio em toda sua complexidade. A questão impõe igualmente um olhar mais próximo à realidade, às situações concretas em que a composição das prerrogativas processuais entra em contato direto com as diretrizes da isonomia.

Essa perquirição apresenta um desafio adicional na seara arbitral pelo fato de as prerrogativas processuais das partes não virem disciplinadas em norma positivada, conforme já ressaltado em diversas oportunidades. A inexistência de ritos predefinidos de forma uniforme dificulta, sob o ponto de vista metodológico da pesquisa, que o exercício de posições jurídicas específicas seja analisado sob o aspecto da eficácia da isonomia. A infinidade de conformações do devido processo legal em arbitragem, bem como a autonomia de cada procedimento frente ao universo arbitral e o sigilo que recobre parcela significa dos casos reforçam o desafio. Não obstante, parece possível segregar algumas categorias de posições jurídicas relevantes, sob o viés das prerrogativas que podem fundamentar a demanda anulatória de sentença arbitral, e buscar estabelecer, de forma prospectiva, alguns critérios de tratamento sob a ótica da isonomia processual. Fica mais evidente, neste espaço, a inter-relação entre a igualdade e o devido processo legal. É o que propõe a fazer neste capítulo.

4.1 Acesso à jurisdição arbitral

O acesso à jurisdição – e, por extensão, à justiça – é temática de inegável importância ao direito processual. Não bastasse sua tutela expressa no âmbito dos direitos e garantias fundamentais da Constituição Federal, existe toda uma problemática, que extrapola este trabalho, no sentido de como as desigualdades – formais e materiais – espalhadas nos planos jurídico, social e econômico afetam a consecução deste direito.[295]

No campo arbitral existe, igualmente, uma preocupação latente nesse sentido. E isso ocorre ao menos em duas circunstâncias.

A primeira delas remete à discussão já apresentada relativamente aos ônus financeiros decorrentes da escolha em arbitrar. Diferentemente do que acontece perante a jurisdição estatal, a inexistência de mecanismos de equalização das posições jurídicas das partes afetadas por disparidades econômico-financeiras submete os contratantes ao risco de verem-se inaptos a fruir da função jurisdicional em sua inteireza – em razão da indisponibilidade de meios para pagar o serviço de jurisdição privada.

Quanto a este ponto, faz-se referência aqui ao quanto previamente apontado no sentido de que diferenças econômicas não devem integrar o escopo de proteção, em arbitragem, do princípio da isonomia. De início, e apenas para fins de retomada da ideia, porque nossa Lei de Arbitragem não condiciona

[295] FRANCISCO, João Eberhardt. *Filtros ao acesso individual à justiça:* estudo sobre o incidente de resolução de demandas repetitivas. São Paulo, 2018. 199p. Tese de Doutorado – Faculdade de Direito – Universidade de São Paulo, p.14 e ss.

qualquer aspecto da higidez do processo arbitral à solvabilidade econômica das partes – seja no momento da celebração da convenção arbitral seja no momento da instauração da lide. E é nesse silêncio do legislador que se vislumbra a delimitação da incidência da igualdade. Ademais, e justamente em razão disso, porque se entende que ao optarem pela arbitragem as partes voluntariamente abrem mão dos mecanismos estatais, aplicáveis apenas à jurisdição estatal, para acesso gratuito à jurisdição. Por fim, porque a disponibilidade dos direitos disputados em arbitragem permite, no limite, que as partes deles abram mão sem qualquer intervenção heterocompositiva, e nesse aspecto há um grau de disponibilidade relativa à própria provocação da atividade jurisdicional.

Disso decorre que acesso à jurisdição é indisponível e constitui um direito potestativo apenas sob o ponto de vista da atividade do Estado, que não pode restringi-lo por meio de leis ou outros atos normativos. A parte, entretanto, é livre para abrir mão deste direito quando esteja diante de direitos disponíveis próprios, e é precisamente sob essa ideia, ainda que com outros contornos, que há muito foi chancelada a constitucionalidade do instituto da arbitragem em nosso ordenamento. Não por acaso, entende-se, vários regulamentos de arbitragem determinam que a parte eventualmente inadimplente com o adiantamento ou o pagamento de suas custas e despesas processuais – valores esses que devem então ser adiantados pela contraparte para assegurar o seguimento do feito – perde o direito ao julgamento de seus pedidos.[296]

[296] *V.g.*, por todos, regulamento de Arbitragem da ICC 2021, artigos 37(6); regulamento de arbitragem do CAM-CCBC 2012, artigo 12.10.1. O célebre caso Pirelli (*Licensing Project* contra *Pirelli*) mostra a relevância da questão. Em apertada síntese, trata-se de demanda arbitral administrada sob as regras da Corte de Arbitragem Internacional da Câmara de Comércio Internacional e em que, em razão de insolvência da parte demandada (Licensing Project) em relação a suas custas procedimentais, o tribunal arbitral desconsiderou o julgamento de seus pedidos, em aplicação à regra análoga à atualmente vigente no regulamento de 2021 e que já existia no regulamento de 1998 (aplicável àquela disputa). A sentença arbitral foi levada a anulação perante as cortes francesas. Inicialmente foi reconhecida pela *cours d'appel de Paris* a nulidade da sentença arbitral por quebra de tratamento isonômico e denegação de acesso à jurisdição, o que não poderia ocorrer. Não obstante, e embora não enfrentando diretamente a questão, a Corte de Cassação francesa afastou a decisão da *cours d'appel*, entendendo que caberia fazer uma distinção entre os pedidos da parte inadimplente que fossem indissociáveis dos pedidos da parte que em estava em dia com as custas e despesas processuais, de modo que apenas aqueles que fossem separáveis poderiam contar com a aplicação da regra

No mesmo sentido, a proliferação de mecanismos ligados ao financiamento de demandas arbitrais por terceiros é parte do reconhecimento de que as partes assumem os ônus inerentes à provocação da atividade jurisdicional.

No contexto do endereçamento aqui proposto à questão, entende-se que as partes são absolutamente livres para definir previamente a alocação das custas e despesas gerais da arbitragem, seja institucional ou *ad hoc*, o que pode abarcar uma série de diagramações, e que podem dizer respeito tanto ao dever de antecipação de valores – para que sejam alocados ao final do processo pelo tribunal arbitral de acordo com critérios de sucumbência – quanto à própria distribuição definitiva de responsabilidades. Isso deve ser complementado, é claro, com regras institucionais em caso de eleição de câmara de arbitragem para a administração do procedimento.

Sob o aspecto das regras procedimentais criadas pelas partes, portanto, entende-se que o princípio da isonomia não coloca nenhum tipo de restrição à distribuição dos ônus econômicos para que se possa provocar a atividade jurisdicional arbitral. Isso não integra o núcleo essencial de proteção do princípio, e sua acepção fraca não impõe um espaço mínimo de proteção. O impacto daí advindo para o custeio da opção das partes em submeter seu litígio à jurisdição privada não permite a configuração de quebra de higidez processual por falta de isonomia nas regras procedimentais. E tal alocação, pelas partes, fazendo parte da própria estrutura dos riscos contratuais, tampouco pode ou deve ser afastada pelas instâncias de controle[297], seja a preventiva pelos árbitros seja a repressiva pelo poder judiciário. Isso não significa, é claro, que não possa ou não deva o juízo arbitral, tanto quanto possível, adotar medidas que facilitem o adiantamento ou pagamento das despesas, no curso do processo, de modo

do regulamento da ICC. Cours de Cassation. *Civ. 1ère, 28 mars 2013, pourvoi no.11-27.77, Bulletin 2013, I, n° 59.* Sobre o caso, e apresentando uma leitura diversa sobre a decisão da *Cours de Cassation*, no sentido de que a desconsideração de pedidos da parte seria vedada no direito francês, a despeito das regras consensualmente ajustadas, v. GABARDO, Rodrigo Araujo. *A insuficiência de recursos financeiros na instauração da arbitragem comercial:* efeitos no direito brasileiro a partir de uma perspectiva comparada. São Paulo, 2014, 160f. Dissertação de Mestrado – Faculdade de Direito – Universidade de São Paulo, 2014, p.73 e ss.

[297] E a esse respeito já se pronunciou a jurisdição estatal, reconhecendo a validade das convenções arbitrais a despeito da impecuniosidade da parte, cf. GABARDO, Rodrigo Araujo. *A insuficiência de recursos financeiros na instauração da arbitragem comercial:* efeitos no direito brasileiro a partir de uma perspectiva comparada. São Paulo, 2014, 160f. Dissertação de Mestrado – Faculdade de Direito – Universidade de São Paulo, 2014, p.140 e ss.

a assegurar seu prosseguimento e de aliviar financeiramente a parte responsável – a exemplo de autorizar parcelamento de valores que, em princípio, deveriam ser adimplidos na integralidade desde o início.

Papel diferente desempenha o princípio da isonomia em hipótese de regras a serem criadas pelo órgão arbitral, ou, eventualmente, pelo poder judiciário na hipótese da demanda de que trata o artigo 7º da Lei de Arbitragem. A acepção forte da isonomia, nesse caso, antes de ditar um tratamento específico para a matéria, reside na observância de seus próprios postulados, quais sejam, o de estabelecimento de regras que formalmente distribuam prerrogativas processuais de uma maneira formalmente igualitária, e que em sua substância não coloque qualquer das partes, sob um ponto de vista objetivo, em posição de vantagem frente à outra em sua capacidade de apresentar seu caso. E o elemento econômico da arbitragem, avaliado em sua totalidade, desempenha papel essencial nisso.

Tendo em vista os contornos dessa questão em arbitragem, não compete aos órgãos jurisdicionais estabelecer mecanismos que balanceiem desequilíbrios econômicos existentes entre as partes. Seria o caso, por exemplo, de criar uma distribuição formalmente díspar desses ônus de modo a fazer incidir na parte com maior disponibilidade de recursos parcela maior das despesas, ainda que a título de adiantamento. Muito embora isso pudesse atender a algum ideal de igualdade material, foge ao escopo da igualdade tutelada na arbitragem (em que a questão econômica não é objeto de tutela específica) e representaria a violação da distribuição igualitária dos ônus processuais não ajustados pelas partes de forma consensual, o que romperia com a isonomia na arbitragem.

A segunda circunstância relevante em que a isonomia se conjuga com o acesso à jurisdição diz respeito às denominadas cláusulas arbitrais unilaterais ou assimétricas. A unilateralidade ou assimetria, bem compreendida, pode em tese revestir uma série de características.[298] Não obstante, será empregada

[298] "The clauses bearing the features outlined infra in this study can be found under a variety of names. Usually they are called unilateral, one-sided or one-way clauses, in some cases and commentaries; hybrid, and in others, optional jurisdiction clauses. [...] These clauses are complex, multilayered and encapsulate a number of dispute resolution pathways. They may provide only for arbitration, only for state court prorogation, or a combination of both, which would make them 'hybrid.' But what lies at the root of these clauses is that regardless of the specifics

terminologicamente aqui para designar cláusulas arbitrais em que a possibilidade de acionamento do processo arbitral não se estende a todos os contratantes. Pode-se pensar na hipótese em que um contratante detém a prerrogativa de provocar quer a jurisdição estatal, quer a arbitral para resolver seu litígio, ao passo que o outro contratante fica adstrito à possibilidade de acionar apenas a via da jurisdição estatal – o que não impede que se imagine, também, cláusulas em que o outro contratante possa acionar apenas a jurisdição arbitral. Trata-se de desenho contratual que destoa, em parte, do mecanismo padrão de funcionamento da arbitragem. E possui uma complexidade nem sempre percebida.

A doutrina nacional e internacional debruça-se largamente sobre a matéria, que recebe tratamentos diversos a partir do olhar sistêmico de cada jurisdição.[299] O argumento principal para a invalidação de cláusulas arbitrais com esse teor seria, justamente, a violação ao princípio da isonomia[300], na medida em que distribui de forma anômala uma prerrogativa essencial que diz respeito à obtenção de tutela jurisdicional e da escolha da via jurisdicional. Sob essa visão, o núcleo essencial do direito à isonomia, inderrogável pelas partes, imporia que o exercício do direito de ação fosse distribuído de forma idêntica entre os contratantes.

Retome-se o exemplo acima. O consenso em arbitrar, em cláusulas tradicionalmente bilaterais, cria um dever que não é unilateralmente derrogável, e pode ser exercido à revelia da parte resistente.[301] Por isso diz-se que o

of the mechanism they set out, they provide for an intrinsic imbalance of the parties, which is the legal 'capsule' capturing the imbalance between the commercial (and real-life) standing of the parties to these clauses." DRAGUIEV, Deyan. Unilateral jurisdictional clauses: the case for invalidity, severability of enforceability. *Journal of international arbitration*, v. 31, 2014, p.20. Ainda sobre a amplitude de conteúdo, ora disciplinando escolhas entre foros arbitrais diversos, ora sobre alternância entre jurisdição arbitral e estatal, v. WILLEMS, Jane Y. The arbitrator's jurisdiction at risk: the case of hybrid and asymetrical arbitration agreements. In: SHAUGHNESSY, Patricia; TUNG, Sherlin. *The powers and duties of an arbitrator – Liber amicorum Pierre A. Karrer.* The Netherlands: Kluwer Law International, 2016.

299 DRAGUIEV, Deyan. Unilateral jurisdictional clauses: the case for invalidity, severability of enforceability. *Journal of international arbitration*, v. 31, 2014, p.26 e ss. E, ainda, PETIT, Sherina (et al.). Asymmetric arbitration agreements. *International Arbitration Report*, v. 9, 2017.

300 DRAGUIEV, Deyan. Unilateral jurisdictional clauses: the case for invalidity, severability of enforceability. *Journal of international arbitration*, v. 31, 2014, p. 34-35.

301 E, nesse sentido, o artigo 22, §3º, da Lei de Arbitragem.

consenso em arbitrar não precisa ser atual, existente no momento da lide, mas precisa apenas ter existido em algum momento anterior e permanecer válido e vinculante no momento do exercício do direito de ação. As cláusulas unilaterais, em certa medida, alteram essa dinâmica. Elas estabelecem, inequivocamente, uma obrigação em arbitrar, e fundam-se em consenso, mas fazem com que a exigibilidade desse dever em arbitrar fique condicionada à verificação da atualidade desse mesmo consenso, pela parte detentora da opção (A), no momento da provocação da atividade jurisdicional. Para a parte que não detém a opção (B), vige a regra geral de que o consenso em arbitrar é unilateralmente inafastável e não precisa ser caracterizado no momento da instauração da lide, bastando ter sido previamente ajustado em contrato. O consenso de B possui um vetor único, e não conta com um correspectivo consenso prévio vinculante da parte A. Quer-se dizer, se A provocar a arbitragem, deflagra-se a exigibilidade do consenso prévio de B, que é suficiente para obrigar a parte a submeter-se ao juízo arbitral. Sob a perspectiva de B, o fato de inexistir a prerrogativa de iniciar a jurisdição arbitral significa que inexiste um consenso prévio vinculante de A que opere nos mesmos moldes. Resta-lhe apenas a via ordinária da inafastável jurisdição estatal. Note-se que isso, tecnicamente, não impede que B dê início a uma arbitragem, mas apenas significa que à parte não socorrem mecanismos que permitam obrigar A a sujeitar-se à jurisdição arbitral nessa hipótese. Não há consenso prévio para essa hipótese. E por isso disse-se anteriormente que a realização dos efeitos do consenso em arbitrar, em todo e qualquer caso, dependerão da verificação de um consenso em arbitrar de A que seja atual à lide. Nada impede que B consiga instaurar uma arbitragem, mas aí já não mais será por força da convenção arbitral que firmou com A, mas sim a partir de um compromisso arbitral, contemporâneo ao litígio, e que nada tem que ver com os efeitos do consenso aposto na clausula assimétrica. Onde não houver esse consenso, B deverá trilhar o caminho judicial.

Há, sob algum aspecto, uma potestatividade na prerrogativa de acionar a jurisdição arbitral, e nisso recaem essencialmente as críticas que defendem a inadequação desse tipo de estrutura contratual.[302] A isso retornaremos em seguida.

[302] DRAGUIEV, Deyan. Unilateral jurisdictional clauses: the case for invalidity, severability of enforceability. *Journal of international arbitration*, v. 31, 2014, p. 35-37.

Antes, entretanto, vale pontuar que ao menos duas questões subsequentes exsurgem da concepção de invalidade de cláusulas assimétricas.

A primeira volta-se mais propriamente ao âmbito do manejo do princípio da isonomia nesse caso, e aos efeitos de se referendar a impossibilidade desse ajuste, no sentido de se haveria total imprestabilidade da convenção arbitral. A decisão mais evidente parece recomendar o afastamento da cláusula arbitral, de modo que a isonomia seja restabelecida sob a perspectiva de que nenhuma das partes tenha a capacidade de provocar a jurisdição arbitral. Mas imagine--se que B, em verdade, deseje não eliminar a prerrogativa de A de iniciar uma arbitragem de forma obrigatória, mas sim avocar também para si essa mesma prerrogativa. Pretende B iniciar a arbitragem, mesmo sabendo que a literalidade da clausula não lhe autoriza isso. Ter-se-ia de discutir, com isso, se a alternativa, qual seja, a de tutelar a igualdade a partir da extensão de mais direitos a todos, mostra-se medida viável. A resposta mais simples seria a de pregar a impossibilidade desse expediente, na medida em que a obrigação em arbitrar não pode ser criada *ex nihilo* pela instancia jurisdicicional, mas apenas existe onde houver consenso inequívoco. Não há como se dizer, entretanto, que esse consenso inequívoco inexista de forma absoluta. Ambas as partes anuíram em arbitrar, apenas sob circunstâncias diversas. A extensão da prerrogativa a B, nesse aspecto, teria como respaldo o fato de A ter previamente concordado, em tese e em abstrato, com a possibilidade de ver seus litígios submetidos à arbitragem, e isso bastaria. A mesma lógica aplica-se à hipótese em que B detenha apenas a prerrogativa de acionar arbitragem, ao passo que A pode escolher entre o juízo estatal e arbitral. Ainda que o resultado prático seja o mesmo, há de se definir se a extensão do direito a B acionar o poder judiciário decorre do afastamento da convenção arbitral ou da equiparação das prerrogativas ali estabelecidas.

A segunda perquirição diz respeito à sede adequada para a discussão da potencial quebra de isonomia. A partir da regra de autorreferenciabilidade de competência, caberia ao juízo arbitral definir sobre a existência, a validade e a eficácia da convenção arbitral, de modo que competir-lhe-ia definir sobre a matéria. A hipótese apresenta certa plausibilidade na hipótese em que A pretende instaurar arbitragem e B (que apenas pode acionar o poder judiciário) deseja objetar a validade desta cláusula. Ficaria a cargo do tribunal arbitral, num primeiro momento, definir sobre a validade da convenção arbitral. A situação fica menos evidente quando seja B quem, detendo apenas a opção de judicializar suas demandas, pretenda estender o direito de arbitrar para si. Poderia ter-se ai uma questão afeita à eficácia da cláusula arbitral que teria de ser decidida pelo judiciário. Problema similar ocorreria se a parte B detivesse apenas o direito de arbitrar e pretendesse estender para si, também, a prerrogativa de escolher a jurisdição estatal (equiparando suas posições com as de A). Queda aberta a discussão sobre se poderia B diretamente alegar vício da convenção arbitral perante o poder judiciário, instancia em que pretende apresentar sua demanda.

Essas problemáticas são postas apenas a título de reflexão dos efeitos da negativa de viabilidade jurídica das cláusulas assimétricas, sem pretensão, no escopo deste trabalho, de solucioná-las, em especial porque o entendimento aqui defendido é diverso.

Sob o ponto de vista do princípio da isonomia processual, entende-se aqui não haver uma proteção que impeça a celebração de cláusulas arbitrais assimétricas ou unilaterais. Há, inequivocamente, um desequilíbrio estrutural das posições jurídica afeitas ao exercício do direito de ação. Não se ignora, nesse aspecto, que haja alguma potestatividade, no sentido de que a deflagração de certos de efeitos de determinada cláusula contratual – *in casu*, a de vinculação à jurisdição arbitral – quede na dependência exclusiva do arbítrio de uma das partes. Tampouco se deixa de lado os argumentos no sentido de que tais cláusulas muitas vezes são expressão de relações contratuais subjacentes que contam, no plano do sinalagma contratual e das posições dos contratantes, com visíveis desequilíbrios entre os contratantes. Com isso, seria o caso de se reconhecer que a manifestação de vontade ali colocada pela parte com prerrogativas mais restritas seria decorrência de uma imposição da contraparte e da impossibilidade de resistência da contratante mais fraca. Entende-se aqui, entretanto, que a tutela normativa dada pela isonomia para fins de regularidade procedimental passa ao largo desses desafios teóricos.

Ninguém há de negar que haja um direito, abstrato e autônomo, à tutela jurisdicional. Esta prerrogativa queda registrada na Constituição Federal contra qualquer tipo de ataque normativo. Apenas a parte pode dele abrir mão, e ainda assim de forma limitada. Essa renúncia, entretanto, pode se dar apenas no tocante a pretensões específicas e já constituídas, sendo inadmissível a renúncia indistinta e absoluta a esse direito. Basta imaginar um contratante que firme quitação reconhecendo não poder questionar em qualquer instância jurisdicional os direitos transacionados. Resta ainda assim a esse contratante a prerrogativa de questionar jurisdicionalmente, *v.g.*, a validade desta quitação e sua extensão. Nesse aspecto, parece razoável afirmar que a tutela do ordenamento recai sobre o direito de ação e o direito de se acionar a atividade jurisdicional *em abstrato*. Não parece haver um direito de acesso, pré-constituído, a uma jurisdição específica, e o ordenamento jurídico não se ocupa disso. Sintomático, nesse sentido, que as partes sejam livres para derrogar – de forma absoluta – a competência da jurisdição estatal para dirimir conflitos afeitos a direitos disponíveis nos termos da Lei de Arbitragem. O que deve estar assegurado, em todo e qualquer caso, é a existência de uma via de acesso jurisdicional, seja qual for.[303]

A distribuição desigual das vias de acesso cabíveis a cada uma das partes em convenção arbitral retrata apenas um falso problema, na medida em que a isonomia processual não opera neste plano, mas em um plano mais abstrato de ser assegurar, sempre, o acesso a *alguma* via de tutela jurisdicional heterocompositiva. Se uma das partes pode escolher entre jurisdição estatal e arbitral e à outra resta apenas a via estatal, trata-se de ajuste particular, no campo da flexibilidade procedimental, acerca dos limites de eficácia da vinculatividade do dever pré-constituído em arbitrar. Não decorre daí qualquer violação ao núcleo essencial do direito de igualdade processual, na precisa medida em que a ambas as partes estão disponíveis o direito de ação, e é neste direito – e não no direito de acionar determinada jurisdição específica – que a igualdade incide. A suposta potestatividade, nesse aspecto, perde igualmente relevância para fins de invalidação da cláusula arbitral, na medida em que é uma potestatividade que abrange apenas e tão somente um modo de exercício específico da prerrogativa processual. Uma posição processual análoga, entretanto, também está à disposição da outra parte. Todo exercício de direito de ação reveste, nesse aspecto, de potestatividade.

Por outro lado, o argumento de que cláusulas assimétricas escondem desequilíbrios materiais subjacentes à relação jurídica de base tampouco permite

303 MILLER, Lauren D. Is the unilateral jurisdictional clause no longer an option? Examining courts' justifications for upholding or invalidating asymmetrical or unilateral jurisdictional clauses. *Texas International Law Journal*, v. 51, n.3, 2016, p.325-327.

reconhecer haver quebra de isonomia nesse ajuste contratual. A proposição parte, em verdade, de uma presunção, e da conclusão de que desse equilíbrio decorrerá, sempre, uma situação de imposição de prerrogativas processuais em proporções díspares. O possível desequilíbrio entre as capacidades negociais de polos contratantes distintos é elemento inerente à lógica do direito dos contratos, com o qual o Direito convive. Trata-se de dado da realidade do qual não se pode extrair, como consequência lógica inafastável, a submissão de um polo contratante a outro. Isso pode ocorrer, mas não ocorrerá necessariamente. Essa conclusão, como regra, apenas pode ser aferida caso a caso, no plano concreto da lide estabelecida, e nunca no campo das elucubrações jurídicas. Disso já resultaria a inaplicabilidade da tutela do princípio da isonomia processual sob esse aspecto. Não por acaso, o próprio legislador elege circunstâncias em que se pode presumir que a diferença entre as posições dos contratantes pode afetar as declarações de vontade, quando então estabelece critérios específicos para sua validade e eficácia. Basta para tanto atentar à eficácia mitigada das convenções arbitrais em contratos de adesão, conforme previsto na primeira parte do §2º do artigo 4º da Lei de Arbitragem. Para circunstâncias não tratadas em norma, a presunção não se aplica. Ademais, o próprio direito positivado estabelece mecanismo para lidar especificamente com a validade ou com a eficácia das declarações jurídico-negociais quando demonstrado que a vontade manifestada se encontrava viciada por circunstâncias externas. Todo o regramento dos vícios dos negócios jurídicos ocupa-se disso.

Por fim, o acima referido §2º do artigo 4º da Lei de Arbitragem permite reforçar a compatibilidade, perante nosso ordenamento, de cláusulas arbitrais assimétricas, ainda que o dispositivo não trate exatamente dessa situação. Entretanto, ao estabelecer, em sua primeira parte, que convenções arbitrais ajustadas em contratos de adesão apenas terão eficácia caso acionadas pelo aderente, reconhece o legislador sistemática semelhante àquela que orienta a eficácia de cláusulas unilaterais: o acordo prévio em submeter litígios à arbitragem apenas vincula a parte caso a parte a quem se confere a opção (*in casu*, o aderente) manifestar que seu consenso se mantém presente e atual à instauração da lide. Em todo e qualquer hipótese, haverá sempre assegurado um igual direito a pleitear tutela jurisdicional, ainda que em instâncias diversas.

Dessa ordem de ideias conclui-se que a flexibilidade procedimental permite às partes a alocação da potestade de acionamento de jurisdições específicas livremente. Trata-se de questão que reside fora do escopo de proteção do princípio. O núcleo essencial da isonomia impõe apenas que o direito de ação e de acesso à tutela jurisdicional seja garantido a todos os contratantes sob um aspecto global, vale dizer, que todos tenham resguardado a prerrogativa de provocar *alguma* atividade jurisdicional com o objetivo de pacificar sua lide.

4.2 A formação do juízo arbitral

Hipótese diversa da previamente tratada diz respeito ao princípio da isonomia sob a perspectiva da formação do órgão arbitral responsável pela resolução da lide. Neste cenário, já não se está mais em discussão a prerrogativa de acionar a jurisdição arbitral, mas sim a de influenciar na composição de seus membros.

A formação de qualquer órgão jurisdicional está intimamente atrelada à noção da garantia do juiz natural. Esta estabelece, grosso modo, que a fixação e a determinação do órgão jurisdicional competente para a heterocomposição da demanda devem se dar de acordo com critérios objetivos, assegurando-se a imparcialidade e a independência dos julgadores.[304] Essa ideia aplica-se indistintamente aos juízos estatal e arbitral, a despeito de suas diferenças em termos de legitimação perante os jurisdicionados, conforme já previamente apontado.

Trata-se de um aspecto essencial à higidez do processo, na medida em que encerra critérios a serem observados na determinação do órgão competente para a demanda.

Configurando elemento fundamental à própria noção de processo justo, o princípio da isonomia aqui desempenha um papel de tornar cogente a verificação de uma igualdade real de oportunidades entre as partes.[305] Essa premissa deve ser conjugada com ao menos três possibilidades em termos de cláusula arbitral.

[304] FICHTNER, José Antonio, MANNHEIMER, Sergio Nelson, MONTEIRO, André Luís. *Novos Temas de Arbitragem*. Rio de Janeiro: FGV, 2014, p.52-54.

[305] PINSOLLE, Philippe; Kreindler, Richard H. Les limites du rôle de la volonté des parties dans la conduite de l'instance arbitrale. *Revue de l'Arbitrage*, 2003, p.59.

A primeira diz respeito à limitação daí decorrente às partes na definição de regras para o procedimento aplicável a suas disputas. As partes, nesse sentido, ao estabelecerem mecanismos para formação do órgão arbitral, ficam obstadas de fixar critérios que não assegurem a todos os litigantes a igual oportunidade participação no processo de escolha do juízo arbitral.

As partes jamais podem perder de vista a concepção de que representam a primeira instância de controle preventivo da regularidade do processo. Uma cláusula arbitral mal equacionada em termos de adequação aos parâmetros mandatórios do devido processo legal pode resultar em uma vantagem processual momentânea, dadas as peculiaridades da lide, mas que ao final macula todo o processo, colocando em xeque a efetividade da tutela jurisdicional pretendida – com todos os ônus daí decorrentes. As partes devem, portanto, estar munidas de um olhar que ultrapasse as animosidades naturalmente trazidas pela disputa, prezando pela adequação do processo em prejuízo de vantagens não tuteladas pelo ordenamento.

A segunda diz respeito a convenções arbitrais que não apresentam qualquer regra eleita pelas partes, expressa ou implicitamente por referência a regulamentos de câmaras arbitrais, para fins de escolha dos membros do tribunal arbitral. Ou então a cláusulas de arbitragem que, a despeito de estabelecerem regras nesse sentido, não prevejam meios para superar a recusa de uma das partes em integrar a arbitragem. Ademais, parte-se aqui do pressuposto de que, a despeito do silencio da cláusula de arbitragem, tampouco as partes chegaram a um consenso a esse respeito no momento do surgimento da lide. As partes terão necessariamente de recorrer à demanda de que trata o artigo 7º da Lei de Arbitragem, de modo que a definição do órgão julgador arbitral ficará a cargo da jurisdição estatal.

O juiz togado é convocado ali, em suma, a estabelecer regras que permitam a instauração do juízo arbitral, ou a controlar as regras porventura acordadas pelas partes no curso da ação do artigo 7º. O núcleo essencial do princípio da isonomia processual, que é inafastável qualquer que seja a acepção de isonomia que se empregue, deixa pouco espaço para escolhas: ambos os polos devem poder integrar o processo de escolha em posição de igualdade de oportunidades. O controle preventivo do juízo estatal, seja sobre as regras já definidas pelas partes, seja ao criar regras para esse propósito, não poderá desviar-se desse preceito.

No cenário em que a cláusula é absolutamente silente a respeito, pode o juízo estatal conferir a possibilidade de participação igualitária aos litigantes no curso da demanda do artigo 7º, como no clássico exemplo em que cada polo litigante indica um árbitro, que em conjunto indicarão um presidente ao painel arbitral. Inexistindo colaboração de qualquer das partes nesse expediente, entretanto, muito embora possa o juiz togado suprir a nomeação da parte faltante[306], o controle preventivo do poder judiciário deve impedir que isso se dê em prejuízo da concessão de oportunidades reais à parte silente – o que pode mostrar-se especialmente delicado em casos de revelia e contumácia. A razoabilidade determina que, em caso de dúvidas sobre a caracterização de igualdade de oportunidades, o juiz togado proceda à nomeação de todos os membros, de modo a não permitir caracterização de situação de vantagem por uma das partes.

A terceira das possibilidades acima referida é a mais delicada de todas e leva a discussão ao controle preventivo exercido pelo próprio juízo arbitral.

Estar-se-á, aqui, ou diante de constituição de tribunal arbitral a partir das regras estabelecidas pelas partes – expressa ou implicitamente por meio de regulamentos de arbitragem – ou com base na ação do artigo 7º da Lei de Arbitragem. A análise a ser feita pelo juízo arbitral debruça-se, naturalmente, sobre o exercício de posições processuais já exauridas, de modo que é, também, *post factum*. O controle exercido pelos árbitros parte das mesmas premissas previamente definidas, e deve transcorrer todas as instâncias que tenham atuado na composição do juízo arbitral – vale dizer, partes e/ou juízo estatal. Já se afirmou anteriormente que o fato de o poder judiciário eventualmente integrar o processo de escolha dos membros do tribunal arbitral não leva à chancela de higidez desse ato processual. Tampouco impede que o método de escolha do juízo arbitral seja posteriormente questionado em sede de demanda anulatória de sentença arbitral. Compete, portanto, ao juízo arbitral proceder à análise da adequação da forma de instauração da arbitragem frente ao núcleo essencial do princípio da isonomia processual, independentemente de se estar diante de regras estabelecidas pelas partes, por regulamento de arbitragem ou por juiz togado.

306 CARMONA, Carlos Alberto. *Arbitragem e Processo:* Um comentário à Lei de Arbitragem. 3. ed. São Paulo: Atlas, 2009. p. 158.

Constatado pelo tribunal arbitral que sua formação viola essa premissa, deve, de ofício ou por provocação das partes, reconhecer esse fato e determinar a instauração de novo processo arbitral a partir de regras que respeitem a isonomia nesse processo. Eventual tentativa de proteção dos critérios de escolha a partir da ideia de flexibilidade procedimental apenas estende o problema para além do razoável, submetendo as partes a um processo inquinado de vício em seu nascedouro, em especial porque a flexibilidade procedimental encontra barreira nos limites trazidos pelo princípio da igualdade processual.

Aplica-se a esta hipótese a competência estabelecida no 8º da Lei de Arbitragem, e pela qual o juízo arbitral é competente para avaliar, de ofício ou mediante provocação da parte, a existência, a validade e a eficácia da convenção arbitral. Sua competência [rectius: *jurisdição*] para referida decisão advém, portanto, da própria Lei de Arbitragem, e não propriamente do consenso em arbitrar – do mesmo modo que o tribunal arbitral tem competência para proferir decisão jurisdicional para reconhece inexistir convenção arbitral válida. Nesse aspecto, o dever de diligência estabelecido no §6º do artigo 13 da Lei de Arbitragem recomenda que o tribunal arbitral lance mão de seu poder de controle para verificar a adequação de sua própria instituição. No mais, entende-se que o cenário em que os critérios de composição do tribunal arbitral são definidos pelo juízo arbitral integram-se igualmente na competência do artigo 8º a partir de interpretação extensiva do conceito de convenção arbitral, na medida em que a Lei de Arbitragem estabelece que a sentença que dá procedência à demanda do artigo 7º fará as vezes de compromisso arbitral – *i.e.*, de "convenção de arbitragem" para fins de aplicação do artigo 8º.

Algumas considerações sobre esta questão ainda se mostram relevantes.

Tendo em vista a avaliação do atendimento aos ditames da isonomia sob a perspectiva da concessão de oportunidades aos litigantes, não causam grandes debates o tema da formação do juízo arbitral na hipótese de uma parte optar por não exercer a prerrogativa que lhe foi estendida. Pense-se no caso clássico de processo arbitral envolvendo duas partes, cada qual em um polo litigante, a partir de convenção arbitral que permite a cada qual a nomeação de um árbitro, cabendo aos árbitros escolhidos pelas partes nomear o presidente do painel. Caso uma das partes falhe na nomeação do árbitro que lhe cabe, não exercendo a oportunidade que efetivamente lhe foi concedida, poderá haver substituição da vontade da parte pelo órgão judicial na hipótese do artigo 7º[307] ou pela câmara arbitral em hipótese de arbitragens institucionais.[308]

Maior desafio oferece a hipótese de arbitragens multipartes, em que um mesmo polo seja integrado por mais um de um litigante e estes não logrem nomear em conjunto o árbitro que lhes compete. Autorizar que haja pura e simples nomeação, pelo juízo estatal ou pela instituição arbitral, em substituição ao polo que não exerceu a prerrogativa representaria, contrariamente, a ruptura da concessão da igualdade de oportunidades aos litigantes. Note-se que o insucesso da nomeação resulta, aqui, no mais das vezes, da impossibilidade de consenso entre as partes a quem se atribui o direito de nomear árbitro em conjunto, o que pode comprometer a verificação da concessão das oportunidades em termos de equivalência. Nessas hipóteses, a solução adotada tem sido, adequadamente, a de suplantar a regra estabelecida na convenção arbitral, de modo a que, diante da impossibilidade de se conferir oportunidades iguais na composição do juízo arbitral, o órgão estatal[309] ou a instituição arbitral[310] proceda à nomeação de todos os membros do painel.[311] Esse entendimento afeito a arbitragens multipartes, em especial sua disseminação nos regulamentos de arbitragem nacionais e estrangeiros, sofreu forte

[307] Em Portugal, por exemplo, essa possibilidade vem expressamente prevista em lei, cf. MONTEIRO, António Pedro Pinto. *O princípio da igualdade e a pluralidade de partes na arbitragem.* Coimbra: Almedina, 2018, p.276 e ss.

[308] *V.g.* Regulamento de Arbitragem da ICC 2021, artigo 12(2); Regulamento de Arbitragem da HKIAC 2018, artigo 8.1(b); Regulamento de Arbitragem da LCIA 2020, artigo 7.2; Regulamento de Arbitragem do CAM-CCBC 2012, artigo 4.12; Regulamento de Arbitragem CIESP/FIESP, 2.5.

[309] MONTEIRO, António Pedro Pinto. *O princípio da igualdade e a pluralidade de partes na arbitragem.* Coimbra: Almedina, 2018, p.276 e ss.

[310] Regulamento de Arbitragem da ICC 2021, artigo 12(8); Regulamento de Arbitragem da HKIAC 2018, rtigo 8.2(c); Regulamento de Arbitragem da LCIA 2020, artigos 8.1 e 8.2; Regulamento de Arbitragem do CAM-CCBC 2012, artigo 4.16; Regulamento de Arbitragem CIESP/FIESP, 3.1.

[311] Digno de nota ainda o novo dispositivo inserido no Regulamento da ICC 2021 em seu artigo 12(9) e que autoriza à Corte, em circunstâncias excepcionais, desconsiderar quaisquer regras das partes afeitas à nomeação do tribunal arbitral e proceder diretamente à composição de todos os seus membros sempre que se entender haver receio significativo de quebra de isonomia e de comprometimento do processo arbitral.

influência sobre o controle judicial sobre a matéria[312-313-314], e mostra o reconhecimento de que a igualdade efetiva de oportunidades reside no seio do princípio da isonomia relativamente à formação do juízo arbitral.

[312] O *leading case* internacional é o conhecido "caso Ducto", e que retrata precisamente a situação em que duas partes com interesses distintos e integrando um mesmo polo litigante não puderam exercer, em igualdade de posições, a oportunidade de compor o painel arbitral. A despeito de alegarem possuir interesses distintos, viram-se obrigadas, manifestamente a contragosto, a nomear conjuntamente árbitro, sob pena de vê-lo indicado pela instituição arbitral. Ao outro polo, composto por uma única parte, a mesma circunstância não se verificava. Sob a égide do Regulamento de Arbitragem da ICC 1998, não havia regramento semelhante ao atual artigo 12(8). O tribunal arbitral assim composto posteriormente reconheceu a regularidade de sua formação, o que foi judicializado perante as cortes francesas, que ao final, em sede de *Cours de Cassation*, reconheceu a quebra no tratamento igualitário. Sobre o caso, v. MONTEIRO, António Pedro Pinto. *O princípio da igualdade e a pluralidade de partes na arbitragem*. Coimbra: Almedina, 2018, p.134 e ss.

[313] No Brasil, tem-se como referencial o "caso Paranapanema", em que também o polo requerido, formado por duas partes com interesses diversos, viu negada a prerrogativa de participar do processo de escolha do tribunal arbitral em igualdade de oportunidades comparativamente à parte requerente. Diante de silêncio, à época, de regra específica para essa situação no regulamento da câmara de arbitragem (CAM-CCBC), o presidente da instituição arbitral procedeu à nomeação apenas em nome do polo multiparte. A sentença arbitral foi posteriormente anulada em sede judicial sob argumento de violação da isonomia processual, em decisão assim ementada, cf. Tribunal de Justiça do Estado de São Paulo (TJSP). Apelação. Ap. nº 0002163.90.2013.8.26.0100. 18ª Vara Cível da Comarca de São Paulo. Rel. des. Gilberto dos Santos, 11ª Câmara de Direito Privado, julgado em 03.07.2014:

> (...)
> ARBITRAGEM. Caso envolvendo litisconsórcio de partes com interesses distintos no mesmo polo. Omissão do Regulamento da Câmara de Arbitragem quanto à indicação de árbitros em casos de multipartes com interesses distintos no mesmo polo. Integração do regulamento pelo Presidente daquele órgão que não se deu com melhor técnica jurídica por fazer prevalecer a indicação de árbitro de apenas uma das partes, suprimindo o direito de indicação das outras. Inobservância de princípios basilares da isonomia e imparcialidade que viciaram a formação do painel arbitral. Parte prejudicada que invoca a reserva legal de apreciação de tal questão pelo judiciário. Inocorrência de preclusão nos termos do art. 19, § 2º, da Lei nº 9307/96. Sentença arbitral anulada. Recursos dos réus não providos.

[314] Ainda sobre o "caso Paranapanema", v. MAGALHÃES, José Carlos de. Arbitragem multiparte, constituição do tribunal arbitral, princípio da igualdade e vinculação à cláusula compromissória. *Revista de Arbitragem e Mediação*, v. 38, 2013, p.321 e ss.

4.3 Aspectos subjetivos das partes

Todo litígio convive com a existência de diferenças inerentes às partes e às posições processuais que ocupam. As diferenças podem ser das mais diversas naturezas, num espectro que abrange, *v.g.*, a capacidade informacional, técnica e econômica. São circunstâncias que são inerentes às posições contratuais detidas também sob a perspectiva da relação jurídica de base, e que podem acabar refletindo na aptidão e na capacidade de cada litigante em apresentar seu caso.

Ante a impossibilidade de se definir, de antemão, essas diferenças e o impacto que causam, se é que algum, em um litígio concreto, torna-se virtualmente impraticável preestabelecer a forma de incidência do princípio da isonomia nessas hipóteses. A análise é casuística, portanto. Como ponto de partida, deve-se aplicar a ideia geral de que as partes se veem restringidas apenas sob o ponto de vista de uma acepção fraca do princípio da isonomia, podendo no mais disciplinar livremente o regramento procedimental a que desejam se ver vinculadas. Não se ignora, aqui, que diferenças econômicas podem impactar sensivelmente o exercício das posições processuais das partes, mas, nos moldes já expostos previamente, entende-se que a escolha pela arbitragem retira esses revezes da tutela do princípio da isonomia processual – sem prejuízo de integrarem, é claro, o aspecto prospectivo da igualdade. Eventuais abusos decorrentes de diferenças de poder econômico no âmbito da definição das regras pelas partes são resolúveis, conforme o caso, a partir de critérios afeitos aos vícios de consentimento dos negócios jurídicos.[315] Com isso, a alocação e a distribuição de posições e ônus processuais pelas partes conta com a flexibilidade que é a tônica do processo arbitral, sujeitas, sempre, ao controle preventivo do tribunal arbitral e ao controle repressivo do juízo estatal.

Dois aspectos subjetivos, entretanto, merecem um olhar mais atento: o primeiro, afeito à representação das partes no litígio; o segundo, a litígios envolvendo a administração pública.

[315] Sobre vícios de consentimento nas declarações de vontade de arbitrar, v. GUERREIRO, Luis Fernando. *Convenção de arbitragem e processo arbitral*. São Paulo: Atlas, 2009, p.33-36. E, ainda, BILLEMONT, Jean. *La liberté contractuelle à l'épreuve de l'arbitrage*. Paris: LGDJ. 2013, ainda, 324 e ss.

4.3.1 A representação das partes no processo

Diferentemente do que ocorre, como regra, em sede judicial, o processo arbitral não exige que as partes postulem e defendam-se por meio de advogado. A despeito disso, o processo arbitral desenvolve-se, em sua vasta maioria de casos, por meio do código comunicacional do Direito, de modo que tem por base um elemento de conhecimento técnico que normalmente indissociável da resolução da lide.

A prática mostra ser incomum, ao menos em arbitragens comerciais de médio e grande porte, que as partes não se vejam representadas por profissionais da área jurídica, ainda que formalmente não sejam advogados inscritos no respectivo órgão profissional da jurisdição da sede. A intenção subjacente, em verdade, parece ser a de fomentar a transnacionalidade do uso da arbitragem, de modo que procedimentos sediados no país com elementos de estraneidade possam contar com representação de profissionais de outras jurisdições.

A conclusão natural que se extrai dessa lógica é a de que, ao optarem pela jurisdição arbitral, as partes abrem mão, igualmente, dos mecanismos judiciais de promoção de igualdade de representação técnica garantidos pela advocacia gratuita. Com isso, e conforme já se mencionou anteriormente, as partes incorrem nos riscos inerentes à eventual falta de recursos financeiros para fazer frente à representação técnica necessária e adequada à sua defesa no curso do processo.

Isso, de certo, pode causar disparidades significativas na estruturação e no desenvolvimento da demanda, desde sua estabilização a partir dos pedidos formalizados até a estruturação das causas de pedir, dos pontos controvertidos e das provas produzidas.

Sob o ponto de vista das regras definidas pelas partes, consoante se afirmou, não há limitadores específicos decorrentes da incidência da acepção fraca do princípio da isonomia, cabendo apenas a observância do núcleo essencial de sua proteção sob o aspecto da fixação de regras que criem situações despropositadas e com distorções não justificadas.

Por outro lado, entretanto, deve-se avaliar a potencial discrepância entre a representação das partes – e seu impacto no desenvolvimento do processo – a partir da perspectiva da atuação dos árbitros e da acepção forte do princípio da igualdade. Para além de exercer o controle preventivo no tocante às regras definidas pelas partes, compete aos árbitros igualmente zelar pela condução do processo e pela realização dos atos processuais, imbuídos da diligência e do zelo impostos pela própria Lei de Arbitragem. Nesse contexto, já se afirmou que o princípio da isonomia, além de estabelecer proposições que são de observância imperativa sob pena de comprometimento da higidez do processo, traz em si mesmo também um aspecto prospectivo de promoção de igualdade material sempre que isso se mostre cabível. Soma-se a isso a vigília sempre necessária no sentido de se assegurar a efetividade do processo e a obtenção de resultado útil que seja adequado à pacificação do conflito apresentado.

A conjunção desses fatores parece autorizar a atuação afirmativa dos árbitros, dentro de um espectro de razoabilidade, de modo a colmatar o impacto negativo dessas diferenças de representação na qualidade da tutela jurisdicional a ser concedida.[316] Nesse aspecto, podem os árbitros em alguma medida atuar de modo a promover um equilíbrio entre as partes, uma paridade de armas, sob o aspecto de critérios técnicos necessários à adequada estruturação da dialética processual. Isso transparece a um tratamento desigual e que, ao fim e ao cabo, aplaca desvantagens inerentes às qualidades das partes que podem prejudicar o curso do processo. É precisamente o tratamento desigual para superar desigualdades mais estruturais. Não se está a defender, por óbvio, uma atividade dos árbitros que se substitua à representação das partes e que vise a sanar toda a sorte de desequilíbrio daí decorrente, pois isso atentaria aos preceitos de independência e imparcialidade sobre os quais repousam o processo arbitral – e o respeito ao valor do juiz natural. Pelo contrário, entende-se apenas que o resguardo do processo permite uma vigilância sobre questões diretamente ligadas à garantia de seu resultado útil, de modo que compete aos árbitros guiar o olhar das partes a tópicos sensíveis de modo a oportunizar, de modo mais eficaz, a desimcumbência de ônus processuais que se mostrem inerentes ao desenvolvimento adequado do feito, cabendo às partes, de certo, a decisão sobre como proceder relativamente à questão específica.

A extensão e a profundidade dessas medidas, igualmente, apenas podem ser medidas caso a caso, a partir da diagramação casuística dos limites e dos

[316] Nesse sentido, KURKELA, Matti S.; TURUNEN, SANTTU. *Due process in international commercial arbitration*. 2. ed. Nova York: Oxford University Press, 2010, p.186 e ss., em especial p. 190.

contornos do devido processo arbitral atrelado à lide específica. Alguns exemplos, entretanto, permitem ilustrar o que até aqui se expôs.

A prática das arbitragens administradas por câmaras de arbitragem estabelece um momento – que pode variar conforme o caso – para a definição dos pedidos das partes, a partir do qual não são aceitas modificações nos provimentos solicitados, a menos sob circunstâncias muito excepcionais e específicas. A elaboração do denominado termo de arbitragem ou ata de missão desempenha um marco importante nesse sentido, estabelecendo a estrutura geral do caso e seus contornos. Falhas de técnica processual na definição dos pedidos das partes, somadas às limitações trazidas pelo princípio processual da adstrição, podem resultar na provocação de atividade jurisdicional que se mostre ao final inútil frente às reais pretensões das partes, quer em razão da impossibilidade de julgamento do pedido formalmente apresentado, quer em razão de sua absoluta inadequação frente às causas de pedir apresentadas (embora outros pedidos pudessem ser formulados a esse respeito). O princípio da isonomia, em sua acepção forte e com base em seu viés afirmativo parece permitir, sempre dentro da razoabilidade, e sem se substituir à representação das partes, que o tribunal arbitral chame a atenção das partes à redação dos provimentos que pretendem obter, de modo a garantir sua adequação frente às reais pretensões das partes e à adequada roupagem jurídica em que devem ser apresentados.

Tem-se outro exemplo nas discussões levantadas pelas partes em seus argumentos, que não raras vezes desviam-se das causas de pedir que, na percepção do tribunal arbitral sobre a lide, são efetivamente relevantes para o julgamento da causa. O princípio do *iura novit curia*, consoante já apontado, dispensa o órgão julgador de conclamar as partes a se manifestarem sobre questões jurídicas específicas que possam ser relevantes na apreciação dos fatos apresentados. O Código de Processo Civil, trazendo uma conformação do legislador ao devido processo legal para a jurisdição estatal, coloca em seu artigo 10 a vedação a que se julgue com base em fundamento em relação ao qual as partes não tenham se manifestado. Referido paradigma, mais ligado à eficácia do princípio do contraditório, não tem aplicação automática no processo arbitral, e o fato de a codificação processual civil hoje revogada não prever regra nesse sentido demonstra que seu conteúdo não integra o núcleo essencial da realização do princípio processual. Não obstante, não se ignora que oportunizar às partes tratar sobre os fundamentos jurídicos que o tribunal arbitral reputa relevantes para a apreciação dos fatos evita surpresas e torna o processo dialético mais completo e adequado. Nesse aspecto, a falha da parte na indicação desses fundamentos pode também ser suprido, no processo arbitral, independentemente de previsão expressa de regra nesse sentido, como mecanismo do tribunal arbitral em equilibrar eventuais disparidades afeitas à representação das partes.

Não menos importante, tem-se no artigo 22 da Lei de Arbitragem outra hipótese em que a atuação do árbitro pode servir para arrefecer desvantagens existentes entre as partes em razão da representação técnica que possuem.[317] Pode o tribunal arbitral determinar de ofício a produção de provas que entenda necessárias ao julgamento adequado da lide – dentro, é claro, do escopo porventura previamente delimitado pelas partes – mesmo que a parte a quem competiria solicitar a prova para desincumbir-se do respectivo ônus processual falhe nesse expediente. A medida, por óbvio, deve ser empregada com cautela e também dentro de um critério de razoabilidade, de modo a que não quede caracterizado um favorecimento de uma das partes, mas apenas uma equiparação das posições processuais e almejando, como fim último, a adequada instrução para que do processo possa resultar uma tutela jurisdicional eficaz e útil.

4.3.2 O poder público na arbitragem

Antes das alterações trazidas pelo legislador ao texto original da Lei de Arbitragem, foram doutrina e jurisprudência as responsáveis pela pacificação da ideia – até certo ponto natural, a despeito das vozes dissonantes – de que a administração pública, direta e indireta, poderiam participar de lides resolvidas por arbitragem.[318]

[317] DINAMARCO, Cândido Rangel. *A Arbitragem na Teoria Geral do Processo*. São Paulo: Malheiros, 2013, p.163-164.

[318] Por todos, LEMES, Selma Ferreira. *Arbitragem na administração pública*: fundamentos jurídicos e eficiência econômica. São Paulo: Quartier Latin, 2007, p. 111-116; SALLES, Carlos Alberto de. *Arbitragem em contratos administrativos*. Rio de Janeiro: Forense, 2011, p.230-236; e, ainda, FICHTNER, José Antonio, MANNHEIMER, Sergio Nelson, MONTEIRO, André Luís. *Teoria geral da arbitragem*. Rio de Janeiro: Forense, 2019, p.519 e ss.

O contraponto que se fazia era o de que a administração pública lidava, sempre, com interesses públicos primários, indisponíveis por natureza, de modo que careceriam de arbitrabilidade objetiva. Mais curioso era notar, na prática arbitral, que a própria administração pública arguia essa objeção em sede arbitral, em especial em demandas envolvendo pleitos de reequilíbrio econômico-financeiro de contratos administrativos pelo particular. Esse posicionamento, em verdade, releva um contrassenso em termos de boa-fé contratual porque, para que se estivesse diante do juízo arbitral, natural que a própria administração pública tivesse previamente firmado a convenção arbitral contra a qual posteriormente insurgia-se.

A redação atualizada da Lei de Arbitragem resolve esse impasse claramente, estabelecendo no §1º de seu artigo 1º que "a administração pública direta e indireta poderá utilizar-se da arbitragem para dirimir conflitos relativos a direitos patrimoniais disponíveis", e em seu §3º que o processo será sempre público e com resolução com base no direito posto – sendo vedado, portanto, o julgamento por equidade.

O processo arbitral envolvendo entes públicos traz, certamente, características próprias e impõe uma compatibilização com a racionalidade dos contratos administrativos.[319] Há desafios envolvendo impactos trazidos por fatos e atos que envolvem, esses sim, interesses públicos primários – a exemplo de fatos do príncipe – e a necessária destreza do órgão arbitral em saber conjugar o objeto de conhecimento do processo com os limites de seu objeto de julgamento.[320] Há igualmente, *v.g.*, questões que impactam no custeio do processo arbitral, no cumprimento dos ônus relativos à publicidade e na possibilidade de vinculação da convenção arbitral a câmaras arbitrais previamente estabelecidas em contrato.

As características próprias da relação contratual com a administração pública, com isso, podem trazer reflexos à conformação do devido processo legal aplicável à arbitragem. A dúvida que se coloca no contexto do presente

[319] SALLES, Carlos Alberto de. *Arbitragem em contratos administrativos*. Rio de Janeiro: Forense, 2011, p.273 e ss.

[320] Nesse sentido, a vedação ao julgamento do mérito do ato administrativo, cf. SALLES, Carlos Alberto de. *Arbitragem em contratos administrativos*. Rio de Janeiro: Forense, 2011, p.260 e 261; e LEMES, Selma Ferreira. *Arbitragem na administração pública*: fundamentos jurídicos e eficiência econômica. São Paulo: Quartier Latin, 2007, p.131-133.

trabalho é o de se saber se a participação da administração pública traz exigências específicas em termos de normatividade do princípio da isonomia e dos limites que este coloca à regularidade processual.

A resposta mais adequada reconhece que esse elemento *pode* trazer exigências específicas, mas nem sempre. A solução parece evasiva, mas em verdade não é, pois há um elemento condicionante definido que faz girar o leme entre a incidência ou não dessas possíveis características adicionais em termos de igualdade processual. Arbitragens com a administração pública demandarão uma conformação específica do princípio da igualdade apenas se tal conformação decorrer expressamente de norma posta, seja no âmbito da legislação processual aplicável – a exemplo da própria Lei de Arbitragem, que estabelece as nuances previamente mencionadas – seja no âmbito de atos normativos secundários que disciplinem áreas específicas de atuação contratual do poder público – a exemplo do Decreto n. 10.025/19, que trata de arbitragens no setor portuário e de setores de transporte. Do contrário, a administração pública está sujeita à mesma lógica processual aplicável a arbitragens comerciais estritamente entre particulares.

Não se ignora que o processo judicial vem disciplinado historicamente de modo a atribuir prerrogativas processuais específicas ao Poder Público na posição de litigante[321], de modo a assegurar uma igualdade material entre as partes considerando a dinâmica de funcionamento dos órgãos públicos e o volume de demandas em que atuam. Os prazos diferenciados e o regime diverso para fixação de honorários de sucumbência são exemplos clássicos disso. Não se poderia do mesmo modo deixar de lado a dificuldade organizacional – e orçamentária – de provisionamento de custas pela administração pública, o que poderia, sob alguma perspectiva, autorizar uma diagramação diferenciada da distribuição dos ônus financeiros do processo arbitral de modo a se assegurar uma igualdade material entre os litigantes.

Essas circunstâncias dão conta de que, efetivamente, há nuances que merecem uma atenção na confecção das regras atinentes a processo arbitral envolvendo a administração pública. Não obstante, o entendimento aqui defendido é o de que o poder público, ao optar pela arbitragem, abre mão,

[321] FICHTNER, José Antonio, MANNHEIMER, Sergio Nelson, MONTEIRO, André Luís. *Teoria geral da arbitragem*. Rio de Janeiro: Forense, 2019, p. 630.

aprioristicamente, do sistema de tratamento diferenciado conferido em lei e aplicável estritamente aos processos jurisdicionais estatais. Ao migrar para a jurisdição privada, integra ali como se fora um ente privado, na posição de contratante discutindo direitos disponíveis. O fato de o sistema arbitral definido na Lei de Arbitragem não trazer nenhuma disposição em sentido contrário é demonstração disso. Daí decorre que as prerrogativas especiais garantidas no processo estatal não são automaticamente transpostas ao processo arbitral, e tampouco podem sê-las a partir de um esgarçamento interpretativo do princípio da isonomia.[322] A administração pública assume os riscos da escolha negocial de migrar à jurisdição arbitral. Trata-se de entendimento análogo ao aplicável ao jurisdicionado que, optando pela arbitragem, abre mão das garantias de gratuidade de acesso à jurisdição. Do mesmo modo que a questão econômica deixa de integrar o cerne de tutela do princípio da isonomia do processo arbitral, as especificidades de funcionamento da administração pública deixam de se tornar questões de observância imperativa e cogente.

Nesse aspecto, o princípio da isonomia, muito embora em sua potencialidade pudesse prestar-se a equacionar as características inerentes do ente da administração pública para buscar garantir uma igualdade formal e material entre os litigantes, não se presta a permitir uma abertura sistêmica para importar, de forma automática do sistema judicial, prerrogativas que, objetivamente, estabelecem uma situação de vantagem de uma parte sobre outra.

Isso não significa que um tratamento diferenciado não possa ser conferido à administração pública. Apenas significa que um tratamento diferenciado à administração pública não representa, como regra, requisito de atendimento dos preceitos cogentes de normatividade do princípio da isonomia em suas acepções fraca e forte, de modo que assegurar esse tratamento não é matéria pertinente à aferição de regularidade do processo sob essa rubrica. A situação apenas será diferente quando houver norma específica, predefinida e, portanto, limitadora das escolhas das partes, que estabeleça condicionantes, posições e prerrogativas processuais especificamente aplicáveis à arbitragem com a

322 ALVES, Marcus Vinicius Armani. *A Fazenda Pública na arbitragem*. São Paulo. Dissertação de Mestrado – Faculdade de Direito – Universidade de São Paulo, 2016, p. 56; No mesmo sentido, MEGNA, Bruno Lopes. *Arbitragem e administração pública*: o processo devido e adequado ao regime jurídico administrativo. 363p. São Paulo. Dissertação de Mestrado – Faculdade de Direito – Universidade de São Paulo. 2017. p.217 e ss.

administração pública. Nesse caso, é de se reconhecer que a própria conformação da noção de devido processo legal para uma gama de casos conta com alguma definição normativa, de observância necessária. Essa possibilidade, de certo, não rompe com a lógica do processo arbitral, com sua consensualidade e flexibilidade procedimental, na medida em que apenas representa uma série predefinida de regras procedimentais aplicáveis a certos aspectos do processo. A opção em arbitrar, sabendo-se da necessidade de observância dessas regras, deriva igualmente da liberdade contratual das partes – assim como se reconhece que as regras incorporadas pelas partes por referência a regulamentos de câmaras arbitrais assumem igualmente o status de regras acordadas pelas partes.[323]

Nos espaços não regulamentados por norma positivada, portanto, o tratamento a ser a ser conferido à administração pública não sofre qualquer influxo especial em termos das exigências da isonomia processual. Eventuais prerrogativas diferenciadas desejadas pelo ente público deverão, em um primeiro momento, ser objeto de negociação com as partes contratantes. Repousam, com isso, sob o âmbito da flexibilidade procedimental e da necessidade de consenso para a definição dos pontos de partida do processo arbitral. O referencial de igualdade aplicado pelas partes mantém-se em sua acepção fraca, ao passo que os controles preventivos a serem exercidos pelos árbitros e, eventualmente, pelo poder judiciário, assim como controle repressivo judicial pautam-se nos mesmos critérios afeitos à acepção forte do princípio da isonomia. O diferencial reside no fato de que a asseguração de um tratamento isonômico sob o aspecto material não pode representar, necessariamente – como se fora um imperativo –, a tutela de garantias dadas à administração pública em sede judicial. A consequência prática é a de que caso essas nuances integrassem o núcleo de proteção da isonomia processual em arbitragem, um tratamento diferenciado poderia ser sempre atribuído à administração pública sem necessidade de fundamentação na lógica interna do devido processo legal aplicável ao caso – afinal, tratar-se ia da aplicação de um mandamento imperativo do ordenamento. Como assim não o é, o órgão arbitral, ao estabelecer suas regras para o procedimento, não se exime de

[323] FICHTNER, José Antonio, MANNHEIMER, Sergio Nelson, MONTEIRO, André Luís. *Teoria geral da arbitragem*. Rio de Janeiro: Forense, 2019, p.530 e ss.

seu ônus argumentativo de justificar eventual necessidade de conferir um tratamento desigual entre as partes, em favor do ente público.

4.4 O contraditório e a ampla defesa

O contraditório e a ampla defesa encerram, cada qual, corolários do devido processo legal com autonomia conceitual. O primeiro[324], como cediço, essencialmente representa o direito de resposta e de defesa sobre circunstâncias ou alegações que possam influenciar na prolação de alguma tutela jurisdicional – provisória ou final; o segundo[325], complementando o direito de resposta, tutela o direito de produzir elementos de prova relevantes e que sirvam de substrato para as alegações apresentadas. Não obstante, o exercício de ambos se volta à prerrogativa mais abstrata das partes litigantes de se fazerem ouvidas e de produzirem as provas para desincumbirem-se de seus ônus processuais, tudo estruturado sob o contexto de poderem influenciar no processo deliberatório calcado no livre convencimento dos árbitros. O princípio da isonomia processual, conquanto possa ser aferido no contexto individualizado de cada uma desses valores processuais, incide também sob o aspecto global da capacidade das partes de apresentarem seu caso. Daí porque a temática é aqui tratada de forma unificada.

E é nesta seara que o manejo da isonomia processual assume maior fluidez conceitual e, consequentemente, dificuldade, sendo precisamente no controle de regularidade processual por quebra de igualdade afeita a essas prerrogativas que se verifica um potencial maior descolamento do real escopo das instâncias de controle.[326] São sobre esses dois preceitos que repousa, em grande

[324] GRINOVER, Ada Pellegrini. *Os princípios constitucionais e o Código de Processo Civil.* São Paulo: Bushatsky, 1975, p.89-94.

[325] FICHTNER, José Antonio, MANNHEIMER, Sergio Nelson, MONTEIRO, André Luís. *Novos Temas de Arbitragem.* Rio de Janeiro: FGV, 2014, p.49-56.

[326] E precisamente nesses tópicos é que a preocupação com o devido processo legal traz maiores zonas cinzentas. "There are three grounds for annulment or non-enforcement usually underlying an arbitrator's inhibitions: violation of the parties' right to present their case, violation of the parties' right to be treated equally (together referred to as the parties' due process rights), and violation of any agreement between the parties. The main cause for due process paranoia is a potential challenge of the award on the first ground, ie for violation of

parte, a estrutura do devido processo legal construída para o caso concreto no processo arbitral, na medida em que é a partir da definição das oportunidades de ataque e defesa e de produção de provas que se abre espaço para subjetivismos sobre aquilo que configura ou não a igualdade processual.

O ponto inicial da estruturação processual do princípio contraditório em arbitragem repousa na predefinição das oportunidades de manifestação das partes relativamente a seus pedidos, eventuais pedidos contrapostos e as respectivas defesas. Não se pode olvidar que, estando-se fora da seara de incidência da codificação processual civilista, não há regras previamente estabelecidas a esse respeito, como ocorre no processo judicial. Cabe às partes em um primeiro momento, *v.g.*, estabelecer o formato de peticionamento, o número de rodadas de manifestações das partes, o momento para apresentarem suas alegações, eventuais momentos preclusivos a partir dos quais não se pode apresentar novos argumentos para o julgamento. A prática arbitral mostra que essas definições, no mais das vezes, não constam das convenções arbitrais, mas ainda assim contam com algum ajuste consensual das partes quando da formalização do processo arbitral por ocasião da redação do termo de arbitragem ou ata de missão, ou então a partir de ordem processual expedida pelo tribunal arbitral logo após esse expediente.

Na organização do exercício do contraditório, as partes estão adstritas em sua liberdade apenas sob o ponto de vista da acepção fraca da isonomia. Essa definição não comporta predefinição nesta seara, justamente porque é adaptável ao contexto de cada litígio, de modo que não é possível prever de antemão, por exemplo, quantas rodadas mínimas de manifestação seriam necessárias para o adequado atendimento do princípio processual. Não por acaso, muitos regulamentos de arbitragem institucionais preveem ritos diferenciados, em termos de oportunidades de manifestação, a depender da complexidade técnica e da dimensão econômica do litígio, estabelecendo procedimentos expeditos em prol da celeridade e com alguma, embora escusável nesse contexto, limitação às oportunidades de manifestação.

the partie's right to present their case." BERGER, Klaus Peter; JENSEN, J. Ole. Due process paranoia and the procedural judgement rule: a safe harbour for procedural management decisions by international arbitrators. *Arbitration International*, v. 32, 2016, p.421.

O emprego da liberdade das partes em termos de flexibilidade procedimental, nesse aspecto, deve estar respaldado a partir de uma perspectiva de razoabilidade. O limite do consenso das partes apenas pode ser aferido sob o aspecto global da causa, mas em todo e qualquer caso deverá tutelar, sempre, a oportunidade de todos os litigantes manifestarem-se sobre as circunstâncias que possam influenciar na prolação de tutelas jurisdicionais. Isso não significa necessariamente, por exemplo, que as oportunidades deverão ser, sempre e em todo caso, pareadas em número de oportunidades de manifestações, mas apenas que deve haver um equilíbrio entre as oportunidades e que às partes seja assegurada a arena dialética do processo, no sentido de que possam debater sobre os fatos trazidos e apontados como relevantes pela contraparte. O núcleo essencial da isonomia processual neste âmbito é aquele sem o qual o próprio conceito de contraditório desaparece, vale dizer, quando a oportunidade de manifestação não seja conferida em absoluto.

Sob a perspectiva dos árbitros, a incidência do valor igualdade em sua acepção forte impõe maior cautela na definição das regras procedimentais, seja ao predefinir a estrutura de manifestações quando não haja acordo das partes a respeito, seja ao lidar com questões imprevistas que surjam ao longo do procedimento. Os árbitros estarão, sempre, adstritos aos preceitos calcados na igualdade formal e material, de modo que não lhes compete estabelecer uma dinâmica que, sob essas perspectivas, favoreça uma parte em prejuízo de outra em termos de oportunidades de manifestação. Em última análise, o tribunal arbitral não pode definir uma dinâmica que represente a renúncia a uma oportunidade relevante de manifestação.

É precisamente nesse campo que a questão acresce em sutileza. A eficácia positiva do princípio da igualdade sempre indicará que *mais* oportunidades de manifestação será melhor, em termos de promoção de igualdade, que *menos* oportunidades. Isso não significa, é claro, nos termos previamente já apontados, que a tutela da isonomia, para fins de higidez do processo, determine uma proteção em grau maximizado.[327] Mas, aprioristicamente, impõe a proibição

[327] Daí porque, embora possa ser desejável a aplicação de uma regra equivalente à hoje vigente no artigo 10 do Código de Processo Civil também no processo arbitral, sua incidência não integra o campo inafastável da proteção da igualdade processual sob a perspectiva do contraditório. Ressalta-se, de todo modo, que em Direito francês, entende-se pela maximização do contraditório também em sede arbitral, cf. SERAGLINI, Christophe; ORTSCHEIDT,

da concessão de oportunidades díspares sob o ponto de vista formal, assim como que não se crie uma situação que represente a renúncia à oportunidade de se manifestar por qualquer das partes. Não obstante, não se pode ignorar a definição de critérios limitadores do contraditório, a partir de outros valores processuais, como eficiência, celeridade e economicidade. Tampouco se pode olvidar o aspecto positivo de promoção da igualdade material entre as partes, que eventualmente pode recomendar o oferecimento de oportunidades adicionais de manifestação pela parte hipossuficiente. Essas circunstâncias todas, indicativas da dificuldade de se preestabelecer o conteúdo do princípio da igualdade nesse campo, na verdade evidenciam o papel e a importância do ônus argumentativo dos árbitros para a definição do conteúdo da isonomia diante do contexto do caso concreto – em especial quando ela de algum modo se distancie dos referenciais defendidos pelas partes, de um referencial puramente formal de igualdade ou ainda de um referencial maximizador da concessão de oportunidades para manifestação. O grau de litigiosidade das partes pode determinar que os árbitros restrinjam a apresentação de novas manifestações, ou desconsidere a necessidade de apresentação de resposta extemporânea de uma parte sobre questões previamente discutidas. Há algum grau de discricionariedade – que não se confunde com arbitrariedade – nessas escolhas, e um critério razoável é trazido pela própria concepção dos julgadores sobre como dotar de maturidade as questões colocadas sob decisão, a partir de que a concessão de novas oportunidades para alegações perde sentido. Ante essa complexidade, a atuação dos árbitros nessa seara apenas pode ser avaliada a partir de uma visão total das oportunidades concedidas pelas partes, e não apenas a partir de um ato processual específico.

Uma mesma ordem de ideias aplica-se ao valor da ampla defesa. As oportunidades para alegar e defender-se são intimamente ligadas à prerrogativa – e respectivos ônus – de se provar aquilo que se alega e de que se defende. Em arbitragem, entretanto, o papel desempenhado pelo direito à prova encontra nuances frente à ideia de flexibilidade procedimental, de modo que seus contornos são fluidos.

JÉRÔME. *Droit de l'arbitrage interne et international.* Paris: Montchrestien, 2013, p.887-888.

Bem analisada, a acepção fraca do princípio da isonomia, empregada pelas partes, não permite estabelecer, *per se*, um conteúdo mínimo ao direito à ampla defesa, mas apenas incide sobre o exercício dos meios de prova aceitos no processo. Explica-se, e precisamente nisso reside uma diferença estrutural se comparado à noção de contraditório. O contraditório incorpora em seu próprio cerne alguma noção de igualdade, sem a qual o próprio valor normativo perde sentido: apenas há contraditório onde se oportunize a alguém a possibilidade de defender-se de alguma alegação que influencie no julgamento da causa, e a concessão dessa oportunidade é a própria realização de algum critério de igualdade, na medida em que atribui alguma posição paritária de se fazer ouvir. A definição do núcleo essencial da ampla defesa, entretanto, funda-se internamente em critérios outros, e apenas sob um aspecto externo, do processo como um todo e das características concretas da lide, é que pode sofrer influxo da ideia de igualdade. Basta imaginar que um processo em que não se admitida algum tipo de prova pode reforçar uma desigualdade material entre as partes sob a perspectiva global da relação processual. Isso nada diz relativamente ao conceito nuclear do direito à ampla defesa em abstrato, mas apenas que a ampla defesa, no caso concreto, não foi realizada em sua normatividade máxima.

Daí decorre que, ao menos sob a perspectiva do princípio da isonomia, não parece haver restrição à liberdade das partes quanto à definição consensual dos meios de prova admitidos no processo em que litiguem. Se alguma limitação houver, nesse sentido, ela reside fora do conceito de igualdade processual tutelado em arbitragem. Consoante já pontuado, não se ignora que admitir menos meios de prova pode produzir, de forma sistêmica, uma desigualdade processual sob a concepção global da lide, que não ocorreria se mais meios de provas fossem admitidos. A isonomia em arbitragem, entretanto, e não é demais reiterar, não tem em seu objeto aplacar todo tipo de desigualdade entre as partes, mas apenas a de vedar aquelas que recaiam fora dos preceitos das acepções fraca e forte desse mesmo princípio. Desigualdades decorrentes das escolhas das partes e compatíveis com seu campo de liberdade contratual representam situações que, embora possam ser reputadas indesejáveis sob algum referencial de processo justo, são legitimadas a partir do próprio código comunicacional do sistema arbitral em que se prestigia a maleabilidade do procedimento. Nesse aspecto, as escolhas das partes sobre os meios de prova admitidos são igualmente vinculantes e integram a matriz de riscos contratual e o sinalagma contratual, devendo ser afastadas apenas quando violem algum preceito normativo mandatório.

A acepção fraca da isonomia, não obstante, impõe uma limitação às partes naquilo que diz respeito à produção do meio de prova admitido no processo. Relativamente a um mesmo meio de prova admitido no processo, mostra-se imperativo que a ambas as partes sejam concedidas oportunidades equivalentes para explorar sua produção. Vale dizer, não se pode admitir que a produção de determinada prova seja autorizada a uma parte e negada de forma absoluta à contraparte. A isonomia incide aqui sobre o exercício da ampla defesa definido pelas regras procedimentais das partes, mas não é ela mesma parte do conteúdo mínimo desse valor processual.

Sob a perspectiva do controle preventivo dos árbitros, este trabalho parte da premissa de que os árbitros estão, em um primeiro momento, adstritos a eventuais limitações acordadas entre as partes relativamente aos meios de prova admitidos no processo arbitral. Não se ignora que o *caput* do artigo 22 da Lei de Arbitragem autoriza que o tribunal arbitral determine, de ofício, a produção de provas, tampouco que esse expediente possa se prestar a sanar desigualdades inerentes à relação processual das partes. Entretanto, esse espaço de atuação deve se desenvolver apenas onde se constate a ausência de limitação a meios de prova acordada pelas partes. Onde tais limitações houver, há que se respeitar o desenho procedimental das partes, a despeito dos revezes daí decorrentes e da potencial consequência de a causa ser julgada com um nível de instrução inferior ao desejável pelos próprios árbitros. Ao acordarem quanto aos meios de prova admitidos no litígio, as partes assumem igualmente os riscos processuais decorrentes dessa limitação, em especial a eventual necessidade de se lançar mão de critérios de ônus de prova como regra de julgamento. Trata-se de consequência natural do resguardo da autodeterminação das partes no tocante aos contornos de seu processo heterocompositivo, e a disponibilidade dos direitos discutidos parece autorizar maior permissividade nesse sentido.

No espaço deixado em aberto pelas partes, os árbitros têm de atuar a partir da acepção forte de isonomia, que, aqui sim, pode integrar uma eficácia positiva no sentido de se assegurar uma paridade de armas entre as partes. Daí também a importância de se poder determinar a produção de provas de ofício, a ser compatibilizado com a cautela de não sobrecarregar as partes economicamente de modo a tornar inviável a própria continuidade do processo.

Além disso, é claro, há de se respeitar a concessão de oportunidades igualitárias às partes e não se pode criar situações que representem renúncia pura e simples a alguma prerrogativa afeita à ampla defesa. Neste campo, portanto, é que se sobressai a fluidez do conceito de ampla defesa, a ser definido a partir das características do caso concreto e do nível de completude da instrução probatória que o órgão julgador reputar necessário para o adequado julgamento da causa. Com isso, integra essa discussão a prerrogativa dos árbitros de admitir ou negar a produção de provas específicas – uma etapa subsequente, portanto, à discussão sobre os meios de prova admissíveis na lide. Há aqui também uma discricionariedade – que não traduz arbitrariedade – a partir de juízos de pertinência, utilidade e necessidade realizados pelo tribunal arbitral, de onde decorre o peso do ônus argumentativo quando haja a limitação do direito à produção de prova a qualquer das partes.

A fluidez e a vasta possibilidade de compatibilização dos ideais de contraditório e ampla defesa frente ao ideal de isonomia processual, a seu turno, refletem no controle repressivo do processo arbitral. É no contexto do controle do exercício dessas prerrogativas processuais que há maior risco de desvio do escopo da sede de controle, a partir de um viés de certo modo ativista do poder judiciário[328] que vise a sobrepor sua concepção de processo adequado àquele realizado no curso do processo.

Conforme já se afirmou anteriormente, a instância de controle não pode perder de vista a primazia do tribunal arbitral em definir o desenvolvimento do processo e de controlar o exercício das posições processuais das partes, de

[328] Toma-se novamente o referencial do Direito Constitucional. Ainda que normalmente empregue-se a terminologia em referência a uma atividade *quasi* legiferante do juízo estatal em detrimento das funções legislativa e de governo, o que está no cerne é o desvio do escopo da função jurisdicional. Nesse sentido: "Ao se fazer menção ao ativismo judicial, o que se está a referir é a ultrapassagem das linhas demarcatórias da função jurisdicional, em detrimento principalmente da função legislativa, mas também da função administrativa e, até mesmo, da função de governo"; "por ativismo judicial deve-se entender o exercício da função jurisdicional para além dos limites impostos pelo próprio ordenamento que incumbe, institucionalmente ao Poder Judiciário fazer atuar, resolvendo litígios de feições subjetivas (conflitos de interesse) e controvérsias jurídica de natureza objetiva (conflitos normativos)." RAMOS, Elival da Silva. *Ativismo judicial:* parâmetros dogmáticos. São Paulo: Saraiva, 2010, respectivamente p.116 e 129.

modo a compatibilizar uma série de valores processuais em jogo. O controle judicial não pode representar, com isso, um espaço para discussão sobre modelos procedimentais que resguardariam mais igualdade sob a perspectiva do contraditório e da ampla defesa. Deve, pelo contrário, apenas prestar-se a verificar se o emprego das acepções fraca e forte do princípio da isonomia deu-se de acordo com seus próprios parâmetros, sob a perspectiva dos atores do processo arbitral.

Deve-se, com isso, exigir extrema cautela do poder judiciário no anseio de anular sentenças arbitrais sob a alegação de que a produção de determinada prova foi negada, ou que alguma oportunidade de manifestação foi indeferida. A avaliação do impacto da condução processual pelos árbitros para o julgamento da causa na arbitragem apenas pode ser feita pela instância judicial a partir de referenciais externos ao próprio processo arbitral, e não é esse o propósito do sistema de controle repressivo, visto não ser uma instância revisional. Pelo contrário, deve-se tutelar a primazia dos árbitros na condução do feito. Para tanto, o controle de regularidade nesses casos – de maior fluidez na conformação dos valores envolvidos – deve se dar a partir da verificação de se o tribunal arbitral se desincumbiu adequadamente de seus ônus argumentativos. Vale dizer, deve o juízo estatal limitar-se a averiguar se o tribunal arbitral, no contexto de sua própria visão e concepção da lide, legitimou e justificou adequadamente a decisão de que resultaria a quebra de isonomia alegada pela parte irresignada. Apenas onde não seja possível a manutenção das regras do procedimento a partir dessa perspectiva, e consideradas as acepções fraca e forte da isonomia processual, é que tem lugar o afastamento da sentença arbitral por suposta quebra de isonomia afeita ao contraditório e à ampla defesa.

CONCLUSÕES

O processo desempenha um papel central na legitimação do Direito. Representa a predefinição das regras do jogo heterocompositivo, de modo que cria um ambiente de segurança jurídica e de previsibilidade em relação ao cenário de disputa e aos limites do poder de resolver contendas. Disso decorre sua íntima relação com a própria ideia de realização de um ideal de justiça. Essa relação, entretanto, é instrumental. O processo, por si só, não consegue assegurar que seu resultado necessariamente revestirá uma decisão justa. A legitimação ocorre, mas por via da garantia de que o procedimento no qual o processo se apresenta é dotado de justeza. Para tanto, uma série de prerrogativas para os litigantes passam a ser dotadas de caráter mandatório e de status de inafastabilidade, por via reversa de sancionamento da efetividade do processo que não as observa, de modo que a regularidade do processo se torna alvo de controle a partir desses parâmetros. O conceito de devido processo legal amalgama essa ordem de ideias, e torna-se central no âmbito do processo por excelência, qual seja, o processo jurisdicional. A teoria do Direito processual desenvolve-se, com isso, em grande parte, em torno e a partir de seus princípios jurídicos, de modo a explicar o modo de ser do exercício da atividade jurisdicional e da dinâmica de pacificação dos conflitos sociais.

O desenvolvimento dos métodos heterocompositivos e da teoria do Direito processual levou à desconstrução da concepção clássica que preconizava que o exercício da atividade jurisdicional era monopólio do Estado, na medida em que este detém o monopólio do uso da força e, com isso, a prerrogativa exclusiva de impor a realização do *direito dito*. Esse descolamento resulta da própria renovação dogmática jurídica acerca da jurisdição e de sua percepção a partir de um viés muito mais teleológico que orgânico. Quer-se com isso dizer que se passou a reconhecer que o atributo de jurisdicionalidade não está intrinsecamente ligado à legitimidade do emprego da força para dar cumprimento aos atos jurisdicionais (algo organicamente atrelado ao Estado), mas sim ao escopo de pacificação definitiva dos conflitos. Nesse contexto, a arbitragem passa a gozar também do status de jurisdicionalidade, na medida em que reveste atividade calcada nesse fim.

Por ser jurisdição, a arbitragem necessariamente desenvolve-se por meio do processo. E com isso toda a dogmática afeita às garantias processuais devem ser necessariamente transpostas à realidade arbitral, e não por acaso a Lei de Arbitragem disso se ocupe expressamente. Diferentemente do processo estatal, entretanto, a arbitragem tem por traços centrais o fato de fundar-se essencialmente em consenso e de permitir flexibilidade dos ritos pelos quais o processo se desenvolve. Sintomático, portanto, que a Lei de Arbitragem não traga qualquer rito pré-estabelecido para o desenvolvimento dessa atividade jurisdicional, estruturando um sistema pelo qual essa definição recai primeiramente na mão das partes e, em seguida, dos árbitros. Esses elementos, inegáveis atrativos da arbitragem, ao revés trazem um desafio no manejo do ideal do devido processo legal e de suas garantias. Assim como ocorre em sede de jurisdição estatal, o desatendimento de garantias processuais leva à quebra da higidez do processo, o que pode ser objeto de demanda própria com o fito de desfazer os efeitos próprios à sentença arbitral que resulte do processo viciado. A inexistência de ritos pré-definidos, nesse sentido, dificulta que haja uma concepção prévia uniforme de como as garantias processuais devem operar em sede arbitral, de modo que se deve reconhecer que a própria noção do devido processo legal em arbitragem é construída caso a caso.

Diante de todo esse contexto, o presente trabalho debruçou-se especificamente em um princípio, reputado essencial a todos os demais: a isonomia processual, que se mostra como elemento central a qualquer concepção de devido processo legal. Trata-se de valor normativo que assume vieses tanto de princípio quanto de regra e que, para além de sua autonomia conceitual e normativa, exerce efeitos na realização de diversos outros princípios processuais. A igualdade processual, com isso, serve de filtro para todo o sistema de garantias processuais. O desenvolvimento do presente trabalho buscou, nesse aspecto, estruturar dogmaticamente a forma pela qual a isonomia processual opera no âmbito das peculiaridades do processo arbitral, em especial no que diz respeito à flexibilidade procedimental e à efetividade da tutela jurisdicional, e da construção casuística do devido processo legal. Isso leva necessariamente à conformação do plexo de princípios jurídicos envolvidos nessa equação, o que permitiu concluir que a isonomia, na construção das regras procedimentais da arbitragem, possui aspectos diferentes a depender do ator processual responsável pela definição do rito.

Sob a perspectiva das partes, a isonomia processual, conjugada com os demais princípios processuais da arbitragem, em especial a autonomia da vontade e a flexibilidade procedimental, possui um vetor normativo restrito. Permanece um valor normativo inafastável, mas abre espaço a outros valores, de modo que a indisponibilidade das partes atinge apenas o núcleo essencial mínimo em uma acepção fraca desse princípio. Isso permite o maior manejo da maleabilidade procedimental e conjuga-se com a ideia da disponibilidade dos direitos em arbitragem.

Sob a perspectiva das instâncias jurisdicionais que atuam no processo arbitral, seja estatal, seja arbitral, a isonomia possui um vetor normativo mais robusto. O referencial haverá de ser o da concessão de oportunidades equivalentes às partes no que diga respeito ao exercício das prerrogativas essenciais do processo. Os postulados afeitos à igualdade formal e material, nesse aspecto, trazem referenciais importantes no manejo dessa isonomia em sua acepção forte. Não há de haver diferenciações e tratamentos díspares que não sejam justificados. Não se está diante da exigência de uma isonomia absoluta, maximizada em sua potencialidade normativa. O núcleo de proteção da isonomia processual em sua acepção forte não se presta a tutelar o melhor procedimento possível, mas apenas o processo adequado. Para tanto, o ônus argumentativo do órgão jurisdicional desempenha papel importante para a aferição da retidão processual. Muito embora o órgão judicial possa integrar o processo arbitral, excepcionalmente, antes da prolação de sentença arbitral, é inegável que a condução do processo arbitral se submete, essencialmente, aos árbitros. Compete-lhes assegurar a conformação do devido processo legal no caso concreto, em atenção à efetividade da tutela jurisdicional.

Sobre as regras estabelecidas para a construção conjunta do devido processo legal arbitral, a isonomia presta-se como elemento inerente ao exercício das posições jurídicas. Assume, com isso, papel de critério-filtro de relevância no controle do devido processo legal. Sua observância, sob a perspectiva pragmática do processo, mostra-se indispensável em razão do impacto que pode causar à higidez do processo heterocompositivo.

A compreensão dos sistemas de controle existentes no processo arbitral, com isso, torna-se essencial. Pretendeu-se demonstrar que, neste, para além do controle judicial – em sede de demanda anulatória de sentença arbitral ou de homologação de sentença arbitral estrangeira – há ainda um controle endoprocessual, a ser levado a efeito pelas partes, pelos árbitros e, eventualmente, pelo juiz togado na hipótese do artigo 7º da Lei de Arbitragem. Embora não se descuide das diferenças existentes entre essas instâncias e suas funções, pretendeu-se demonstrar que elas devem comungar de uma premissa comum: cada instância de controle deve aferir o atendimento do princípio da isonomia considerando as variáveis entre sua acepção fraca e forte. Mais que isso, essas instâncias, ao operarem sua observação sobre a adequação processual, devem aplicar a acepção de isonomia empregada na construção da regra ou ato processual cuja higidez avalia. Trata-se de medida para contenção das instâncias de controle dentro de seus devidos escopos, reconhecendo-se que não revestem mecanismos para imposição de concepções subjetivas sobre a melhor forma de se conduzir o processo. Pelo contrário, trata-se de verificar se o processo realizado respeita suas próprias balizas. Tem-se nisso medida indispensável ao resguardo da autonomia do processo arbitral e do emprego de seu código comunicacional respeitados seus próprios parâmetros.

REFERÊNCIAS

ABBUD, André de Albuquerque Cavalcanti. *Homologação de sentenças arbitrais estrangeiras.* São Paulo: Atlas, 2008.

ABREU, Rafael Sirangelo. A Igualdade e os Negócios Processuais. In: CABRAL, Antonio do Passo; NOGUEIRA, Pedro Henrique (coord.). *Negócios Processuais.* 4. ed. Salvador: JusPodivm, 2019.

ALARCÓN, Pietro Lora. Processo, Igualdade e Justiça. *Revista Brasileira de Direito Constitucional,* v. 2, p.165-198, 2003.

ALLSOP, James. The Authority of the Arbitrator. *Arbitration International,* v. 30, n. 4, p. 639-660, 2014.

ALMEIDA, Ricardo Ramalho. A Anulação de Sentenças Arbitrais e a Ordem Pública. *Revista de Arbitragem e Mediação,* p.262-276, v. 9, 2006.

______. *Arbitragem Comercial Internacional e Ordem Pública.* Rio de Janeiro: Renovar, 2005.

ALVES, Rafael Francisco. O devido processo legal na arbitragem. In: JOBIM, Eduardo; MACHADO, Rafael Bicca (coord.). *Arbitragem no Brasil:* Aspectos Jurídicos Relevantes. São Paulo: Quartier Latin, 2008.

______. Nulidade de Sentença Arbitral. Impossibilidade de Apreciação do Mérito da Sentença Arbitral pelo Judiciário. *Revista Brasileira de Arbitragem,* v. 14.

ALVES, Marcus Vinicius Armani. *A Fazenda Pública na Arbitragem.* São Paulo, 2016. 311 p. Dissertação de Mestrado – Faculdade de Direito – Universidade de São Paulo, 2016.

ALVIM, José Eduardo Carreira. *Elementos de Teoria Geral do Processo* Rio de Janeiro: Forense, 1989.

AMERICAN ARBITRATION ASSOCIATION. Commercial Arbitration Rules and Mediation Procedures, 2013.

ANDRADE, Gustavo Fernandes. Descabimento de mandado de segurança impetrado contra sentença de tribunal arbitral – Comentários à ApCiv 0120145-96.2011.8.26.0100 do TJSP. *Revista de Arbitragem e Mediação,* v. 33, p.387-409, 2012.

APRIGLIANO, Ricardo de Carvalho. *Ordem pública e processo: o tratamento das questões de ordem pública no direito processual civil.* São Paulo: Atlas, 2011.

ARISTÓTELES. *Metafísica; Ética a Nicômaco; Poética.* São Paulo: Ed. Vitor Civita, 1984.

ARMELIN, Donaldo. Notas sobre a Ação Rescisória em Matéria Arbitral. *Revista de Mediação e Arbitragem,* v. 1, p.11-20, 2004.

ARROYO, Diego P. Fernández. Arbitrator's Procedural Powers: The Last Frontier of Party Autonomy? In: FERRARI, Franco. *Limits to Party Autonomy in International Commercial Arbitration.* Huntington: JurisNet, 2016.

ATAIDE JÚNIOR, Jaldemiro Rodrigos de. Negócios Jurídicos Processuais – Existência, Validade e Eficácia – Campo-Invariável e Campos-Dependentes: Sobre os Limites dos Negócios Jurídicos Processuais. *Revista de Processo,* v. 40, n. 244, p.393-423, 2015.

ÁVILA, Humberto. O que é Devido Processo Legal? *Revista de Processo,* v. 163, p.50–59, 2008.

______. *Teoria dos Princípios:* da definição à aplicação dos princípios jurídicos. 4. ed. São Paulo: Malheiros, 2005.

AZOCAR, Patricio Aylwin. *El Juicio Arbitral.* 4. ed. Santiago: Salesianos, 1982.

BARALDI, Eliana Buonocore. *Iura Novit Curia em Arbitragem Internacional.* São Paulo, 2016. 172 p. Dissertação de Mestrado – Faculdade de Direito – Universidade de São Paulo.

BARBOSA, Flávio Spaccaquerche; VERONA, Carlo. Sentença Parcial. Mandado de Segurança. Interferência do Poder Judiciário na Instrução do Procedimento Arbitral. *Revista Brasileira de Arbitragem,* v. 27, 2010.

BARROCAS, Manuel Pereira. A Ordem Pública na Arbitragem. *Spain Arbitration Review,* v. 2015, n. 22, p. 5-68, 2015.

BATES JR., Albert; TORRES-FOWLER, R. Zachary. Abuse of Due Process in International Arbitration: is due process paranoia irrational? *The American Journal of Construction Arbitration & ADR,* v. 1, n. 2, p.245-272, 2017.

BEDAQUE, José Roberto dos Santos. *Poderes Instrutórios do Juiz.* 6. ed. São Paulo: Revista dos Tribunais, 2012.

BERALDO, Leonardo de Faria. *Curso de Arbitragem:* nos Termos da Lei n. 9.307/96. 6. ed. São Paulo: Atlas, 2017.

BERALDO, Maria Carolina Silveira. *Processo e Procedimento à luz da Constituição Federal de 1988:* Normas Processuais e Procedimentais Civis. São Paulo, 2015. 165 p. Tese de Doutorado – Faculdade de Direito – Universidade de São Paulo.

BERGER, Klaus Peter; JENSEN, J. Ole. Due process paranoia and the procedural judgement rule: a safe harbour for procedural management decisions by international arbitrators. *Arbitration International,* v. 32, p.415-435, 2016.

BILLEMONT, Jean. *La liberté contractuelle à l'épreuve de l'arbitrage.* Paris: LGDJ, 2013.

BLACKABY, Nigel; PARTASIDES, Constantine; REDFERN, Alan. *Redfern and Hunter on International Arbitration.* 6. ed. Oxford: Oxford University Press, 2015.

BLOOMBERG LAW. *A Primer on International Arbitrations Costs.* Professional Perspective. Bureau of National Affairs, 2019.

BOBBIO, Norberto. *Igualdade e Liberdade.* 2. ed. Rio de Janeiro: Ediouro, 1997.

BONAVIDES, Paulo. *Curso de Direito Constitucional.* 10. ed. Malheiros: São Paulo, 2000.

BORN, Gary. *International Arbitration: law and practice.* Países Baixos: Wolters Kluwer Law & Business, 2012.

BRASIL. Constituição (1988). *Constituição da República Federativa do Brasil.* Brasília: Senado, 1988.

______. Lei nº 9.307, de 23 de setembro de 1996. Dispõe sobre a arbitragem. *Diário Oficial da União,* Brasília, 24 set. 1996. Seção 1, p. 18897.

______. Lei nº 13.105, de 16 de março de 2015.Código de Processo Civil. *Diário Oficial da União*, Brasília, 17 mar. 2015. Seção 1, p. 1.

______. Lei nº 13.129, de 26 de maio de 2015. Altera a Lei nº 9.307, de 23 de setembro de 1996, e a Lei nº 6.404, de 15 de dezembro de 1976, para ampliar o âmbito de aplicação da arbitragem e dispor sobre a escolha dos árbitros quando as partes recorrem a órgão arbitral, a interrupção da prescrição pela instituição da arbitragem, a concessão de tutelas cautelares e de urgência nos casos de arbitragem, a carta arbitral e a sentença arbitral, e revoga dispositivos da Lei nº 9.307, de 23 de setembro de 1996. *Diário Oficial da União*, Brasília, 27 mai. 2015. Seção 1, p. 1.

______. Supremo Tribunal Federal (STF). Agravo Regimental em Sentença Estrangeira. *SE nº 5206-AgR*. Rel. Ministro Sepúlveda Pertence, Tribunal do Pleno, julgado em 12/12/2001.

______. Superior Tribunal de Justiça (STJ). Sentença Estrangeira Contestada. *SEC nº 8.847/EX*. Rel. Ministro João Otávio de Noronha, Corte Especial, julgado em 20/11/2013.

______. Superior Tribunal de Justiça (STJ). Sentença Estrangeira Contestada. SEC nº 5692-EX. Rel. Ministro João Otávio de Noronha, Corte Especial, julgado em 20/08/2014.

______. Tribunal de Justiça do Estado de São Paulo (TJSP). Mandado de Segurança. *MS nº 053.10.017261-2*. 13ª Vara Cível da Fazenda Pública da Comarca de São Paulo, julgado em 20/09/2010.

______. Tribunal de Justiça do Estado de São Paulo (TJSP). Apelação. Ap. nº 0002163.90.2013.8.26.0100. 18ª Vara Cível da Comarca de São Paulo. Rel. des. Gilberto dos Santos, 11ª Câmara de Direito Privado, julgado em 03.07.2014.

CABRAL, Antônio do Passo. Teoria das Nulidades Processuais no Direito Contemporâneo. *Revista de Processo*, v. 256, p.117-140, 2016.

CABRAL, Thiago Dias Delfino. *Impecuniosidade e arbitragem:* uma análise da ausência de recursos financeiros para a instauração do procedimento arbitral. São Paulo: Quartier Latin, 2019.

CACHAPUZ, Rozane da Rosa; OKAZAKI, Ana Caroline Noronha Gonçalves. A Tutela Constitucional nas Relações Privadas e o Instituto da Arbitragem. *Pensar – Revista de Ciências Jurídicas*, v. 18, n. 2, p.302-327, 2013.

CALAMANDREI, Piero. *Instituciones de Derecho Procesal Civil*. Buenos Aires: Depalma, 1943.

______. *Processo e Jogo*. Direito Processual Civil. São Paulo: Bookseller, 1999, 3 v.

CAPPELLETTI, Mauro. *Juízes legisladores?*. Porto Alegre: Sergio Antonio Fabris Editor, 1999.

______. *The Judicial Process in Comparative Perspective*. Oxford: Clarendon Press, 1989.

CAPPELLETTI, Mauro; GARTH, Bryant. *Acesso à Justiça*. Porto Alegre: Sergio Antonio Fabris Editor, 1988. Reimpressão, 2002.

CÂMARA DE CONCILIAÇÃO, MEDIAÇÃO E ARBITRAGEM CIESP/FIESP. Regulamento de Arbitragem, 2013.

CÂMARA DE COMÉRCIO INTERNACIONAL (CCI). Arbitration Rules, 2021.

CÂMARA FGV DE MEDIAÇÃO E ARBITRAGEM. Regulamento de Arbitragem, 2016.

CARDOSO, Christiana Beyrodt; COELHO, Leonardo de Castro; RODOVALHO, Thiago. Poderes, Deveres e Jurisdição de um Tribunal Arbitral. In: BASSO, Maristela; POLIDO, Fabrício Bertini Pasquot (org.). *Arbitragem Comercial*: princípios, instituições e procedimentos. A prática no CAM-CCBC. São Paulo: Marcial Pons, 2013.

CARMONA, Carlos Alberto. *Arbitragem e Processo:* Um comentário à Lei de Arbitragem. 3. ed. São Paulo: Atlas, 2009.

______. Em torno do Árbitro. *Revista de Arbitragem e Mediação*, v. 28, p.47-63, 2011.

______. Flexibilização do Procedimento Arbitral. In: *III Congresso do Centro de Arbitragem da Câmara de Comércio e Indústria Portuguesa*. Coimbra: Almedina, 2010.

CARMONA, Carlos Alberto; DI VECCHIA NETO, Berardino. Ensaio sobre aspectos intertemporais da arbitragem em contratos de trato continuado. In: MOREIRA, Ana Luiza B. M. Pinto; BERGER, Renato (coord.). *Arbitragem e outros temas de direito privado:* estudos jurídicos em homenagem a José Emilio Nunes Pinto. São Paulo: Quartier Latin, 2021.

CARNEIRO, Athos Gusmão. *Jurisdição e Competência*. 12. ed. São Paulo: Saraiva, 2002.

CATARUCCI, Douglas Depieri; DANTAS, Amanda Bueno. Mecanismo de Apelação e Revisão de Sentenças Arbitrais: análise teórica e prática de sua aplicação com base na experiência internacional. *Revista de Arbitragem e Mediação*, v. 51, p.169-219, 2016.

CACHAPUZ, Rozane da Rosa; OKAZAKI, Ana Caroline Noronha Gonçalves. A Tutela Constitucional nas Relações Privadas e o Instituto da Arbitragem. *Pensar – Revista de Ciências Jurídicas*, v. 18, n. 2, p.302-327, 2013.

CARDOSO, Christiana Beyrodt; COELHO, Leonardo de Castro; RODOVALHO, Thiago. Poderes, Deveres e Jurisdição de um Tribunal Arbitral. In: BASSO, Maristela; POLIDO, Fabrício Bertini Pasquot (org.). *Arbitragem Comercial*: princípios, instituições e procedimentos. A prática no CAM-CCBC. São Paulo: Marcial Pons, 2013.

CEBRIAN, Miguel Cid. *La Justicia Gratuita:* Realidad y Perspectivas de un Derecho Constitucional. Pamplona: Arazandi, 1996.

CENTRO DE ARBITRAGEM E MEDIAÇÃO DA CÂMARA DE COMÉRCIO BRASIL--CANADÁ. (CAM-CCBC). Regulamento de Arbitragem, 2012.

CHIOVENDA, Giuseppe. *Instituições de Direito Processual Civil.* 2. ed. São Paulo: Saraiva, 1965, 1 v.

CINTRA, Antonio Carlos de Araújo; DINAMARCO, Cândido Rangel; GRINOVER, Ada Pellegrini. *Teoria Geral do Processo.* 27. ed. São Paulo: Malheiros, 2011.

CLARO, Roberto Del. Devido Processo Legal – direito fundamental, princípio constitucional e cláusula aberta do sistema processual civil. *Revista de Processo*, v. 126, p.260-294, 2005.

CLAY, Thomas. L'Arbitre. Paris: Dalloz, 2001.

COMOGLIO, Luigi Paolo. Il "Giusto Processo" Civile nella Dimensione Comparatistica. *Revista de Processo*, v. 108, p.133-183, 2002.

______. "Garanzie Constituzionali" e "Giusto Processo". *Revista de Processo*, v. 90, p.91-150, 1998.

COSTA, Nilton César Antunes da. *Poderes do Árbitro:* de acordo com a Lei 9.307/96. São Paulo: Revista dos Tribunais, 2002.

COUTURE, Eduardo. *Fundamentos del Derecho Procesal Civil.* 3. ed. Buenos Aires: Depalma, 1977.

CREMADES, Bernardo. The Use and Abuse of "Due Process" in International Arbitration. *Revista de Arbitragem e Mediação*, v. 52, p.283-296, 2017.

DESIERTO, Diane. Rawlsian Fairness and International Arbitration. *University of Pennsylvania Journal of International Law*, v. 36, n. 4, p. 939-993, 2015.

DICIONÁRIO ETIMOLÓGICO. *Isonomia*. Disponível em: <https://bit.ly/2XOxWnE>.

DICKSON, Moses Oruaze. Party Autonomy and Justice. *International Journal of Law and Management*, v. 60, n. 1, p.114-134, 2018.

DIMOULIS, Dimitri. *Positivismo Jurídico*: introdução a uma teoria do direito e defesa do pragmatismo jurídico-político. São Paulo: Método, 2006.

DINAMARCO, Cândido Rangel. *A Arbitragem na Teoria Geral do Processo*. São Paulo: Malheiros, 2013.

______. *A Instrumentalidade do Processo.* São Paulo: Revista dos Tribunais, 1987.

______. *Instituições de Direito Processual Civil.* 6. ed. São Paulo: Malheiros, 2009, v. 1.

______. *Nova Era do Processo Civil.* 4. ed. São Paulo: Malheiros, 2013.

DI VECCHIA NETO, Berardino, Sentença arbitral estrangeira – Homologação – Inobservância da prerrogativa de imparcialidade do árbitro que ofende a ordem pública nacional, autorizando o exame da matéria pela Corte Superior. *Revista de Arbitragem e Mediação*, n. 56, p. 335-344, 2018.

DODGE, Jamie. The Limits of Procedural Private Ordering. *Virginia Law Review*, v. 97, n. 4, p.723-800, 2011.

DRAGUIEV, Deyan. Unilateral jurisdictional clauses: the case for invalidity, severability of enforceability. *Journal of International Arbitration*, v. 31, p.19-45, 2014.

DURSUN, Araştırma Görevlisi Sedya. A Critical Examination of the Role of Party's Autonomy in International Commercial Arbitration and its Role and Extent. *Yalova Üniversitesi Hukuk Fakültesi Dergisi*, v. 1, p.161-188, 2012.

DWORKIN, Ronald. *Levando os Direitos a Sério.* 3. ed. São Paulo: Martins Fontes, 2010.

______. *Uma Questão de Princípio.* 2. ed. São Paulo: Martins Fontes, 2005.

______. *Is Democracy Possible Here?* Principles for a New Political Debate. Princeton: Princeton University Press, 2006.

FABEMY, Sunday A. The Doctrine of Party Autonomy in International Commercial Arbitration: Myth or Reality? *Journal of Sustainable Development Law and Policy*, v. 6, n. 1, p.222-246, 2015.

FARALLI, Carla. *A Filosofia Contemporânea do Direito:* temas e desafios. São Paulo: WMF Martins Fontes, 2006.

FARIA, José Eduardo Campos de Oliveira. Introdução: O Judiciário e O Desenvolvimento Socioeconômico. In: FARIA, José Eduardo Campos de Oliveira (org.). *Direitos Humanos, Direitos Sociais e Justiça.* São Paulo: Malheiros, 1994.

FARIA, Marcela Kohlbach de. Ação *Anulatória da Sentença Arbitral:* aspectos e limites. Brasília: Gazeta Jurídica, 2014.

______. A produção de prova no procedimento arbitral. *Revista de Arbitragem e Mediação*, v. 32, p.207-226, 2012.

FERRARESE, Estelle. La Justice, une Formule de Contingence. La Tentation Politique de Niklas Luhmann. In: SOSOE, Lukas. *Le Droit – Un Système Social.* Un Commentaire Coopératif de Niklas Luhmann. New York: Georg Olms Verlag, p.91-102, 2015.

FERRAZ JÚNIOR, Tercio Sampaio. *Introdução ao Estudo do Direito*: Técnica, Decisão, Dominação. 4. ed. São Paulo: Atlas, 2003.

______. O Judiciário frente à Divisão de Poderes: um Princípio em Decadência? *Revista USP*, n. 21, p.12-41, 1994.

______. Suspeição e Impedimento na Arbitragem: sobre o dever de revelar na Lei nº 9.307/1996. *Revista de Arbitragem e Mediação*, v. 28, p.65-82, 2011.

FERREIRA FILHO, Manoel Gonçalves. *Do Processo Legislativo.* 7. ed. São Paulo: Saraiva, 2012.

FIGUEIRA JUNIOR, Joel Dias. *Arbitragem (Legislação Nacional e Estrangeira) e o Monopólio Jurisdicional.* São Paulo: LTr, 1999.

FICHTNER, José Antonio, MANNHEIMER, Sergio Nelson, MONTEIRO, André Luís. *Novos Temas de Arbitragem.* Rio de Janeiro: FGV, 2014.

______. *Teoria Geral da Arbitragem.* Rio de Janeiro: Forense, 2019

FONSECA, Rodrigo Garcia da. Reflexões sobre a sentença arbitral. *Revista de Arbitragem e Mediação*, v. 6, p.40-74, 2004.

FRANÇA. *Cours de Cassation. Civ. 1ère, 28 mars 2013, pourvoi no.11-27.77, Bulletin 2013, I, n° 59.*

FRANCISCO, João Eberhardt. *Filtros ao acesso individual à justiça:* estudo sobre o incidente de resolução de demandas repetitivas. São Paulo, 2018. 199 p. Tese de Doutorado – Faculdade de Direito – Universidade de São Paulo.

FRICK, Joachim G. *Arbitration and Complex International Contracts.* Londres: Kluwer Law International, 1999.

GABARDO, Rodrigo Araujo. *A insuficiência de recursos financeiros na instauração da arbitragem comercial: efeitos no direito brasileiro a partir de uma perspectiva comparada.* São Paulo, 2014, 160 p. Dissertação de Mestrado – Faculdade de Direito – Universidade de São Paulo, 2014.

GAILLARD, Emmanuel; SAVAGE, John. *Fouchard Gaillard Goulman on International Comercial Arbitration.* Haia: Kluwer Law International, 1999.

GAJARDONI, Fernando da Fonseca. *Flexibilidade Procedimental:* um novo enfoque para o estudo do procedimento em matéria processual. São Paulo, 2007. 285 p. Tese de Doutorado – Faculdade de Direito – Universidade de São Paulo.

GARCIA, Mario Sérgio Duarte. Os Deveres do Árbitro Decorrentes da Inserção do Processo Arbitral no Sistema Processual Brasileiro. *Revista de Arbitragem e Mediação*, v. 50, p.325-336, 2016.

GUERREIRO, Luís Fernando. Convenção de Arbitragem e Processo Arbitral. São Paulo: Atlas, 2009.

GHARAVI, Hamid. *The International Effectiveness of the Annulment of an Arbitral Award.* Haia: Kluwer Law International, 2002.

GOMES, Orlando. *Contratos.* 6. ed. Rio de Janeiro: Forense, 1977.

GRINOVER, Ada Pelegrini. *Novas Tendências do Direito Processual.* Rio de Janeiro: Forense Universitária, 1990.

______. *Os princípios constitucionais e o Código de Processo Civil.* São Paulo: Bushatsky, 1975.

GUEDES, Jefferson Carús. *Igualdade e Desigualdade:* Introdução Conceitual, Normativa e Histórica dos Princípios. São Paulo: Revista dos Tribunais, 2014.

GUERRERO, Luis Fernando. Árbitros, Juízos e Conflitos de Competência. In: PINTO, Ana Luiza; SKITNEVSKY, Karin (coord.) *Arbitragem Nacional e Internacional*. Rio de Janeiro: Elsevier, 2012.

GUTT, M. Étienne. *Limites et Inconvénients de l'Arbitrage*. Lê Reglement Dês Differends Commerciaux. Paris: Econômica, 1984.

HART, Herbert Lionel Adolphus. *O Conceito de Direito*. São Paulo: WMF Martins Fontes, 2009.

HESNLER, Deborah R. Judging Arbitration: the findings of procedural justice research. In: AMERICAN ARBITRATION ASSOCIATION. *AAA Handbook on Commercial Arbitration*, 3. ed., 2016.

HONG KONG INTERNATIONAL ARBITRATION CENTRE (HKIA). Administered Arbitration Rules, 2018.

HORVATH, Günther J; WILSKE, Stephan; NETTLAU, Harry; LEINWATHER, Niamh. Categories of Guerrilha Tactics. In: HORVATH, Günther J; WILSKE, Stephan. *Guerrilla Tactics in International Arbitration*. Alphen aan den Rinj: Kluwer Law International, 2013.

HOYOS, Arturo. La Garantia Constitucional del Debido Proceso Legal (Art. 32 de la Constitución Política). *Revista de Processo*, v. 47, p.43-91, 1987.

HUCK, Hermes Marcelo. As táticas de guerrilha na arbitragem. In: CARMONA, Carlos Alberto, LEMES, Selma Ferreira, MARTINS, Pedro Batista (coords.). *20 anos da lei de arbitragem:* homenagem a Petrônio R. Muniz. São Paulo: Atlas, 2017.

JARROSSON, Charles. Qui tiens les rênes de l'arbitrage? Volonté des parties et autorité de l'arbitre. *Revue de l'Arbitrage*, 1999.

KAUFMANN-KOHLER, Gabrielle. Qui contrôle l'arbitrage? Autonomie des parties, pouvoirs des arbitres et principe d'efficacité. In: *Liber Amicorum Claude Reymond Autour de l'Arbitrage*. Paris: Éditions du Juris-Classeur, 2004.

LONDON COURT OF INTERNATIONAL ARBITRATION (LCIA). Arbitration Rules, 2020.

KELSEN, Hans. *Teoria Pura do Direito*. 6. ed. São Paulo: Martins Fontes, 1998.

______. *O Problema da Justiça*. 3. ed. São Paulo: Martins Fontes, 1998.

KIRGIS, Paul F., Judicial Review and the Limits of Arbitral Authority: Lessons from the Law of Contract. *St. Jonh's Law Review*, v. 81, p.99-122, 2007.

KREINDLER, Richard. Standards of procedural international public policy. In: BRAY, Devin; BRAY, Heather L. *International arbitration and public policy*. New York: LLC, 2014.

KURKELA, Matti S.; TURUNEN, SANTTU. *Due Process in International Commercial Arbitration*. 2. ed. Nova York: Oxford University Press, 2010.

LAFER, Celso. *A Reconstrução dos Direitos Humanos:* um diálogo com o pensamento de Hannah Arendt. São Paulo: Companhia das Letras, 1988.

LEMES, Selma Ferreira. Arbitragem. Princípios Jurídicos Fundamentais. Direito Brasileiro e Comparado. *Revista dos Tribunais*, v. 686, p.73-89, 1992.

______. Cláusulas Arbitrais Ambíguas ou Contraditórias e a Interpretação da Vontade das Partes. In: MARTINS, Pedro Batista; GARCEZ, José M. Rossani (org.). *Reflexões sobre Arbitragem: in memoriam* do Desembargador Cláudio Vianna de Lima. São Paulo: LTr, p.188-208, 2002.

______. *O Papel do Árbitro*, 2006. Disponível em: <http://selmalemes.adv.br/artigos/artigo_juri11.pdf>.

______. A Sentença Arbitral. *Revista de Mediação e Arbitragem*, v. 4, p. 26-33, 2005.

______. *Arbitragem na administração pública:* fundamentos jurídicos e eficiência econômica. São Paulo: Quartier Latin, 2007.

LEW, Julian D. M. Achieving the Dream: Autonomous Arbitration. *Arbitration International*, v. 22, n. 2, p.179-204, 2006.

LOQUIN, Eric. À la Recherche de la Jurisprudence Arbitrale. *Revista de Arbitragem e Mediação*, v. 20, p.149-174, 2009.

LUHMANN, Niklas. *O Direito da Sociedade*. São Paulo, Martins Fontes, 2016.

MAGALHÃES, José Carlos de. Arbitragem multiparte, constituição do tribunal arbitral, princípio da igualdade e vinculação à cláusula compromissória. *Revista de Arbitragem e Mediação*, v. 38, p.321-341, 2013.

MARINONI, Luiz Guilherme. A Legitimidade da Atuação do Juiz a Partir do Direito Fundamental à Tutela Jurisdicional Efetiva. *Revista de Doutrina da 4ª Região – TRF4*, v. 15, 2006.

MARQUES, José Frederico. *Instituições de Direito Processual Civil*. 3. ed. Rio de Janeiro: Forense, 1966, 1 v.

MARTINS, Pedro A. Batista. *Apontamentos sobre a Lei de Arbitragem*. Rio de Janeiro: Forense, 2008.

______. O Poder Judiciário e a Arbitragem. Quatro Anos da Lei nº 9.307/96 (1ª Parte). *Revista de Direito Bancário do Mercado de Capitais*, v. 9, p.315-336, 2000.

MASHOW, Jerry L. The Supreme Court's Due Process Calculus for Administrative Adjudication in Mathews v. Eldridge: Three Factors in Search of a Theory of Value. *The University of Chicago Law Review*, v. 44, p.28-59, 1976.

______. Administrative Due Process: The Quest for a Dignitary Theory. *Boston University Law Review*, v. 61, n. 4, p.885-932, 1981.

MAURER, Anton G. *Public policy exception under the New York Convention*. Nova York: LLC, 2012.

MEDINA, José Miguel Garcia. *Novo Código de Processo Civil comentado:* com remissões e notas comparativas ao CPC/1973. 4. ed. São Paulo: Revista dos Tribunais, 2016.

MEDINA, José Miguel Garcia; WAMBIER, Teresa Arruda Alvim. *O dogma da coisa julgada*: hipóteses de relativização. São Paulo: Revista dos Tribunais, 2003.

MEGNA, Bruno Lopes. *Arbitragem e Administração Pública*: o processo devido e adequado ao regime jurídico administrativo. 363 p. São Paulo, 2017. Dissertação de Mestrado – Faculdade de Direito – Universidade de São Paulo. 2017.

MELO, Leonardo de Campos. *Extensão da Cláusula Compromissória e Grupos de Sociedades* – a prática arbitral CCI e sua compatibilidade com o direito brasileiro. Rio de Janeiro: Forense, 2013.

MENDES, Conrado Hubner. *Direitos fundamentais, separação de poderes e deliberação*. São Paulo: Saraiva, 2011.

MILLER, Lauren D. Is the unilateral jurisdictional clause no longer an option? Examining courts' justifications for upholding or invalidating asymmetrical or unilateral jurisdictional clauses. *Texas International Law Journal*, v. 51, n. 3, p.321-336, 2016.

MIRANDA, Jorge. *Manual de Direito Constitucional.* v.2. 3. ed. Coimbra: Coimbra Editora, 1996.

MONTEIRO, António Pedro Pinto. Da ordem pública no processo arbitral. In: *Estudos em Homenagem ao Prof. Doutor José Lebre de Freitas.* v. 2. Coimbra: Coimbra Editora, 2013.

______. *O princípio da igualdade e a pluralidade de partes na arbitragem.* Coimbra: Almedina, 2018.

MONTORO, Marcos André Franco. *Flexibilidade do Procedimento Arbitral.* São Paulo, 2010. 415 p. Tese de Doutorado – Faculdade de Direito – Universidade de São Paulo.

MORAIS, José Luiz Bolzan de. *Mediação e Arbitragem.* Porto Alegre: Livraria do Advogado, 1999.

MOREIRA, João Ilhão. O não reconhecimento de sentenças arbitrais internacionais no fórum de execução por violação da ordem pública. *Revista de Arbitragem e Mediação,* v. 11, n. 41, p.293-312, 2014.

MOURRE, Alexis. Los Méritos de la Constitucionalización del Procedimiento Civil y del Derecho del Arbitraje. *Revista de Arbitragem e Mediação,* v. 15, p.117-133, 2007.

NANNI, Giovanni. *Direito Civil e Arbitragem.* São Paulo: Atlas, 2014.

NEVES, Marcelo. Constitucionalização Simbólica. In: CANOTILHO, José Joaquim Gomes; MENDES, Gilmar Ferreira; SARLET, Ingo Wolfgang; STRECK, Lênio Luiz (coord.). *Comentários à Constituição do Brasil.* São Paulo: Saraiva/Almedina, 2013.

O'BRIAN JUNIOR, William E. Equality in Law and Philosophy. *Inquiry,* v. 53, n. 3, p.257-284, 2010.

OLIVEIRA, Anísio José de. *A Teoria da Imprevisão nos Contratos.* 2. ed. São Paulo: Leud, 1991.

PACELLI, Eugênio. Parecer – Denúncia anônima, instauração de investigação, ilicitude da prova e nulidades. In: PACELLI, Eugênio; CORDEIRO, Nefi; REIS JUNIOR, Sebastião dos. *Direito Penal e Processual Penal Contemporâneos.* São Paulo: Atlas, 2019.

PAIM, Gustavo Bohrer. O Direito ao Justo Processo. *Direito e Democracia,* v. 12, n. 2, p.94-106, 2012.

PARENTE, Eduardo de Albuquerque. *Processo Arbitral e Sistema.* São Paulo: Atlas, 2012.

PARK, William W. Les Devoirs de l'Arbitre: ni un pour tous, ni tous pour un. *Revista de Arbitragem e Mediação,* v. 31, p.117-127, 2011.

PETIT, Sherina (et al.). Asymmetric arbitration agreements. *International Arbitration Report,* v. 9, p.25-28, 2017.

PINSOLLE, Philippe; Kreindler, Richard H. Les limites du rôle de la volonté des parties dans la conduite de l'instance arbitrale. *Revue de l'Arbitrage,* 2003.

PINTO, José Emilio Nunes. Anulação de sentença arbitral infra petita, extra petita ou ultra petita. In: JOBIM, Eduardo; MACHADO, Rafael Bicca (coord.), *Arbitragem no Brasil: Aspectos Jurídicos Relevantes.* São Paulo: Quartier Latin, 2008.

PINTO, Luiz Fernando Teixeira. Reflexões sobre os deveres e atribuições dos árbitros. In: FERRAZ, Rafaella; MUNIZ, Joaquim de Paiva (coords.). *Arbitragem doméstica e internacional*: estudos em homenagem ao prof. Théophilo de Azeredo Santos. Rio de Janeiro: Forense, 2008.

PITOMBO, Eleonora Coelho. Arbitragem e Poder Judiciário: Aspectos Relevantes. In: GUILHERME, Luiz Fernando (coord.). *Aspectos Práticos da Arbitragem.* São Paulo: Quartier Latin, 2006.

PORTO, Sérgio Gilberto; USTÁRROZ, Daniel. *Lições de direitos fundamentais no processo civil:* o conteúdo processual da Constituição Federal. Porto Alegre: Livraria do Advogado, 2009.

PUNZI, Carmine. *Disegno Sistematico dell'Arbitrato.* 2. ed. Pádua: CEDAM, 2012, 1 v.

RALWS, John. *Uma Teoria da Justiça.* 3. ed. São Paulo: Martins Fontes, 2008.

RAMOS, Elival da Silva. *Ativismo judicial: parâmetros dogmáticos.* São Paulo: Saraiva, 2010

______. *Controle de Constitucionalidade no Brasil:* perspectivas de evolução. São Paulo, Saraiva: 2010.

RAU, Alan Scott. Arbitral Jurisdiction and the Dimensions of Consent. *Arbitration International,* v. 24, n. 2, p.199-264, 2008.

REDFERN, Alan; HUNTER, Martin. *Law and Practice of International Commercial Arbitration.* 3. ed. Londres: Sweet & Maxweel, 1999.

REICHELT, Luis Alberto. O Conteúdo do Direito à Igualdade das Partes no Direito Processual Civil em Perspectiva Argumentativa. *Revista de Processo,* v. 37, n. 210, p.13-40, 2012.

RODRÍGUEZ-CANO, Rodrigo Bercovitz; GONZÁLEZ, Santiago Alvarez. Comentarios a la Ley de Arbitraje. Madri: Editorial Tecnos, 1991.

RUBENSTEIN, William B. The Concept of Equality in Civil Procedure. *Cardozo Law Review,* v. 23, 1865/2002.

RUBINO-SAMMARTANO, Mauro. *Il Diritto dell'Arbitrato (Interno).* 2. ed. Padova: CEDAM, 1994.

SALLES, Carlos Alberto de. *Arbitragem em contratos administrativos.* Rio de Janeiro: Forense, 2011.

SANTOS, Marcelo O. F. Figueiredo dos. *O Comércio Exterior e a Arbitragem.* São Paulo: Editora Resenha Tributária, 1986.

SATTA, Salvatore; PUNZI, Carmine. *Diritto Processuale Civili.* 12. ed. Pádua: CEDAM, 1996.

SCHIZZEROTTO, Gianni. *Dell'Arbitrato.* Milano: Giuffrè, 1982.

SEN, Amartya. Equality of What? In: MCMURRIN Sterling Moss (ed.). *Tanner Lectures on Human Values.* Cambridge: Cambridge University Press, 1980.

SERAGLINI, Christophe; ORTSCHEIDT, JÉRÔME. *Droit de l'Arbitrage Interne et International.* Paris: Montchrestien, 2013.

SILVA, José Afonso da. *Curso de Direito Constitucional Positivo.* 28. ed. São Paulo: Malheiros, 2007.

SILVA, Virgílio Afonso da. *Direitos Fundamentais:* Conteúdo Essencial, Restrições e Eficácia. 2. ed. São Paulo: Malheiros, 2010.

______. O Proporcional e o Razoável. *Revista dos Tribunais,* v. 91, n. 798, p.23-50, 2002.

SLOANE, Simon; HAYWARD, Daniel; MCKEE, Rebecca. Due process and procedural irregularities: challenges. In: GAILLARD, Emmanuel; KAISER, Gordon E. (eds.). *The Guide to Challenging and Enforcing Arbitration Awards.* Londres: Law Business Research, 2019.

STANCIL, Paul. Equality and Procedural Justice. *Iowa Law Review*, v. 102, p.1633-1670, 2017.

TEPEDINO, Gustavo. Invalidade da cláusula compromissória e seu controle (também) pela jurisdição estatal. In: JOBIM, Eduardo; MACHADO, Rafael Bicca (coord.). *Arbitragem no Brasil:* Aspectos Jurídicos Relevantes. São Paulo: Quartier Latin, 2008.

TERCIER, Pierre. L'Étique des Arbitres. *Revista de Arbitragem e Mediação*, v. 33, p.189-210, 2012.

THEODORO JÚNIOR, Humberto; FARIA, Juliana Cordeiro de. A Coisa Julgada Inconstitucional e os Instrumentos Processuais para seu Controle. In: THEODORO JÚNIOR, Humberto; FARIA, Juliana Cordeiro de; NASCIMENTO, Carlos Valder do (coord.). *Coisa Julgada Inconstitucional*: um convite à reflexão. Rio de Janeiro: América Jurídica, 2003.

UYEDA, Massami. Da homologação de sentença arbitral estrangeira no Brasil e a ordem pública nacional. *Revista de Arbitragem e Mediação*, v. 56, p.45-52, 2018.

VALENÇA FILHO, Clávio de Melo. *A Arbitragem em Juízo*. São Paulo, 2015. 291 p. Tese de Doutorado – Faculdade de Direito – Universidade de São Paulo.

______. Arbitragem e falência: o mito da inarbitrabilidade superveniente e a legitimidade da massa para o processo arbitral. *Revista de Direito Empresarial*, v. 12, p.255-282, 2015.

______. *Poder Judiciário e a Sentença Arbitral*. Curitiba: Juruá, 2008

VERÇOSA, Fabiane. *A Aplicação Errônea do Direito pelo Árbitro*: uma análise à luz do Direito Brasileiro e Estrangeiro. Curitiba: CRV, 2015.

VICENTE, Fabrizzio Matteucci. *Arbitragem e Nulidades:* Uma Proposta de Sistematização. São Paulo, 2010. 244 p. Tese de Doutorado – Faculdade de Direito – Universidade de São Paulo.

VISCONTE, Debora. Iura novit curia e o contraditório. In: CARMONA, Carlos Alberto, LEMES, Selma Ferreira, MARTINS, Pedro Batista (coords.). *20 Anos da Lei de Arbitragem:* Homenagem a Petrônio R. Muniz. São Paulo: Atlas, 2017.

WALD, Arnoldo. O Espírito da Arbitragem. *Revista do IASP*, v. 23, p.22-35, 2009.

______. A homologação de sentença arbitral estrangeira. *Revista de Arbitragem e Mediação*, v. 56, p.53-62, 2018.

WATANABE, Kazuo. *Princípios do Processo Civil na Constituição Federal*. 5. ed. São Paulo: Revista dos Tribunais, 1999.

WILLEMS, Jane Y. The arbitrator's jurisdiction at risk: the case of hybrid and asymetrical arbitration agreements. In: SHAUGHNESSY, Patricia; TUNG, Sherlin. *The powers and duties of an arbitrator – Liber Amicorum Pierre A. Karrer*. The Netherlands: Kluwer Law International, 2016.

WLADECK, Felipe Scripes. Meios de Controle Judicial da Sentença Arbitral Nacional. São Paulo, 2013. 455 p. Dissertação de Mestrado – Faculdade de Direito – Universidade de São Paulo.

YARSHELL, Flávio Luiz. Ação Anulatória. In: LEVY, Daniel, PEREIRA, Guilherme S. J. (coord.). *Curso de Arbitragem*. São Paulo: Thomson Reuters Brasil, 2018.

YU, Hong-Lin. *Commercial Arbitration*: the Scottish and International Perspectives. Edimburgo: Edimburgh University Press, 2011.